Die verborgenen Akten
der ersten Christen

DIE VERBORGENEN AKTEN DER ERSTEN CHRISTEN

Herausgegeben von Edgar Hennecke

Mit einem Vorwort von Michael Tilly

marixverlag

Neu gesetzte und überarbeitete Ausgabe für
Marix Verlag GmbH, Wiesbaden 2006
nach der 2., völlig umgearbeiteten und vermehrten Auflage
der Ausgabe Tübingen 1924
Covergestaltung: Thomas Jarzina, Köln
Satz und Überarbeitung: Pinkuin Satz und Datentechnik, Berlin
Gesamtherstellung: GGP Media GmbH, Pößneck
Printed in Germany

ISBN: 978-3-86539-106-3

www.marixverlag.de

Inhalt

Vorwort

Unter den frühchristlichen Texten ragen die erhaltenen Stücke der fünf großen alten Apostelakten des 2. und 3. Jahrhunderts als eine eigene Gruppe heraus. Im Mittelpunkt dieser ausführlichen und spannend zu lesenden Geschichten stehen das Leben, die Taten und die Lehren der Apostel Johannes, Paulus, Petrus, Andreas und Thomas. Als personenbezogene und biographisch ausgerichtete Erzählungen über diese Glaubenshelden, über die Abenteuer, die sie erlebten, über die Wunder, die sie vollbrachten, und über das Martyrium, das sie erlitten, setzten sie nicht nur zentrale theologische Botschaften und Überzeugungen in lebendige Erzählungen um, sondern waren zugleich auch als volkstümliche christliche Unterhaltungsliteratur gedacht.

Die Titel der apokryphen Apostelakten legen eine Beziehung zur Apostelgeschichte des Lukas nahe. Tatsächlich nehmen sie eine Reihe von Stilmerkmalen und literarischen Motiven dieser später kanonisch gewordenen frühchristlichen Schrift auf und entwickeln sie in eigenständiger Weise fort. Jedoch enthalten sie im Gegensatz zu dieser keine theologisch reflektierte Beschreibung der Entstehung und Ausbreitung der christlichen Kirche, sondern sind in erster Linie unterhaltsame legendarische Darstellungen des Lebens und der Lehre ihrer jeweiligen Protagonisten; hinsichtlich ihres Aufbaus und ihrer Erzählweise weisen sie eher Berührungspunkte mit den neutestamentlichen Evangelien auf. Neben dem entstehenden Kanon des Neuen Testaments kann auch der antike hellenistisch-römische Roman in einigen Punkten als inspirierendes Vorbild für die literarische Gestaltung der apokryphen Apostelakten gelten; das Motivrepertoire und die Erzählweise beider Textcorpora weisen nicht wenige deutlich erkennbare Übereinstimmungen auf.

Die fünf großen apokryphen Apostelakten, die weder literarisch noch theologisch eine Einheit darstellen, sondern ihr jeweils eigenes Profil haben, dienten der Unterhaltung und der Belehrung eines breiten christlichen Leserkreises und daneben auch der religiösen Propaganda. Neben literarisch-fiktionalen Elementen wurden dabei auch Nachrichten über die kirchliche Realität und die christliche Vorstellungswelt des 2. und 3. Jahrhunderts aufgegriffen und in die Zeit der Apostel zurückprojiziert. Ihre Lektüre ist deshalb für den heutigen Leser nicht nur von hohem Unterhaltungswert, sondern ermöglicht auch faszinierende Einblicke in die soziale Wirklichkeit des Christentums dieser Epoche, in seine Missionstätigkeit, in seine äußeren und inneren Kämpfe und insbesondere in das Leben und Denken von randständigen christlichen Strömungen und Gemeinschaften abseits der mehrheitskirchlichen Christenheit.

Die apokryphen Apostelakten sind reichhaltige Quellen sowohl für die Amalgamierung christlicher Lehren mit zeitgenössischen paganen, insbesondere popularphilosophischen Vorstellungen als auch für die kirchliche Auseinandersetzung mit – bzw. den Einfluß von – gnostischen Systemen und Vorstellungskomplexen. Sie dokumentieren Traditionen und Positionen, die von der späteren Großkirche nicht übernommen wurden, und enthalten zugleich viele Nachrichten und Notizen über lokale Ausprägungen der christlichen Lebensführung und der liturgischen Gestaltung des Gottesdienstes. Obwohl die apokryphen Apostelakten in den Gemeinden rasch hohe Beliebtheit erlangten, eine weite Verbreitung erfuhren und ihren Teil zur Schaffung einer eigenen christlichen literarischen Kultur beitrugen, wurden sie von der sich konsolidierenden Kirche bald mehrheitlich abgelehnt, was darin zum Ausdruck kam, daß sie zum einen nicht systematisch gesammelt und abgeschrieben wurden und zum anderen ihre kirchlichen Tradenten ihren Textbestand immer wieder in entstellender

Weise überarbeiteten und gemäß der als normativ verstandenen Lehren »korrigierten«. Beide gravierende Probleme ihrer Textüberlieferung stellen für die kirchengeschichtliche Forschung bis heute eine große wissenschaftliche Herausforderung dar.

Edgar Hennecke, der Herausgeber der apokryphen Apostelakten als Teil seiner erstmals 1904 erschienenen Sammlung antiker christlicher Apokryphen in deutscher Übersetzung, die diese nicht in den neutestamentlichen Kanon aufgenommenen frühchristlichen Texte einem breiteren Publikum erschließen sollte, wurde geboren am 13. April 1865 in Osterode am Harz. Der überaus begabte Schüler des bedeutenden Theologen und Kirchenhistorikers Adolf von Harnack wirkte von 1895 bis 1935 als Landpfarrer in dem kleinen niedersächsischen Ort Betheln bei Hildesheim. Hennecke, der bereits im Jahre 1893 mit der Textausgabe und Übersetzung der Apologie des Aristides, einer christlichen Schutzschrift des 2. Jahrhunderts, ein erstes Beispiel seiner gründlichen und kenntnisreichen Arbeit an der Edition frühchristlicher Schriften vorgelegt hatte, widmete sich auch neben seiner pfarramtlichen Tätigkeit kontinuierlich der wissenschaftlichen Arbeit an altkirchlichen Texten und terrritorialkirchlichen Themen. Der bedeutende Gelehrte starb am 25. Mai 1951 im Alter von 85 Jahren in Göttingen.

In der vorliegenden Neuausgabe der apokryphen Apostelakten ist der von Edgar Hennecke herausgegebene und von ihm und seinen Mitarbeitern Walter Bauer, Gerhard Ficker, Ernst Rohlffs, Heinrich Veil und Hans Waitz übersetzte und mit Einleitungen und Literaturhinweisen versehene Text der Seiten 163–289 der 2. Auflage der »Neutestamentlichen Apokryphen« aus dem Jahre 1924 abgedruckt. Die Rechtschreibung und die Fußnoten zum Text wurden behutsam vereinheitlicht.

Mainz, im Juli 2006   Michael Tilly

Einleitung

1. Zusammenhang mit der antiken Literatur.
2. Gemeinsames und Unterschiede.
3. Quellenwert; Zeitlage. Verhältnis zur kanonischen AG.
4. Stilistisches. 5. Gebrauch; Verfasser. Fortbildungen.

Texte: Aa 1. 2, 1 und 2. OP 6, 1908, p. 6–19. de Bruyne, *Nouveaux fragments des Actes de Pierre, de Paul, de Jean, d'André et de l'apocalypse d'Elie*, RB 25, 1908, p. 146–160. – Untersuchungen und Überblicke s. Apokr. S. 346 A. 1, 357 A. 1; dazu Harnack 2, 2 S. 169 ff. Wendland S. 335 ff. (erwähnt: Radermacher, Z. für öst. Gymn. 1909). Waitz in RE 23, 1913, S. 93 ff. Bardenhewer 1, S 547, 550 ff. Für Einzelheiten F. Rostalski, Sprachliches zu den apokryphen Apostelgeschichten (AGG.). 1, Wissensch. Beilage zum Jahresbericht des Gymn. Myslowitz, O.-Schl., 1909/10; 2, ebenda, 1910/11 (findet hier S. 7 A. 3 durch die sprachliche Analyse die Zusammengehörigkeit der verschiedenen Hauptbestandteile der Apostolischen Pseudepigraphen überraschend bestätigt). Außerdem F. Piontek, Die katholische Kirche und die häretischen AGG bis zum Ausgange des 6. Jhs. (Kirchengesch. Abhandlungen, herausg. von Sdralek 6), 1908. Zur Hymnodik J. Kroll 1921/22 (s. u. S. 169).

Abkürzungen: AJ. Johannesakten; AP. Paulusakten; APt.

Petrusakten (des *cod. Vercell.*, s. u. 167); AAn. Andreasakten; ATh. Thomasakten; AThe. Paulus- und Theklaakten; NE. Naziräerevangelium.

1. Zusammenhang mit der antiken Literatur. (F. Pfister.) Anfang der literarhistorischen Wertung der AGG. Mit besonderer Berücksichtigung der spätantiken Literatur und Aretalogie bei Reitzenstein, Hellenistische Wundererzählungen 1906; s. auch Holl, Neue Jahrbb. 29, 1912, S. 406 ff. und im allgemeinen Geffcken, Christliche Apokryphen in RV 1, 15, 1908). Über den Zusammenhang mit der älteren griechischen Sagenüberlieferung und der antiken Wanderungs- und Missionslegende s. Pfister, Der Reliquienkult im Altertum 1, S. 130 ff.; 238 ff.; s. auch Norden, Agnostos Theos S. 34 ff.; 311 ff. – Über Praxeis: Jacoby, Klio 9, 1909, S. 96 f.; Wendland S. 314 ff. Über das ethnologische Element im antiken Roman Rohde, Der griech. Roman ³ 1914. Zu Pythagoras: Rohde, Kleine Schriften 2, S. 102 ff. Apollonios von Tyana: Ed. Meyer, Hermes 52, 1917, S. 371 ff. Alexander von Abunoteichos: Weinreich, Neue Jahrbb. 47, 1921, S. 129 ff.

a) Die Titel Praxeis und Periodoi; Hauptelemente der antiken und der christlichen Praxeisliteratur. Aus dem gleichen Titel Praxeis (Taten), den die apokryphen wie die kanonische AG. führen, erkennen wir die literarische Zusammengehörigkeit der beiden, finden hierin aber auch einen ersten Hinweis auf die allgemeine Gattung der antiken Literatur, der sie einzureihen sind. Praxeis als Titel kommt wie die eigentliche Praxeisliteratur überhaupt erst in der nachisokratischen griechischen Geschichtsschreibung des 4. Jhs. v. Chr. auf. Für Isokrates (XII 1; XV 45), der durchaus kein Historiker, sondern politischer Publizist war, besteht die

Geschichtsschreibung in der Erzählung der alten ›Taten‹ und ihr Zweck in dem Nutzen, den man aus der Betrachtung der Vergangenheit für die Gegenwart ziehen kann; sie gibt Beispiele, aus denen man lernen soll (Is. I 34; II 35). So haben, wie uns überliefert wird (Dion. Hal. *de Isocr.* 1), zuerst die »Schüler« des Isokrates, Theopompos (vgl. Polyb. VIII 13, 3; Diod. XIII 42, 5; Photius bibl. 176, p. 120) »hellenische Taten« und die »Taten« Philipps von Makedonien, Ephoros (vgl. Diod. IV 1, 3; V 1, 4) und sein Fortsetzer Diyllos (vgl. Diod. XVI 14, 4; 76, 6; XXI 5) ebenfalls die »Taten« der Griechen und Barbaren geschildert. So spricht auch der Zeitgenosse des Isokrates, Xenophon, gelegentlich von den »Taten« des Kyros (Cyrob. I 2, 16) und denen des Agesilaos (Ages. 1, 10; 1, 35; 1, 38) und bald darauf hat Kallisthenes die »Taten« Alexanders des Großen erzählt. In der Folgezeit finden wir dann diese Literaturgattung häufig, so »Taten« des Perdikkas, des Hannibal, des Mithridates, des Augustus, aber auch des Herakles, des Uranos und Zeus, die Euhemeros gelesen haben wollte. Das Thema dieser Literatur sind die Taten hervorragender, historischer und mythischer Personen, natürliche oder wunderbare Taten, in denen sich ihre Kraft und ihre Fähigkeiten (*aretaí, dynămeis*) zeigten. Die Persönlichkeit und ihre Kraft steht im Mittelpunkt; damit ist zugleich meist die enkomiastische Färbung der Darstellung gegeben. Jene beiden griechischen Worte bedeuten in gleicher Weise Kräfte und Taten von besonderer Stärke, die sich bis zum Wunderbaren und Übernatürlichen steigern können. Soweit in dieser Literatur das Wunderbare dieser Kraft betont wird, kann man von einem a r e t a l o g i s c h e n E l e m e n t dieser Literatur reden. Es trat schon in den Alexandertaten des Kallisthenes stark hervor und spielt auch in dem Alexanderroman, der auch gelegentlich den Praxeistitel führt und der unter dem Namen Pseudo-Kallisthenes bekannt ist, eine Rolle. Aber auch Xenophon schildert im Agesilaos neben den Praxeis auch die Fähigkeiten und Kräfte (*aretaí*) seines Helden, freilich nicht in »aretalogischem«, sondern in historischem Sinn. Dieses aretalogische Element, die Erzählung von den Wundertaten und -kräften, tritt uns nun, wie gleich auszuführen ist, als eines der konstituierenden Elemente der AGG. entgegen; es ist durch die Entwicklung der Praxeisliteratur gegeben. – Da die Quellen der Praxeis häufig Berichte von wirklichen oder fiktiven Augenzeugen oder ebensolchen Memoiren sind, so finden wir in ihnen nicht selten wie in den AGG. eine Mischung von Erzählung in 3. Person und »Wirstücke«. So geht z. B. die Alexandergeschichte zum Teil auf Tagebücher, der Alexanderroman auf Briefe zurück; daher rührt in letzterem jene Vermischung von 1. und 3. Person; vgl. Pfister, Der Alexanderroman des Archipresbyters Leo 1913, S. 113; Norden S. 316 ff. – Die AGG. führen gelegentlich noch einen zweiten Titel, Periodoi (Wanderungen und Schilderung von solchen). Hiermit wird ein zweites Element bezeichnet, das ebenfalls der antiken Praxeisliteratur eigen ist, soweit diese wie etwa die Alexandergeschichte in fernen Ländern spielt. Es tritt wie in der gesamten Praxeisliteratur, so auch in den AGG. bald mehr bald minder hervor. Wanderungen der Apostel werden fast stets erwähnt, zuweilen auch solche in Ländern von ethnologischem Interesse, deren Wunder geschildert werden können. Denn im Wesen der Apostel als Missionare liegt es, daß sie wandern; als Periodoi sind die AGG. Wanderungsberichte. – Zu diesen beiden Elementen der AGG., die durch den Titel angedeutet sind, tritt noch ein drittes, das ich das metaphysische, spezieller das religiöse nennen möchte. Es wird dadurch gegeben, daß die AGG. christliche, religiöse Literatur sind. Die Apostel predigen das Evangelium, und der Leser wird über die Ausbreitung des Christentums unterrichtet. So kommen die AGG. auch dem religiösen Bedürfnis des Lesers entgegen. Sie sind keine Romane oder bloße Unterhaltungsliteratur, wie dies ja auch die ältere »isokrateische« Praxeisliteratur nicht sein will. Dabei ist zu beobachten, daß auch der antike Roman gelegentlich erbauliche, religiöse oder philosophische Tendenz hat. – Diese drei Elemente, deren Entwicklung in der antiken Literatur wir noch kurz betrachten müssen, sind nicht in allen AGG. gleichmäßig gemischt; so tritt das aretalogische Element in den APt., das ethnologische in den ATh., das religiöse in den kanonischen Akten besonders hervor. Bezeichnen wir die literarische Gattung, denen diese AGG. angehören, mit einem Titel, der zugleich jene drei wichtigsten Elemente zum Ausdruck bringt, so können wir sie christliche Wanderungs- oder Missionsaretalogien nennen.

b) Das aretalogische Element und das Wanderungsmotiv in der antiken Literatur. Welches ist nun die Rolle, die diese Elemente in der antiken Literatur spielten, und gab es antike Literaturprodukte, in denen alle drei miteinander verbunden waren? Gab es insbesondere antike Missionsaretalogien? Wir müssen uns naturgemäß besonders an die antike Praxeisliteratur wenden, doch ist von vornherein bei dem verhältnismäßig späten Auftreten dieser Literaturgattung zu erwarten, daß die einzelnen Elemente jedenfalls schon vorher eine Rolle spielten. In der Tat reichen die äußersten Wurzeln der einzelnen Elemente bis zur epischen Poesie Homers zurück. Die älteste für uns nachweisbare Form der Schilderung von Taten der Götter und Heroen sind die Gesänge und Hymnen in der Form des Hexameters. Auch die sog. homerischen Hymnen besingen die Taten und Kräfte der Götter und einige von ihnen schließen mit der Aufforderung, nun auch die Taten der Heroen zu preisen. Der in Hesiods Theogonie (V. 411–452) eingelegte Hekatehymnus, dessen Dasein an dieser Stelle den Beweis gibt, daß der Dichter für seine Angaben in weitem Umfange solche Hymnen benützt hat, gibt sich schon durch seinen Schlußsatz: das sind die Kräfte und Wirkungen der Göttin als eine Aretalogie in weiterem Sinne, d. h. eine Aufzählung der Kräfte, die ihr verliehen sind und die sie den Menschen gegenüber wirken läßt. Die poetische und prosaische Schilderung göttlicher und heroischer Taten ist dann in der antiken Literatur niemals abgerissen, in den Heiligtümern gab es Aretalogoi, welche die Wundertaten und -heilungen aufzeichneten, auch in die Biographie historischer Personen ist diese Wundererzählung eingedrungen, etwa in die Literatur, die von Alexander dem Großen, Alexander von Abunoteichos, Apollonios von Thana, Peregrinos Proteus und von Philosophen wie Pythagoras handelte. Auch der Typus der Periodoi ist durch das homerische Epos vorbereitet. In der Odyssee und den Nostoi, in den Erzählungen von den Heroen, die nach der Einnahme Trojas nach Hause zurückkehren wollen und dabei alle möglichen Irrfahrten und Abenteuer bestehen, finden wir bereits den Wanderungsheros, und zwar sind es hier wie in den AGG. teils reale Gegenden, die auf den Wanderungen besucht werden, teils Länder und Völker, die dem Bereich der Fabel angehören, wie das Land der Menschenfresser und die Stadt der Barbaren. Odysseus, Aeneas, Herakles, die Argonauten sind solche Wanderungsheroen und bei ihnen wie bei den Aposteln läßt sich beobachten, wie im Laufe der Zeit der Kreis der von ihnen besuchten Länder immer mehr erweitert wurde, je weiter dort das Griechentum, hier das Christentum vordrang. Auch griechische Götter gehören diesem Typus an, so Dionysos, der, nachdem Alexander Indien erschlossen hatte, schließ-

lich wie Thomas in den äußersten Osten kam, und Demeter, die
ihre Tochter suchend die Länder durchirrte. Als die ionische
Wissenschaft die Geographie und Ethnographie schuf, wurde
die ethnographische Darstellung ein fester Bestandteil der Geschichtsschreibung, wie wir an dem Werk des Herodot erkennen, auch in die Praxeisliteratur drang sie ein und so gehört
das ethnologische Element auch dem antiken Liebesroman wie
dem Roman vom großen Alexander an, dessen Wanderungen
auch von Jahrhundert zu Jahrhundert vergrößert wurden.

c) Antike Missionsaretalogien. In dieser Entwick-
lungslinie der antiken Praxeisliteratur und der antiken ethnolo-
gischen und aretalogischen Darstellungen finden wir nun auch
diejenigen antiken Literaturprodukte, die wie die AGG. alle diese Elemente vereinigen und wie diese als Missionsaretalogien
bezeichnet werden können, die also auch jenes metaphysische,
religiöse und philosophische Element in sich schließen. Auch
hier steht an der Spitze ein »homerisches« Lied, der Deme-
terhymnus, der die Praxeis und Periodoi der Göttin besingt,
die überall umheirrt, ihre Tochter suchen, dabei die Menschen
den Getreidebau lehrt und sie in ihre Mysterien einweiht. Hier
im Hymnus stiftet sie den Tempeldienst von Eleusis; auch eine
Wundertat wird von ihr erzählt, wie sie den Sohn des eleusi-
nischen Königs, in dessen Haus sie unerkannt Aufnahme fand,
unsterblich machen will, aber dabei gestört wird. Spätere Berichte geben uns noch mehr von lokaler Tradition; – (denn
an solche hat die antike wie die christliche literarische Missionslegende häufig angeknüpft) – vom Besuche der Göttin und
der Stiftung von Heiligtümern wird hier berichtet. Auch die
Sagen von Dionysos sind solche Missionsaretalogien, nach denen der Gott umherwandert, den Weinbau und seine Religion
einführt. Hier begegnen uns einmal solche Berichte, die wie

in der Demeterlegende von der freundlichen Aufnahme des
Gottes und seines Kultes berichten, dann aber auch – beides
wie in den AGG. – Erzählungen von dem feindlichen Auftreten der Menschen gegen die neue Religion. Im homerischen
Dionysoshymnus wird der Gott von Seeräubern gefangen, aber
keine Fessel vermag ihn zu halten und in wunderbarer Weise
wird er befreit und die Übeltäter bestraft. Aber schon in der
Ilias (VI 129 ff.) wird vom König Lykurgos erzählt, der »gegen
die Götter kämpfte«, den Kultus des Gottes störte, die Gläubigen auseinanderjagte und den Dionysos selbst ins Meer trieb,
wo er wunderbar gerettet wurde. Lykurgos selbst erblindete
und blieb nach seiner Freveltat nicht mehr lange am Leben.
Auch Pentheus von Theben widersetzte sich der Einführung
der neuen Religion, auch hierbei werden Wundertaten des mis-
sionierenden Gottes erzählt; der König läßt ihn gefangen setzen, aber Dionysos wird aus dem Gefängnis erlöst genau wie
die Apostel in den kanonischen Akten (Euripides, Bakchen).
Aus der Spätzeit der antiken Welt besitzen wir noch eine große
epische Schilderung der Praxeis des Dionysos in 48 Büchern
von Nonnos, der, um 400 n. Chr. lebend, später als Christ eine
Paraphrase des Johannesevang. schrieb. Hier werden nach Erzählung der Jugendgeschichte des Gottes zu Beginn des XIII.
Buches seine Vorbereitungen zum Auszug in die Mission geschildert und als seine Aufgabe hingestellt, »alle Völker zu lehren«. Auch hier wird von den Widersachern des Gottes gesprochen und es ist beachtenswert, daß der griechische Ausdruck
hierfür *(theomáchŏs)*, der sich in der kanonischen AG. (5 39) wie
in den apokryphen Akten findet und der in der antiken Literatur nicht allzuhäufig begegnet, gerade in der Erzählung der
Dionysostaten am häufigsten auftaucht, so in Euripides Bakchen und weit über zwei Dutzend Male im Epos des Nonnos.

So müssen auch die Widersacher in den Philippusakten (c. 17 Aa 2, 2 p. 9), die wie die des Dionysos erblinden, gestehen: da wir Menschen sind, können wir gegen Gott nicht kämpfen; ganz ähnlich Philostrat Ap. Tyan. IV 44 S. 84. In diesen Sagen von Demeter und Dionysos sind die Götter selbst die Träger der Missionsaretalogien, die in einer Epiphanie (s. d. Art. in PWRE, Suppl.-Bd. 4) auf Erden sich offenbaren. In andern, ebenfalls bereits älterer Zeit angehörenden antiken Legenden aber sind es wirkliche Apostel, die den Kult eines Gottes verbreiten und dabei Wunder verrichten, so vor allem den Kult des Dionysos und Apollon. So ist Melampus der legendarische Missionar des Dionysoskultes (Herodot II 49 u. ö.). Auch von ihm wird viel Wunderbares berichtet, von seiner Weissagungs- und Heilkraft, von seiner Kenntnis der Tiersprachen. Denn Sprachenkenntnis ist eine Eigenschaft der antiken wie der christlichen Apostel (vgl. Philostr. Ap. Tyan. I 19, S. 11); auch Alexander der Große, der in der späteren Sage als Missionar auftritt, versteht alle Sprachen. Dann wird Melampus gefangen gesetzt, und als er ein Jahr lang in Gefangenschaft war, hörte er, krank auf dem Bette liegend, durch die Holzwürmer, die im Gebälk des Hauses nagten, daß dieses bald zusammenstürzen werde. Er ließ sich deshalb heraustragen und kaum war dies geschehen, so brach der Bau ein; dabei wurde die Frau, die ihn während seiner Krankheit schlecht behandelt hatte, erschlagen, während ihr Mann, der dem Apostel freundlich gesinnt war, gerettet wurde (Pherekydes frg. 75). Auch Wundermänner, deren Legenden ebenfalls der vorhellenistischen Zeit angehören, wie Abaris, Aristeas, Bakis, Epimenides sind zu nennen, die im Dienste des Apollon umherziehen und Wunder verrichten. Von solchen hat der vorhin genannte Theopompos (im 4. Jh.) im 8. Buch seiner ›Taten des Philippos‹ erzählt, und aus den erhaltenen ›wunderbaren Geschichten‹ des Apollonios (c. 1–5, S. 43–45 der Ausg. von Keller) vermögen wir uns noch eine Vorstellung von den Erzählungen des Theopompos zu machen. Wenn in der Sammlung des Apollonios auf diese sagenhaften Wundermänner und ekstatischen Propheten sogleich Pythagoras angeschlossen wird, so ist dies fachlich durchaus berechtigt. Denn auch seine Geschichte gehört in den Kreis der Missionsaretalogien und zwar der philosophischen. Für ihn ist das erhaltene Material noch sehr reichlich und die Pythagoraspraxeis geben uns die besten Parallelen zu den AGG. Damit sind wir in den Kreis der Literaturprodukte eingetreten, die am nächsten mit den AGG. verwandt sind, und auf die als das Vorbild der christlichen Missionsaretalogien besonders Reitzenstein nachdrücklich hingewiesen hat. Aber auch ihre ältere Vorgeschichte und die Entwicklung ihrer konstitutiven Elemente ist zu beachten, wie im vorstehenden kurz angedeutet ist. Neben den Pythagorasgeschichten fallen in diesem Kreis zunächst die zum Teil ebenfalls noch älteren Philosophenaretalogien, dann spätere Produkte wie des Philostratos Leben des Apollonios von Thana, die Taten des von Lukian verspotteten Peregrinos und Alexandros von Abunoteichos. Auch hier finden wir Periodoi und Aretalogien, Wanderungen und Wundererzählungen und bald tritt die philosophische, bald die religiöse Bedeutung dieser Schriften mehr hervor; die Welt wird durchwandert, damit wahre Religion und Erkenntnis verbreitet wird.

d) Einzelne typische Wundererzählungen außerhalb der antiken Missionsaretalogie. Sind damit die literarischen Vorbilder und ihre Entwicklung im allgemeinen bezeichnet, so läßt sich auch dartun, daß auch einzelne Erzählungen und legendarische Typen sowohl in den antiken wie in den christlichen Missionsaretalogien in gleicher Weise vorkommen. Auf einzelnes ist bereits hingewiesen. Bei solchen Einzelnachweisen ist jedoch der Kreis der antiken Vorbilder sehr viel weiter zu ziehen. Denn in den christlichen Missionsaretalogien finden sich gelegentlich Erzählungen verwendet, die in antiken Berichten ganz außerhalb der Missionsaretalogien auftreten. So läßt sich neben die Geschichte der AP. vom wunderbaren Erlöschen des Scheiterhaufens die Erzählung vom König Kroisos stellen, wie sie uns Herodot I 87 und etwas anders der Dichter Bakchylides (carm. 3) erzählt. Das Wunder von dem wiederbelebten geräucherten Fisch der APt. finden wir bereits bei Herodot IX 120 und sonst öfters (vgl. Berliner Philol. Wochenschr. 1913, S. 915 ff.). Daß Wundermänner einen Schatz auffinden können, wie dies Petrus tut, wird zwar auch von Apollonios von Thana (Philostr. VI 39, S. 127 f.) und Alexandros von Abunoteichos (Lukian c. 24; vgl. c. 5) ebenso wie von Swedenborg erzählt, aber auch z. B. Herodot V 92 berichtet von einer wunderbaren Schatzauffindung. Auch Parallelen zur Bergentrückung der Thekla finden wir außerhalb der Missionsaretalogien. Wenn die Tiere reden oder wilde Tiere den heiligen Männern freundlich gesinnt sind, wenn Zerbrochenes wieder geheilt wird wie die Statue in den APt., so läßt sich ähnliches aus der gesamten antiken Literatur nachweisen (vgl. H. Günter, Die christliche Legende des Abendlandes, 1910). Die Aneinanderreihung solcher Wundererzählungen und einzelner Berichte liegt im Wesen der Missionsaretalogien. Ihr Abschluß wird in der Regel durch den Tod des Apostels gegeben. Auch solche Märtyrerlegenden waren der antiken Überlieferung nicht fremd; so erleidet Anacharsis bei den Skythen und der Metragyrt in Athen bei der Einführung eines neuen Kultes den Märtyrertod (s. meinen Reliquienkult 1, 259). –

2. Gemeinsames und Unterschiede. Unter den geschilder-
ten Voraussetzungen kann es nicht wundernehmen, wenn die
Schilderungen der AGG. sich auf breitester Basis des öffentlichen heidnischen, auch privaten Lebens und Durchschnitts-
empfindens vollziehen. Wenn einem Apostel das Wohlgefallen
an der Bildung des unverhüllten Menschenleibes in den Mund
gelegt wird (AJ. 69), so widerspricht das zwar anderen Ten-
denzen dieser Schriftengruppe, aber auch gemeinchristlichem
Empfinden der Anfangszeit überhaupt. Die Benennung »am-
brosischer Trank« oder »Speise« (ATh. 25, 36) verrät gleichfalls
Entlehnung vom Profanen her.

Das Religiöse ist nach allen Seiten hin unter den fremdarti-
gen Einflüssen einzuschließen. Dem naiven Volksaberglauben,
seinen Zaubervorstellungen und Abwehrmitteln wird hier noch
in viel weitergehendem Maße Rechnung getragen als etwa vordem in der kanonischen AG. oder gar den Evangelien, die die
Heilungen und Wunder in stärkerer Verbundenheit mit dem In-
nenleben und demzufolge mit größerer Zartheit zum Ausdruck
bringen. Auch die Wunder des Joh.-Evang. werden von denen
dieser AGG. an Äußerlichkeit erheblich übertroffen. Wasserwei-
hen (APt. 11, 19, ATh. 52) und Bannungen (ATh. 33, 141), sogar
Wunderwirkungen auf Tiere (APt. 9, 12, 13, ATh. 39, 74, 78)
gehen den Helden dieser Erzählungen so leicht ab wie Verwün-
schungen bösartiger Menschen, die deren Tod im Gefolge haben
(AJ. 84 cf. 86), während die Apostel Auferweckungen von Toten
wiederholt sozusagen spielend vollziehen oder durch andere
vollziehen lassen (AJ., APt., ATh.). Wenn Simon der Magier in
den APt. als Gaukler dargestellt wird nach Art eines Peregrinus
Proteus und Genossen (vgl. den Wunderkatalog in APt. Nr. 1,
Ende), so steht der Held der Erzählung selber dieser Charakteristik nicht sehr fern (Belege bei G. Ficker, Die Petrusakten.

Beiträge zu ihrem Verständnis, 1903, S. 18 ff.; vgl. S. 27 f. über
die Wunder als Bilder, Träger einer Idee; S. 44 von der Zeit, daß
»es geradezu Mode geworden war, Produkte der Phantasie für
Wirklichkeit auszugeben«), auch wenn er biblische Worte im
Munde führt und seine Erhabenheit über jenen von vornherein als selbstverständlich betrachtet. Diese Apostel tragen eine
Überhebung zur Schau, die verletzend wirkt (s. APt. 30) und an
das übermütig selbstbewußte Auftreten des Jesuskindes in der
Thomaserzählung erinnert. Ihre Machtwirkung wird im ganzen
derjenigen des wundervollbringenden Heilandes in den Evangelien gleichgesetzt. Die Hilfesuchenden fallen vor ihnen nieder
wie einst vor Jesus, die Dämonen (AG. 16 18, 19 15 f.) sprechen
den Apostel an wie einst den Herrn (ATh. c. 45), ja der Apostel
wird wie ein Gott verehrt (AJ. 27, APt. 29). Viel größere Volksmassen als dort oder in der AG. umgeben diese Helden, werden
durch sie in eine künstliche Spannung versetzt und fordern von
dem Machthaber in der Schlußszene die Erhaltung des Apostels
APt. 36, AAn. 22, auch AP. 10 c. 3; vgl. den Ruf der Griechen
beim Tode des Peregrinus, Lukian c. 33!), deren Abweisung
(AP., APt., AAn.) und Selbstüberlieferung an die Henker (APt.,
AAn., ATh.) die Lebenshingabe als freiwillige erscheinen läßt
(ähnlich wie die Jesu im Joh.-Evang.); Johannes (AJ. 115) stirbt
eines sanften, freiwilligen Todes.

Mag man dieses alles nun als äußeres Beiwerk betrachten,
das in seiner Weise dazu dienen sollte, das inzwischen bedeu-
tend gesteigerte Ansehen der Apostel (s. o. S. 113 f.) als solcher
drastisch ins Licht zu setzen, so ist in diesem Zusammenhange
religionsgeschichtlich von noch höherem Interesse, daß an den
Höhepunkten der Darstellung – von den Paulusakten abgesehen – überall M y s t e r i e n luft weht, deren dieses hellenistische
Zeitalter zur Nährung und Erhaltung des Persönlichkeitswerts

bedurfte und ohne die das christliche Ethos manchem des Innerlichsten und Kraftvollsten zu entbehren schien. An der Kreuzigung Jesu, sei es auch nur als vorgestellter (AJ.), oder der Apostel selbst (APt., AAn.) schafft sich die dahin gehende Stimmung Ausdruck und dringen gelegentlich auch gnostische (AJ. 95) oder verwandte Vorstellungen durch. Selbst eine Wanderung durch die Unterwelt nach Art derjenigen der Petrusapokalypse fehlt nicht (ATh. 55–57). Durch Vorführung kultischer Gebräuche und Gebetsformeln liefern diese AGG. geradezu wertvolle Ergänzungen zu sonst vorhandenen altchristlichen Nachrichten (vgl. v. d. Goltz in H.-E. S. 152 ff.), vor allem die Thomasakten, deren Gebete (vgl. Wetter in FRL N. F. 13, S. 89 ff.) Vorstellungen widerspiegeln, die man als gnostische Vorstufe manichäischer (also schon jenseits der vorliegenden Periode fallender) bezeichnen kann. Das früher (von Lipsius) behauptete Maß gnostischer Richtung in den apokryphen Apostelakten schränkt sich dadurch allerdings erheblich ein – denn Elemente eigentlich gnostischer Spekulation treten im übrigen kaum hervor –, aber es bedeutet eine Übertreibung nach der anderen Seite hin, diese Schriftwerke »vielmehr als wichtige Urkunden des altkatholischen Popularchristentums zu würdigen« (C. Schmidt in TU N. F. 9, 1, 1903, S. VI). Volksvorstellungen und Volksbedürfnisse haben zu allen Zeiten auch auf das kirchliche Christentum abgefärbt, aber dann doch dem Kirchentum verwandtere, wenn auch dasselbe fortbildende, Formen gezeigt. In diesen Bereich grenzt auch die in den AGG. wiederholt begegnende modalistische Ausdrucksweise (Christus = Gott, in Gebeten), während andere Ausdrücke und Beschreibungen (Häufung von Epitheta und Jesus und dessen Vielgestaltigkeit, s. AJ. Einl. 1, 2; seine überirdische Stimme ATh. 34, APt. 39) ihm schon ferner liegen. Dem vulgären Ka-

tholizismus des 2. Jhs. wirklich nahe stehen innerhalb dieser
Schriftengruppe nur die Paulusakten. Aber auch sie teilen, und
zwar nicht in geringem Maße (s. AJ. Einl. 1), die ausgespro-
chene Vorliebe für die enkratitische Richtung, die in der
Verwerfung der Ehe und Kindererzeugung (vgl. für letztere
ATh. 12, 32, 88, auch AJ. 68) gipfelt und übrigens auch gelegentlich bei Vertretern der Gnosis sowie bei Markion und
Tatian auftaucht. Julius Cassianus war Doket und Enkratit in
einer Person. Unter den AGG. verraten die Johannesakten den
ausgeprägtesten doketischen Standpunkt. Gemeinsam ist
u. a. dieses, daß in den Erzählungen gelegentlich überirdische
Lichtwirkungen ergehen (APt. 21, ATh. 27, 118, 153, vgl. AJ.
98) und Christus in der Gestalt des betreffenden Apostels erscheint (AP. 21, AJ. 87, AAn. 14, ATh. 11), neben Thomas (dem
»Zwilling«, Zwillingsbruder Jesu!; ATh. 11, 31 u. ö.) sogar als
Doppelgänger (ATh. 34, vgl. 54; anders AJ. 92). Die Türen des
Gefängnisses öffnen und schließen sich dem Apostel (ATh. 122,
154, 161 f.), den die ihn verehrenden Frauen nachts besuchen
(AP. 18 und Nr. 6, AAn., ATh.). Die Apostel erhalten viel Geld,
das zu Liebeszwecken verwandt wird (APt. 29 f., ATh. 19, 59),
und haben stellenweise Diakone zur Seite (AJ. 30, ATh. 49, 59,
65, vgl. APt. 27), die von ihnen eingesetzt sind (ATh. 169, hier
zugleich ein Presbyter). Im übrigen ist von Entlehnungen aus
der kirchlichen Organisation nichts zu bemerken; auch »Pneu-
matiker« begegnen nirgends. Alle einschlägigen Funktionen
gehen sozusagen in der Tätigkeit dieser Apostel auf. In den
ATh. erscheint Thomas auch als Muster einer einfachen (vege-
tarischen) Lebensweise.

3. Quellenwert; Zeitlage. Verhältnis zur kanonischen AG.
Nachdem namhafte Kirchen begonnen hatten, sich besonderer

geschichtlicher Beziehungen zu Apostelhäuptern zu erinnern,
lag es nahe, diese Erinnerungen auszubauen und zu höherem
Ruhme der engeren Gemeinschaft wie der Apostel selbst zu
vergrößern. Das kritische Moment, welches bei der Geltend-
machung solcher Nachrichten auftaucht und der gleichzeitig
auftretenden Neigung einer gelehrten Beschäftigung mit dem
christlichen Altertum entspricht (Fragen der Chronologie usw.),
ist in den apokryphen AGG. nirgends anzutreffen, sondern be-
stenfalls nur eine lose geschichtliche Verknüpfung oder mehr
äußerliche Einarbeitung zerstreuten historischen Materials aus
der apostolischen Zeit (Tryphäna der AP. s. dort Einl. 3 a, histo-
rische Personen der ATh. s. Apokr. S. 477 f.), das wohl dazu bestimmt war, über das sonst hier beliebte Maß freier Erfindung
hinwegzutäuschen. Andererseits beachte man den äußerlichen
Schematismus in der Herstellung von Personennamen AP. Nr.
3 vgl. 2 c. 41 und AAn. Einl. 3. Der ganze Aufriß der AP. kennzeichnet die Absicht ihres Verfassers, mit ihnen ein Gegenstück
zur kanonischen AG. zu liefern und die Schicksale des Apostels
unter Hinzunahme namentlich der bezüglichen Andeutungen
in 2. Tim. liebevoll und ausführlicher darzustellen als es dort
geschehen, auch auf die vornehmen christlichen Frauen der
Zeit zu wirken (Marcia, Konkubine des Kaisers Commodus,
begünstigte das Christentum!). Dadurch fällt zugleich einiges
Licht auf die Zeitlage dieser Schriften, in denen alles schon
auf breitere Basis gestellt ist und sich als unbefangene Zurück-
tragung jüngerer Erlebnisse der Christenheit in deren Anfang-
zeit gibt.

Bekanntschaft mit der kanonischen AG. scheint auch
sonst in diesen AGG. durchzublicken. Die Apostel kehren im
Hause der Bekehrten ein (16 15), kommen ins Gefängnis und
werden daraus wunderbar befreit (5 19, 12 7 ff. – hier auch wun-

derbare Lichterscheinung –, 16 26 ff.). Die Gefangenen hören
ATh. 108 dem Thomas zu wie in Philippi dem Paulus (16 25).
Die APt. in ihrer vorliegenden Form (s. u. 167 ff.) schildern c.
5 f. eine Seereise, deren Anfangs- und Endpunkt der gleiche
ist wie der Paulusreise AG. 27 2, 28 13. Hier liegt (wie im Aufriß
der AP.) unzweideutig Entlehnung vor. In den übrigen Fällen
besteht ebensogut die Möglichkeit, daß auf beiden Seiten antike Novellistik die gleichen oder ähnliche Motive darbot; vgl.
zum Doppeltraum oder der Doppelvision (AG. 9. 10, AJ. 18 f.,
ATh. 29, 34) Wendland S. 327 f. Auch der Wirbericht der AJ.
(18 f., 60–62, 73, 111, 115) mag als bloße schriftstellerische
Form gewählt sein, um Reisebegleitung und Augenzeugschaft
des Verfassers zu bekräftigen, während derjenige der AG. innerhalb des Ganzen Quellenwert besitzt. Überhaupt sticht der
Charakter dieses Schriftwerks trotz des gleichen Titels von den
übrigen ab. Denn in der AG. liegt ein Ansatz zu wirklicher Geschichtsschreibung vor, mag sie auch mit nicht zureichendem
Quellenmaterial unternommen sein und eingreifende Ergänzungen und Änderungen des Geschichtsverlaufs aufweisen. In
diesen Fällen dagegen treffen wir auf wildwachsende Phantasie
und freieste Komposition. Das Vorbild der kanonischen AG.
steht nur in trüben Umrissen im Hintergrunde.

4. Stilistisches (J. Kroll) Sind die AGG. auch keine Romane
oder bloße Unterhaltungsliteratur (s. 1 a), so dienen sie doch
dem volkstümlichen Unterhaltungs- und Erbauungszweck. Dadurch ist auch ihr Stil bestimmt. Literarischer Ehrgeiz hat den
Verfassern im allgemeinen ferngelegen. Die Sprache ist oft sehr
vulgär, kann aber auch recht gewählt sein. Das ist nach den
einzelnen Legenden verschieden. Von einem einheitlichen Stil
kann also nicht die Rede sein, übrigens auch nicht durchaus

innerhalb der einzelnen Werte. Der Patriarch Photius (s. 5) hat durchaus das Richtige gesehen. Die verschiedenen Literatur-gattungen, die in den AGG. zusammengeflossen sind, haben ganz von selbst auch verschiedenen Stil mit sich gebracht. Die Sprache ist anders bei lehrhaften Darlegungen, anders bei no-vellistischen Erzählungen. Letztere bekommen z.B. gern den damals üblichen rhetorischen Aufputz. »Die verhaltene Sinn-lichkeit«, die gelegentlich durch die enkratitische Stimmung durchleuchtet, bricht sich zuweilen Bahn »in der gehobenen Sprache der Erotik« (ATh. 46. 91. 100, Wendland S. 341), die möglicherweise aus Roman und Novelle stammt. Pathetische Reden und Monologe, wie sie etwa die sophistischen Roma-ne durchziehen, bilden auch ein Requisit der AGG. (vgl. z.B. AJ. 20 f.). Überhaupt ist ihnen eine große Freude an der Rede eigen. Das liegt zum Teil auch an dem volkstümlichen Charak-ter der Schriften, der die Rede liebt, weil sie der Vorliebe für feierlich gespreizten Ausdruck entgegenkommt. Einige Reden sind Prachtstücke rhetorischer Technik (z.B. AAn. 9 (8). Vgl. über den pathetischen und rhetorischen Charakter Wendland S. 339 ff. und J. Kroll, Die frühchristl. Hymnodik (Braunsberger Vorl.-Verz. WS. 1921/22), S. 49 A. 3, der ebenda S. 50 ff. die in den AGG. zutage tretende auffällige Neigung zu hymnodischer Redeweise untersucht hat, welche offensichtlich mit der Freu-de am Pathetischen zusammenhängt. Gelegentlich scheint eine wahre Leidenschaft für den Hymnus und das Reden im Hym-nenstil vorzuliegen, ganz abgesehen von den großen eingeleg-ten Hymnen wie AJ. 95, ATh. 6. 108. Der Reichtum an hymnodi-schen Floskeln ist so groß, daß sie ohne allzupeinliche Rücksicht auf die Situation hervorsprudeln (z.B. AJ. 101). Weitschweifige Ergüsse im traditionellen feierlichen Hymnenstil werden unter oft ganz lockerer Verknüpfung mit dem Zusammenhang einge-

schoben (z. B. ATh. 39. 72). Die Predigt wird hymnodisch stilisiert (z. B. AAn. 6), ganz kurze Gebete werden durch atemlos
lange Hymnen, die auf den Inhalt der Bitte kaum Bezug haben,
eingeleitet (z. B. ATh. 9. 25. 60. 123. 141, APt. 2, AJ. 82). Nicht
nur die Gottheit wird so gefeiert, auch das Brot der Eucharistie
(ATh. 133), das Kreuz (AAn. 19, APt. 37), das Öl des Ölsakra-
ments (ATh. 121. 157), die Taufe (ATh. 121). Im Hymnenstil
wird der Apostel wie ein Gott gepriesen (ATh. 39. 42, vgl. oben
S. 168), wird Glück und Würde der Bekehrten dargelegt (AAn.
1. 6). Wie die Gottheit im Ich-Stil – einer besonderen Art von
Hymnus, vgl. AJ. 95 – ihre eigenen Taten und Eigenschaften
verherrlicht, genau so legt der Apostel sein Geschick nach dem
Tode dar (ATh. 142). In demselben Stil berichten sogar die
höllischen Geister von ihrem Wesen und ihren Schandtaten
(ATh. 132). Schließlich wird der Hymnenstil überhaupt zum
Fluchstil umgekehrt; in ihm wird grimmig der Böse angeredet
und maledeit (ATh. 44, APt. 8, AJ. 84). So begegnet uns denn
in den Akten auf Schritt und Tritt diese Redeweise des Hymnus
mit ihren vielen charakteristischen Stilmitteln, die in der deut-
schen Übersetzung nicht immer deutlich werden können. Dazu
gehört z. B. eine Vorliebe für gehäufte Prädikationen, die entweder als Romina asyndetisch aneinandergereiht werden oder
in kurze Partizipial- oder Relativkola gekleidet sind, in denen
das Verbum voranzustehen pflegt. Die Darlegung der Epitheta
steigert sich zuweilen bis zu katalogartigen Aufzählungen (z. B.
AJ. 84. 103. 106. 109). Die einzelnen Kola werden gleichmäßig
gebaut, öfter mit Reimwirkung. Die angeredete Person wird mit
Vorliebe durch »du« herausgestellt und gern wiederholt (z. B.
APt. 8. 39), wie denn überhaupt die Anapher sehr beliebt ist
(z. B. ATh. 44. 80. 27. 50, AJ. 109). Reicher Gebrauch wird von
den Stilmitteln der Antithese gemacht (z. B. AJ. 95, APt. 20,

AAn. 1). So ist in dieser Literaturgattung die feierliche Redeweise des Hymnus beinahe zur Scheidemünze herabgesunken.
Das hängt außer der großen Verbreitung und Bedeutung des
Hymnus, die wir für die damalige Zeit annehmen müssen, mit
einem Mangel an höherem Stilempfinden zusammen. Und das
ist eben für die ganze Sphäre dieser AGG. bezeichnend. –

5. Gebrauch; Verfasser. Fortbildungen. Daß die kanonische
AG., die Markion nicht in seinem Kanon führte und von der zuerst Iren. ausgedehnten Gebrauch macht, von den ophitischen
Severianern (Epiph. *haer.* 45), zugleich Enkratiten, verworfen
wurde (Euseb. IV 29 5; allgemeiner Tertl. *praescr.* 22), läßt vielleicht schon auf deren Bekanntschaft mit den apokryphen AGG.
schließen. Sichere Spuren begegnen nicht vor Tertl., der schon
die AP. kennt und über ihren Verfasser berichtet (s. XX Einl.
4), und vielleicht auch, wie der Verfasser der Monarchianischen
Prologe, den Schlußabschnitt der AJ. kennt, auf die übrigens
Clemens Alex. anzuspielen scheint (s. XIX Einl. 1). Eine gleich-
zeitige Notiz des Muratorischen Fragmentisten Z. 37-39 bezieht
sich nach der einfachsten Auslegung auf Ereignisse, deren zusammenhängende Darstellung zu Anfang der APt. (s. u. 167 ff.)
vorliegt. Auf eine schon vorhandene Sammlung der AGG. kann
man vielleicht aus Orig. (bei Euseb. III 1) schließen (falls die
ganze Stelle auf Orig. wirklich zurückgeht, wogegen v. Harnack in TU 42, 3 S. 14 f.). Jedenfalls lag dem Patriarchen von
Konstantinopel (seit 858) Photius eine solche vor; er berichtet
bibl., cl. 114 über »die sog. Apostelwanderungen, worin die Taten des Petrus, Johannes, Andreas, Thomas und Paulus enthalten waren. Ihr Verfasser ist, wie das Buch selbst zeigt, Leukios
Charinos. Die Sprache ist völlig ungleichmäßig und auffallend;
denn manchmal bedient er sich wohlgewählter Satzfügungen

und Redewendungen, meist aber trivialer und abgedroschener, und weist von der gleichmäßigen und ungekünstelten Redeweise und der damit von selbst gegebenen Anmut, nach welcher das evangelische und apostolische Wort gebildet ist, keine Spur auf. Er strotzt von viel Torheit und Selbstwiderspruch. Denn er behauptet, der böse Judengott, dessen Gehilfe Simon der Magier sei, sei ein anderer als Christus, den er gut nennt, und mengt alles durcheinander und bezeichnet ihn als Vater und Sohn«. (Folgen Inhaltsandeutungen aus AJ. Und vielleicht noch anderen Apostelakten, wonach es scheint, als ob der Berichterstatter auch solche mit späteren Ausschmückungen vor Augen gehabt hätte.) Seit Euseb. haben verschiedene Kirchenschriftsteller des Morgen- und Abendlandes, letztere meist im Gegensatz zu den Manichäern, die sich dieser AGG. bedienten und die kanonische AG., wie schon die Severianer, verwarfen, der einen oder andern apokryphen AG. oder deren mehrerer abweisend gedacht und dabei teilweise als Verfasser einen L e u c i u s (= Lucius) erwähnt (vgl. Handb. S. 352 ff.), der entweder wirklich Verfasser jedenfalls der AJ. gewesen ist oder als Sammler und Überarbeiter der ganzen Schriftengruppe zu gelten hat (so W. Bousset in ZNW 1917/18, S. 37 f.). Daß die verschiedenen AGG. nicht auf ihn als einheitlichen Verfasser zurückgehen können, ergeben schon die sprachlichen und stilistischen Unterschiede (s. 4) bei sonstiger Gleichförmigkeit, noch mehr aber gewichtige fachliche Differenzen, auch die verschiedengradige B e n u t z u n g   b i b l i s c h e r   S c h r i f t e n in ihnen. Eine solche tritt in den AJ. und AAn. noch spärlich hervor, und vollends des A. T. geschieht, der durchschnittlichen außerkirchlichen Stellungnahmen entsprechend, erst in den APt. (Schriftbeweis c. 24) und in mehreren geschichtlichen Rückblicken der ATh. Erwähnung (außerdem schon in

AP. Nr. 8). Zusammenfassungen aus den Evangelien finden sich ausführlicher in AP. Nr. 2 c. 5 f. und ATh. 4. 28. 36. 53. 82. 86. 94. 107. 144. – Über den Umfang der einzelnen AGG. vgl. § 3 der Haupteinleitung (*cod. Claromont.* und Stichometrie des Nikephorus; zur überlieferten Zahl für die ATh. s. Apokr. S. 474 unter 2). – Über weitere Sammlungen und Fortbildungen solcher Literatur und die steigende Wertschätzung derselben s. Apokr. S. 354. 356 f.

Johannesakten

Einleitung. – 1. Alter und Einfluß der Akten; Eigenart. Was Clemens Alex. zu 1. Joh. 1 ı aus den ›Überlieferungen‹ berichtet, berührt sich mit AJ. 93 vgl. auch 89 und muß, da es eben auf Johannes zurückgeführt wird, mit dessen Akten in irgend welcher Beziehung stehen, scheinbar freilich nur so, daß Clemens sie nicht selber gelesen, sondern einen andern daraus hatte erzählen hören. Für die Datierung der Johannesakten, der »tiefsten religiösen Aretalogie des jungen Christentums« (Reitzenstein), ist damit allerdings nicht viel gewonnen, da wir aus ihrem Verhältnis zu den übrigen Akten entnehmen können, daß sie älter sind als diese, die deutliche Spuren ihrer Benutzung verraten. Man vergleiche nur den Hinweis auf das verborgene Geheimnis des Kreuzes APt. 37 sowie AAn. 19 mit der mysteriösen Ausführung AJ. 97 ff. sowie die asyndetische Häufung der Epitheta auf Christus (Darstellung des preiswürdigen Wesens und Tuns der Gottheit, wie in den orphischen Hymnen, Kroll S. 57 A.) dort c. 20 wie hier c. 98. 109, auch seine Erscheinung in verschiedenen Lebensaltern (APt. 21, AJ. 87 ff.), ferner in den Andreasakten c. 9 Ende die unwidersprechlichen Anklänge an die Leidensphilosophie des Verfassers der AJ. 96, schließlich in den Thomasakten die auffallende Berührung mehrerer Wundererzählungen mit solchen der

Johannesakten und die Entlehnung eines charakteristischen Gebets (c. 53) aus den letzteren (c. 22), um sich von ihrem nachhaltigen Einflusse zu überzeugen. Auch ist die Richtung auf gleichmäßige Durchführung der geschlechtlichen Askese in ihnen noch keineswegs so streng durchgeführt wie in den Paulus(Thekla-), Andreas- und Thomasakten. Denn sie bedeutet noch einen Vorzug für den Apostel selbst (c. 113)[1] und wird außerdem nur noch als Sonderverdienst eines Ehepaares geltend gemacht (c. 63, vgl. 82), dessen Schicksale mit der Erzählung stark verflochten sind. Einseitig tritt sie auch noch nicht in den Petrusakten (s. u. 167 ff.) b hervor (außer in c.

---

1) Mit einigen Sätzen der von Johannes in c. 113 vorgebrachten Selbstaussagen berührt sich ein lateinisches Fragment bei d e B r u y n e p. 155 sehr nahe, doch ist der Wortlaut stark zusammengezogen. (Nach der griechischen Hs. V, s. Lipsius 1, 472 f., Aa 2, 1, p. XXVIII, erging der visionäre Ruf an Johannes deshalb, weil der Vater Zebedäus seine Heirat gewünscht hatte.) Hieraus zu schließen, daß auch die beiden andern Fragmente bei de Bruyne den echten AJ. entstammen, wäre verfrüht. In dem dritten p. 155–157 ist Johannes auf eine Hochzeit geladen, wo er eine längere Ansprache hält und vor den mannigfaltigen satanischen Einflüssen im Geschlechtsverkehr warnt; die Häufung der Ausdrücke entspricht allerdings einer Gepflogenheit auch der AJ., aber die enkratitische Haltung ist hier nicht so stark (s. o.), und der eschatologische Hinweis am Schlusse des Fragments auf den vom Himmel kommenden Bräutigam paßt nicht in den Zusammenhang. Eher schon das zweite Fragment p. 155, das nach James vor c. 18 zu versetzen wäre. Hiernach bekannten die Dämonen dem Diakon Dyrus (Verus?) im Hinblick auf die Ankunft des Johannes: **Viele werden in den letzten Zeiten zu uns kommen, uns von unsern Gefäßen (den Besessenen) auszuziehen, mit der Angabe, daß sie von Frauen sauber und rein seien und nicht durch Begierden nach ihnen niedergehalten werden; wenn wir nur wollen, nehmen wir auch von ihnen Besitz.** Freilich stört auch hier der eschatologische Hinweis, und Dämonenaustreibungen sind sonst in den AJ. nicht (oder nicht sicher S. 52) belegt.

34, denn c. 33 kommt hierfür weniger in Frage), die aber dafür – ob nur in der vorliegenden Rezension? – eine kirchliche
Färbung in der Verwendung von atl. und ntl. Schriftbeweisen
zeigen (ähnlich die Thomasakten); hiervon verraten die Johannesakten und ebenso, soviel wir davon kennen, die Andreasakten noch keine Spur. Diese beiden stehen sich immerhin
formell am nächsten (über enge Beziehungen zwischen AAn.
und APt. anderseits s. u. 241 f.), aber auch auf ihre Abstände
wurde bereits hingewiesen.

2. Am eigenartigsten erscheinen die AJ. vor allem durch den
charakteristischen **Abschnitt 3,** der vom Leben Jesu und seinem
Scheintode handelt. In dieser von den Evangelien abweichenden Darlegung tritt der Apostel völlig als der Eingeweihte auf,
der Aufschlüsse von dem Herrn als Mystagogen erhält, die ihm
eine ganz bevorzugte Stellung sichern, und vor der Kreuzigung
findet eine wirkliche Mysterienfeier der Jünger mit dem Herrn
durch einen ekstatischen K u l t t a n z statt, der ganz in antiker
Weise verläuft (Fälle bei Wetter in FRL R. F. 13, 1921, S. 115
A. 22; außerdem H. Diels in der ›Festgabe‹ für A. v. Harnack
1921, S. 66 ff.) und unter Vorsagung eines Liedes erfolgt (Kroll
a. a. O. 59 ff., Wetter S. 110 ff.), auf das die Jünger nach jedem
Verse mit Amen respondieren (vgl. dreimaliges Amen innerhalb eines Lobpreises im ersten Buch Jesu GSA 13, S. 297 ff.).
»Dieser inhaltlich und formal eigenartige H y m n u s , der in der
Hauptsache aus gegensätzlich angeordneten Ich-Prädikationen
besteht, gibt uns in Einzelheiten eine Fülle von Rätseln auf«
(Kroll S. 61 f.). Der antithetisch formulierten Sätze, die stark
rhythmisch gebaut sind und Reimwirkung aufweisen (ebda.
S. 60 A. 2), sind zunächst 8 und in der zweiten Liedhälfte 6,
denen sich aber noch 4 andere nicht antithetisch formulierte

Selbstprädikationen anschließen[1] (die letzte ein Parömiakus,
ohne Amen). Voran steht eine (doppelte) Doxologie, und ganz
am Schlusse folgt, nach lehrhaften Darlegungen, wiederum eine
solche (vgl. Kroll 61 A. 1), in beiden Fällen trinitarisch gehalten. Einzelne Sätze, vor allem die mittleren zwischen den beiden Hauptgruppen sind, wie die Doxologien, hinzugekommen,
um die liturgische Aufführung zu ermöglichen und wirksamer
zu gestalten. Noch im 4. Jh. wurde der Lobgesang an Stelle von
Mt. 26 30 u. Par. von den Priscillianern als Geheimmitteilung für
die Geistigen benutzt, wie aus Augustin *epist.* 237 zu ersehen
ist (Handb. S. 529 f.). Natürlich hat das Hallel, das Jesus in der
Leidensnacht mit seinen Jüngern gesungen haben wird, ganz
anders geklungen, auch nicht die Wertlegung gehabt, die der
Hymnus als solcher hier erfährt. »Aus der hellenistischen Literatur ist uns bekannt, daß gerade der Hymnus dazu beiträgt,
den Mysten in den Zustand der Ekstase zu versetzen und ihn
so die Gottheit schauen, die göttlichen Geheimnisse erleben
zu lassen« (Kroll S. 47 A. 2): »Der Mensch wird eins mit der
Gottheit; in dem, was die Gottheit erlebt, was im Mysterium
vorgeführt oder beschrieben wird, erkennt er sich selbst, sein
eigenes Los« (ebda. S. 67).

Der nähere Sinn wird aus der weiteren Schilderung leid-

---

1) Zu dem Satz vom S p i e g e l vgl. AAn. 15 Ende. Ode Sal. 13 und die literarischen Nachweise bei Kroll S. 60 A. 1 (dazu Achelis in Theol. Festschrift für
Bonwetsch, 1918, S. 56–63). Ein paralleler Satz begegnet bei Ps.-Cyprian *de
montibus Sina et Sion* 13: Der Herr unterweist und ermahnt in dem B r i e f e
seines Jüngers J o h a n n e s an das Volk: **Sehet mich so in euch, wie sich einer
von euch im Wasser oder in einem Spiegel sieht!** Man hat sogar ursprüngliche Zugehörigkeit dieses Briefes zu den AJ. vermutet (Zahn, Forschgn. 6
S. 196 A. 1), Corßen dagegen bestritten (ZNW 1911, S. 35 f.), daß es sich
überhaupt um einen Brief handelt.

lich klar. Der Eingeweihte (Johannes) schaut, c. 97 f., während Christus dem Volkshaufen unten (unterem Volkshaufen, c. 100: »untere Natur«) gekreuzigt wird[1], auf dem Ölberge ein Lichtkreuz, umgeben von einem »großen Haufen, welcher eine Gestalt nicht hatte«, »und in jenem (Lichtkreuz) war einerlei Gestalt und gleiches Aussehen« (= die Eingeweihten), vgl. c. 100. Was über die Kreuzigung (in den Evangelien) täuschend (c. 96 Ende) berichtet wird, hat keine geschichtliche Bedeutung im herkömmlichen Sinne (101 f.). »Die wahre Bedeutung des Leidens Christi besteht darin, daß es ein Sinnbild der Leiden des Menschen überhaupt ist; der Logos ist uns zu dem Zweck vom Vater gesandt, daß wir unser menschliches Leiden verstehen lernen und dadurch von ihm loskommen sollen« (Bauer S. 238 nach Pfleiderer). Das wird c. 96 (im zweiten Satz) ausdrücklich ausgesprochen und – worauf bisher weniger geachtet ist – in c. 103 an den verschiedenen gegenwärtigen Leiden der Christen unter den Verfolgungen illustriert. In diesen Leiden leidet Christus mit, d. h. wird seine Kreuzigung irdische Realität (was sie an und für sich nicht ist), zugleich im Reigentanz begangenes Mysterium, das den Mysten zur Selbstbesinnung verhilft, während die Wesensart des Herrn mit geschichtlichen Reminiszenzen und Beinamen höchstens angedeutet werden kann (c. 101; dagegen werden in den Akten der Märtyrer diese durch ihr Leiden mit dem geschichtlichen Leiden Christi vereint: Wetter S. 134. 137 f. 140).

---

1) Am »Rüsttage« (Freitage), wenn Hilgenfeld und James (JthSt 7, 1906, p. 566 ff.) mit ihrer hebräischen Deutung der Lesart *arubátō(i)* recht haben, was aber H. Duensing wegen des überflüssigen zweiten *a* im Worte bestreitet, während James vordem TSt 5, 1, 1897 *staurū batō(i)* las, was ich mit »Kreuzesdorn« übersetzt habe. Das Holzkreuz wird wieder c. 99 erwähnt.

Demgemäß wollen die Antithesen im Hymnus nicht eigentlich Gegensätze in der Erscheinung des Herrn (wofür ander-
weitige Beispiele bei Kroll, S. 62 f. A. 1, 64 A.), sondern die
eigentümliche Verbindung des un- oder überirdischen Christus mit den Eingeweihten unter den ausgesprochenen Voraussetzungen, sowohl passiv wie aktiv, zum Ausdruck bringen,
ohne daß eine sichere Ausdeutung der Einzelheiten möglich
wäre. Dabei finden auch Taufe und Abendmahl Berücksichtigung, ohne daß man erkännte, wie weit ihnen eine mehr als
sinnbildliche Bedeutung beigemessen wird. Jedenfalls handelt es sich in der ganzen Darstellung aber nicht, wie Wetter
S. 112 f. meint, um bloßes Miterleben des kultischen Vorgangs
beim Abendmahl. Eine wirkliche Eucharistie, im vollständigen
Sonntagsgottesdienst, wird c. 109 f. geschildert, eine solche am
Grabe (freilich nach Änderung der Situation) c. 85 f., beide
Feiern nur mit Brotbrechung, dem urchristlichen Typus. (Vgl.,
ebenso über die Tanzfeier, L. Fendt, Gnostische Mysterien,
1922.)

Der Vorgang der Kreuzigung kann nur als im voraus täu-
schender Reflex auf das genommen werden, was die Feinde
Christi von jeher mit seinen Anhängern vorhaben; die Sub-
stitution eines andern an Stelle des Gekreuzigten, von der
manichäische und vielleicht schon gnostische Kreise wissen
(Bauer S. 240), kommt nicht in Frage. Die hieraus sprechende
d o k e t i s c h e Auffassung tritt schon in den vorhergehenden
pseudevangelischen Abschnitten aus dem Leben des Herrn
c. 88 ff. zutage, die die V i e l g e s t a l t i g k e i t seiner persönlichen Erscheinung (vgl. 82. 91, APt. 21 Ende, ATh. 48. 153
und Apokr. S. 355; anderseits AJ. 70, ATh. 44 vom Satan)
schildern. Er erscheint in allen Lebensaltern (vgl. APt. 21.
20), während die Presbyter des Irenäus sich dachten, daß der

geschichtliche Jesus alle Lebensalter durchgemacht habe. Übrigens wurden auch Attis und Isis vielgestaltig gedacht. Der Doppelgänger AJ. 92 wird aus der Vorstellung von der Fravaschi in der altpersischen Religion (RGG 2, 1029 f.) zu erklären sein. Zu der Schlußakklamation Ja Herr! in c. 108 vgl. die ophitischen Zaubersprüche bei Origenes und einen Zauberpapyrus bei Reitzenstein, Poimandres (desgl. in der Anrufung S. 29).

3. Schriftstellerischer Charakter, Zeit- und Ortsverhältnisse; der Apostel Johannes. Da der Apostel Johannes »über große Mysterien Herr ist«, ist die Leistung von Wunderhandlungen – auch den abstoßendsten – für ihn nur Kleinigkeit (c. 47). Er ist auch Gedankenleser (c. 46. 56) – wie Apollonius von Tyana. Freilich wehrt er entsprechende Würdigungen von sich ab (24. 28 f.). Aber das ist nur ein eingetragener Zug, um die Ungeschichtlichkeit der ganzen Darstellung zu verkleiden, die dem heidnisch gebildeten Geschmack der Leser die stärksten Zugeständnisse macht; man beachte nur die auffallend laxe Behandlung des Verbrechers Kallimachus im Grabe der Drusiana (dazu Handb. S. 520). Auch das völlig Lächerliche findet in dieser Darstellung Raum, wenn auch mit einer Nutzanwendung tieferen Gehalts (60 f.), während die im Stile moralischer Diatriben gefallenen Reden des Apostels c. 33 ff. 67 ff. von den Apostelpredigten der übrigen Akten vorteilhaft dadurch abstechen, daß sie auf wirklich konkrete Gedanken hinauslaufen. Eine gewisse Erzählungskunst ist dem Verfasser nicht abzusprechen. Namentlich versteht er sich auf eingehende Schilderung der seelischen Stimmungen, was der Handlung gelegentlich einen dramatischen Anstrich verleiht.

Es ist schwerlich bloß dem zufällig erhaltenen Textbestan-

de dieser Akten zu verdanken, daß der Hauptschauplatz der
Wirksamkeit dieses Apostels E p h e s u s ist. Unter den für diesen Aufenthalt des Johannes in Betracht kommenden Zeugen
stehen die AJ. zeitlich wohl an erster Stelle, womit nicht gesagt sein soll, daß ihr Verfasser den Aufenthalt zuerst erdacht
und damit den übrigen Anlaß gegeben hätte, die Behauptung
zu wiederholen. Dazu sind die Umstände, unter denen er den
Aufenthalt schildert, zu derb vorgestellt, vor allem die fingierte
Zerstörung des Tempels, die als Höhepunkt der dortigen Wirksamkeit beschrieben wird[1], in Wirklichkeit aber erst etwa ein
Jh. später, nämlich i. J. 262 durch die Goten erfolgte. Annehm-
barer erscheint schon, daß sein Hinkommen nach Ephesus auf
Grund einer Vision geschah (c. 18. 41). Aber das dunkle Jo-
hannesproblem erfährt dadurch keine Aufklärung[2]. Ebensowenig läßt sich über die nähere Datierung der Akten vorläufig
Genaueres ausmachen; genug, daß sie am Anfange der Reihe
stehen und m. E. auch den Paulusakten vorhergegangen, mindestens aber mit ihnen gleichzeitig sind. Als Gegend der Abfassung kommt auch für sie Kleinasien in Betracht, schon wegen
des ausgeprägten religiösen Modalismus; gegen Ephesus oder
dessen Nachbarschaft spricht der grobe Anachronismus in der
Angabe der Tempelzerstörung. Derartiges war nur im Hinter-
lande möglich.

---

1) c. 41 f.; in c. 42 habe ich an den zwei Stellen (?) die Übersetzung geändert;
an der ersten vermute ich *tă dŏkana autōn* (vgl. zu dem Ausdruck E. Küster
RVV 13, 2, S. 77. 83. Usener, Kl. Schriften 4, 339 A. 14), an der zweiten *tēs
stamīnŏs*. – 2) Beachtenswert ist immerhin die Vermutung (Zahns), daß vor
c. 58 der Reiseweg des Apostels durch die vorderasiatischen Städte (vgl. J.
Weiß, Urtitel ›Kleinasien‹ in RE 10, 535 ff.) derselbe war wie Offb. 2 f. Andererseits hat auch Apollonius von Tyana (*Vita Apollonii* IV 1 ff.) einen ähnlichen
eingeschlagen.

Übrigens wird Johannes in den Akten nur gelegentlich »Apostel« genannt (c. 26. 57) und schon in höherem Alter vorgestellt (c. 27. 56). Ihr faktischer Einfluß ist dadurch ersichtlich, daß die eigenartige Geschichte von seinem Lebensende (c. 106–115)[1] in den kirchlichen Nachrichtenbestand, früh schon des Westens (Monarchianischer Prolog) übergegangen ist, ebenso die Behauptung seiner Jungfräulichkeit. Beides ist mit anderen Stoffen in die abendländischen ›kirchlichen Geschichten‹ übergegangen, die Hieronymus und andere bezeugen (zusammengestellt von Corßen in TU 15, 1, 1896, S. 78 ff.).

4. Textüberlieferung; sonstige Stoffe. Auf der bilderfreundlichen Synode zu Nicäa 787 befaßte man sich mit den Johannesakten, aus denen verschiedenes (c. 27–28 Mitte, c. 93–95 Mitte, c. 97–98 gegen Ende) unter scharfer Beurteilung zur Verlesung kam. Seitdem Thilo die Fragmente der Synode in einem lateinischen Osterprogramm der Universität Halle 1847 mit eindringendem Kommentar herausgab, ist die Kenntnis der alten Akten durch Hss.-Funde allmählich erweitert, wie aus den folgenden Ausgaben hervorgeht: Tischendorf, *Acta apost. apocr.* (1851), p. 266–276. Zahn, *Acta Joannis* (1880). James, *Apocrypha anecd. 2* (1897). Bonnet, *Aa 2, 1* (1898), p. 160–215; vgl.

---

1) Am Schluß in einigen griechischen Hss. dahin erweitert, daß die Brüder, folgenden Tags (oder nach drei Tagen) wiedergekommen, seinen Leichnam nicht gefunden hätten, sondern nur seine Sandalen (Vorstellung von der Entrückung!) und wie die Erde aufsprudelte. Die nähere Deutung der letzterwähnten Naturerscheinungen findet sich bei Augustin (Trakt. 124 2 zu Joh.). Man war der Meinung, dadurch werde angezeigt, daß Johannes unter der Erde nur schlafe, wodurch Joh. 21 22 gerechtfertigt erschien. Späteren, wie Ps.-Abdias ist dann der aufsprudelnde Staub sogar zum Manna geworden. (Vgl. das Gedicht von Binder.)

über die Hss. p. XXVI ff. und Handb. S. 492, ebda. S. 492 f. weitere Literatur.

Die griechischen Hss. der AJ., welche Textstücke einzeln oder gemeinschaftlich bieten, sind eigentlich solche der Lebensbeschreibung des Johannes von Prochorus (Pseudonym), die erst der ersten Hälfte des 5. Jhs. entstammt (Inhaltsangabe bei Lipsius 1, 366 ff.) und Berichte der AJ. in ihren Plan hereingezogen, zum Teil wörtlich erhalten, zum Teil aber völlig umgearbeitet hat. Einer derselben gehört die Anekdote c. 56–58 an, die ein etwas trivialeres Seitenstück in einem Berichte Cassians hat (Unterredungen XXIV 21 s. Lipsius 1, 471 f.)[1]. Eine andere spätere Kompilation, Buch V der lateinischen Sammlung von Apostelleben und -passionen (Lipsius 1, 417 ff.) bietet nach ziemlich getreuer Wiedergabe von AJ. 62–86 und Einstellung eines Zwischensatzes (= c. 106 Anfang) eine Erzählung (s. Apokr. S. 430), in deren weiterem Verlaufe von einer Verwandlung von Rutenbündeln in Gold die Rede ist, wozu Euodius, der Zeitgenosse Augustins, ein Seitenstück liefert, insofern er von einer Verwandlung von Gold aus Heu durch Johannes weiß, was auch durch griechische Zeugen unterstützt wird (Lipsius 1, 427 f.), also vermutlich einen echten Bestandteil der AJ. bildete. Wie das in die vorhandenen Teile einzuordnen sein würde, muß unsicher

---

1) Statt des Priesters tritt hier ein Mann in Jägertracht auf. – Oberjägermeister als Untergebene eines Anführers oder Regenten kommen in einem griechischen Bruchstück aus apokryphen Akten OP 6, p. 19 vor, in dessen weiterem Zusammenhange es heißt: **Dieser Mensch ist kein Magier, sondern vielleicht ist sein Gott groß.** Das könnte zu dem AJ. stimmen in denen, soweit ersichtlich, der Apostel nicht als Zauberer bezeichnet wird (dagegen AP. 15, 20; ATh. 16, 20, 21 u. ö. *Mart. Andreae* Aa 2, 1, p. 47 17); anders erklärt Flamion (s. u. XXII Einl. 1) p. 250 A. 1.

bleiben (Deeleman in *Geloof en Vrijheid 46*, 1912, p. 42 vermutet vor c. 106).

Der Umfang der Johannesakten betrug nach Nikephorus 2500 Raumzeilen, entsprach also etwa dem Mt.-Evang. Liegt hier kein Irrtum vor, so besäßen wir nahezu zwei Drittel des Ganzen wieder, was bei der hervorgetretenen ungünstigen Meinung der Väter über die Akten nicht wenig ist. Ergibt sich nun die Notwendigkeit, zwischen den überlieferten Stücken und auch innerhalb derselben Lücken größeren (c. 37) oder geringeren Umfanges anzunehmen, so erhellt, daß der Bestand an sonstigen, nicht direkt mit den vorgeführten zusammenhängenden Erzählungen, seien sie nun überhaupt bekannt oder uns auf anderem Wege überliefert, nicht zu umfangreich angenommen werden darf. In die bezeichnete Lücke verstelle ich das Doppelbruchstück OP 6, 1908, p. 15 f. (*verso, recto,* wie bei den Herausgebern), in welchem auch Andronikus erwähnt wird; denn von seinem Gläubigwerden muß hier inzwischen berichtet gewesen sein. Die Lücke nach c. 86 kann, wenn überhaupt eine vorhanden war, nicht erheblich gewesen sein, und hinter c. 105 finden die Geschichten auch nicht gut ihren Platz. Dagegen wird unmittelbar nach der Lücke c. 37 angenommen, daß Johannes mit seinen Jüngern schon »lange Zeit« in Ephesus sich aufgehalten hat, und ist von den »großen Taten Gottes« die Rede, zu denen also auch die im bezeichneten Doppelbruchstück erwähnten gehören werden. (Ein Dämon in Soldatentracht findet sich außer im *Mart. Matthaei* 14 Aa 2, 1, p. 232 auch bei Prochorus c. 7 Lipsius 1, 371, hier ebenfalls nicht lange vor der Zerstörung des Tempels, freilich in beiden Fällen nicht an der Brücke.) Was zu Anfang der AJ. vor c. 18 gestanden hat, ist mit den gegenwärtigen Mitteln nicht festzustellen.

[Aa II 1, p. 160 5–215.]

1.

(Ankunft in Ephesus und Wirken daselbst.)

(Lykomedes und Kleopatra.)

– – p. 160 5 Johannes eilte nach Ephesus, von einem Gesichte getrieben. Darum hielten ihn Dämonikus und sein Verwandter Aristodemus und der schwerreiche Kleobius und das Weib des p. 161 Marcellus kaum einen Tag in Milet fest, mit ihm auszuruhen. Als sie aber am frühen Morgen fortgezogen und schon vier Meilen Weges ungefähr zurückgelegt waren, wurde eine Stimme vom Himmel laut, daß wir alle sie hörten: Johannes, du sollst in Ephesus deinem Herrn den Ruhm verschaffen, den du kennst, du und alle Brüder mit dir und manche von denen, die dort durch dich glauben werden. Da überlegte Johannes bei sich voller Freude, was es denn wohl wäre, das ihm in Ephesus begegnen sollte, und sprach: Herr, siehe, nach deinem Wille gehe ich. Es geschehe, was du willst[1]!

Und als wir uns der Stadt näherten, begegnete uns der Oberbefehlshaber der Epheser Lykomedes, ein begüterter Mann. Er fleht Johannes um Heilung seines an Lähmung darniederliegenden Weibes an, unter Verweis auf einen vorher ihm zuteil gewordenen Aufschluß. Johannes begibt sich mit den Brüdern in sein Haus, während Kleobius seinen jungen Dienern befiehlt, bei seinem Verwandten Kallippus einzukehren, wohin er mit seinem Sohne kommen werde. Zu Hause äußert Lykomedes angesichts des sterbenden Weibes in bewegter Rede p. 162 den Vorsatz, aus dem Leben zu scheiden, um sich zu verantworten vor der Göttin des Rechts[2], der er in

---

1) vgl. Lk. 1 38. 22 42. – 2) vgl. AG. 28 4.

Gerechtigkeit diente, wenn Recht gesprochen werden darf gegen ihren ungerechten Richterspruch. Er fällt ungeachtet der Zurede des Johannes vor dem Lager der Gattin leblos nieder, so daß dieser ausruft: Was hast du vor, Herr? Warum hast du uns deine gütige Zusage entzogen? Laß nicht, ich bitte dich, Herr, laß nicht den frohlocken, der p. 163 über fremdes Leid sich freut! Laß nicht den tanzen, der uns immer verlacht! Sondern dein heiliger Name und dein Mitleid eile! Wecke auf die Leiber der beiden mir zum Nachteile Gefallenen! Während Johannes also aufschrie, strömte die Stadt Ephesus zum Hause des Lykomedes herbei in der Annahme, daß er tot wäre. Als aber Johannes die Ankunft des großen Haufens sah, betete er zum Herrn: Jetzt ist die Zeit der Erquickung[1] und Zuversicht auf dich, Christus, jetzt für uns Müden die Zeit der Hilfe von dir, Arzt, der umsonst heilt. Frei von Spott bewahre meinen hiesigen Eingang![2] Ich bitte dich, Jesus, hilf einer so großen Menge, zu dir dem Herrn des Alls zu kommen. Siehe die Trübsal, siehe, wie sie daliegen! Du richte auch von denen, welche deshalb herbeigekommen sind, heilige Werkzeuge[3] für deinen Dienst zu, wenn sie deine Gabe geschaut haben! Denn du selbst hast gesagt, Christus: Bittet, so wird euch gegeben[4]. Wir bitten also für uns dich, o König, nicht um Gold, nicht um Silber[5], nicht um Vermögen, nicht um Besitz, noch um irgendwelche vergänglichen, irdischen Güter, sondern um zwei Seelen, durch welche du die Gegenwärtigen bekehren wirst zu deinem Wege, zu deiner Kenntnis, zu deiner Zuversicht zu deiner untrüglichen Verheißung. Denn manche von ihnen werden, wenn sie durch die Auferstehung der Abge-

---

1) AG. 3 20. – 2) vgl. 1. Thess. 1 9. 2 1. – 3) vgl. AG. 9 15. – 4) Mt. 7 7; Lk. 11 9. – 5) vgl. AG. 3 6. 20 33.

schiedenen deine Macht erkannt haben, gerettet werden. Verleih also selbst Hoffnung auf dich! Darum will ich zu Kleopatra treten und sagen: Steh auf, im Namen Jesu Christi! Und er trat hinzu, berührte ihr Antlitz und sprach: Kleopatra, der, den jeder Herrscher fürchtet und jede Kreatur, Gewalt[1], Abgrund und Finsternis und der düstere Tod und die Höhe der Himmel und die Windungen der Unterwelt und der Toten Auferstehung und das Sehen der Blinden und des Weltenherrschers gesamte Macht und des Fürsten Übermut, der spricht: Stehe auf und werde nicht zum Vorwand für viele, die nicht glauben wollen, und zum Drangsal für Seelen, die hoffen und gerettet werden könnten! Da rief Kleopatra sogleich laut aus: Ich stehe auf, Herr. Rette deine Magd[2]! Die Auferstandene fragt nach p. 164 ihrem Gatten, den ihr Johannes im Nebengemach zeigt. Da sie verhältnismäßig ruhig bleibt, ruft er Jesus Christus an und fordert sie dann auf, den auf einem Tragbette Liegenden zu erwecken, was auch geschieht. Der aber stand auf, fiel auf den Boden und küßte des Johannes Füße. Dieser richtete ihn auf mit den Worten: Küsse nicht meine Füße[3], Mensch, sondern Gottes, durch dessen Macht ihr beide auferstanden seid!

Beide sprechen den dringenden Wunsch aus, daß Johannes bei ihnen bleibe, was Kleobius mit p. 165 Aristodemus sowie Dämonikus ihrerseits mit Erfolg befürworten.

(Das Bild des Johannes.)

Es versammelte sich nun viel Volks um des Johannes willen. Und während er den Anwesenden predigte, lief Lykomedes, der einen talentvollen Maler zum Freunde hatte, eilends zu diesem und spricht zu ihm: Du siehst, wie ich mich zu dir bemüht

1) vgl. Röm. 8 38 f. – 2) vgl. Lk. 1 38. 48. – 3) vgl. AG. 10 25 f.; Offb. 19 10.

habe. Komm schnell in mein Haus, und den ich dir zeige, den
male, ohne daß er's merkt! Da übergab der Maler jemandem
die dazu erforderlichen Gerätschaften und Farben und sagte
zum Lykomedes: Zeige mir ihn, und im übrigen sei unbesorgt!
Und Lykomedes zeigte den Johannes dem Maler, brachte ihn
in seine Nähe und schloß ihn in eine Wohnung ein, von der
man den Apostel Christi sehen konnte. Lykomedes aber war
mit dem Glückseligen beim Mahle vereint im Glauben und in
der Erkenntnis unsres Gottes, noch mehr aber freute er sich,
daß er jenen im Bilde besitzen sollte.

Nachdem nun der Maler am ersten Tage den Schattenriß
entworfen hatte, ging er fort; am folgenden Tage aber malte
er ihn aus und übergab dem Lykomedes zu seiner Freude das
Bild. Der nahm es, stellte es in seinem Schlafgemache auf und
bekränzte es. Daher sagte Johannes, als er dies später merkte,
zu ihm: Mein geliebtes Kind, was tust du, wenn du vom Bade
in dein Schlafgemach allein hineingehst? Bete ich nicht mit dir
und den übrigen Brüdern? Warum also verbirgst du uns das?
So sprach er und betrat mit ihm das Gemach. Da erblickte er
das bekränzte Bild eines alten Mannes und daneben Leuch-
ter und davor einen Altar. Und er rief ihn an mit den Worten:
Lykomedes, was bedeutet dir das mit dem Bilde da? Ist der
Gemalte etwa einer deiner Götter? Ich sehe ja, p. 166 daß du
noch heidnisch lebst! Ihm entgegnete Lykomedes: Mein Gott
ist nur jener, der mich nebst meiner Lebensgefährtin vom Tode
erweckt hat. Aber wenn anders man nächst jenem Gotte die
Menschen, die unsre Wohltäter sind, Götter nennen darf, so
bist du's, Vater, der in dem Bilde für mich gemalt ist, den ich
bekränze, liebe und verehre als den, der mir ein guter Führer
geworden ist. Da sagte Johannes, der noch nie sein eignes Antlitz geschaut hatte, zu ihm: Du treibst Scherz mit mir, Kind.

Sehe ich so aus ...? Wie überzeugst du mich, daß das Bild mir ähnlich ist? Da brachte Lykomedes ihm einen Spiegel, und als er sich im Spiegel erblickte und auf das Bild hinsah, sprach er: So wahr der Herr Jesus Christus lebt[1], das Bild ist mir ähnlich, nicht aber mir, Kind, sondern dem Bilde meines Leibes. Denn wenn mich dieser Maler, der dies mein Angesicht im Bilde nachgeahmt hat, malen will, so dürften ihm jetzt die dir verliehenen Farben fehlen sowie Tafeln und Gelegenheit (?) und Zugang (?) und Haltung und Gestalt und Alter und Jugend und alles Sichtbare. Werde aber du mir ein guter Maler, Lykomedes! Du besitzest Farben, welche dir durch mich Jesus gibt, der für sich uns alle malt, der sich auf unserer Seelen Gestalten und Formen und Geberden und Stimmungen und Abbilder versteht. Die Farben aber, die ich dir zu malen auftrage, sind folgende: Glaube an Gott, Erkenntnis, Gottesfurcht, Liebe, Gemeinschaft, Sanftmut, Güte, brüderliche Liebe, Keuschheit, Lauterkeit, Unerschütterlichkeit, Furchtlosigkeit, Kummerlosigkeit, Ehrbarkeit und der ganze Chor der Farben, der deine Seele im Bilde darstellt und deine niedergeworfenen Glieder sogleich aufrichtet, die sich erhoben haben, aber beruhigt, von den Plagen befreit, die Wunden heilt, deine wirren Haare ordnet, dein Angesicht wäscht, p. 167 deine Augen erzieht, dein Inneres reinigt, deinen Bauch ausleert und deinen Unterleib verstümmelt. Kurz, wenn sich alle solche Farben in deiner Seele vereinigen und mischen, so werden sie diese unerschrocken, unverzagt und fest machen und zu unserm Herrn Jesus Christus geleiten. Was du aber jetzt vollbracht hast, ist kindlich und unvollkommen: Du maltest eines Toten totes Bild.

---

1) vgl. 1. Kg. 17 1 u. ö. (Röm. 14 11).

(Heilung der alten Weiber.)

Der dienende Bruder Verus erhält Befehl, die alten Weiber in
ganz Ephesus herbeizuführen; Kleopatra und Lykomedes unterstützen Johannes in den nötigen Vorbereitungen. Da von den
alten Frauen nur vier über sechzig körperlich gesund angetrof-
fen sind, nimmt er sich vor, die gelähmten und sonst kranken im
Theater zu heilen, und fordert das bei Lykomedes zusammenge-
kommene Volk insgesamt auf, am folgenden Tage ins Theater zu
kommen. Schon nachts zuvor beginnt der Zustrom; in Begleitung
auch des Statthalters (Prokonsuls). Ein vornehmer Feldherr Andronikus äußert Zweifel: Johannes solle das Theater unbekleidet
betreten, ohne etwas in seinen Händen zu halten, auch nicht
jenen sonst vernommenen Zaubernamen aussprechen. Nach p.
168 Hineinschaffung der alten Weiber tat Johannes unter lautlo-
ser Stille seinen Mund auf und hub an zu reden[1]:

Männer von Ephesus, erkennet zuerst, weswegen ich in
eurer Stadt mich aufhalte, oder welcher Zuversicht ich euch
gegenüber bin[2], die so stark ist, daß es auch dieser Staatsver-
sammlung, euch allen, offenbar wurde. Ausgesandt bin ich also
nicht mit menschlicher Botschaft und nicht mit aussichtsloser
Sendung in die Ferne gezogen. Ich bin ja kein Kaufmann, der
Kauf- oder Wechselgeschäfte abschließt, sondern durch mich
will euch, die ihr vom Unglauben euch beherrschen laßt und
schimpflichen Lüsten euch verkauft[3] habt, der, den ich verkünde, Jesus Christus, vermöge seiner Barmherzigkeit und Güte
ganz und gar bekehren und von eurer Beirrung befreien. Durch
seine Macht will ich auch euern Feldherrn in seinem Unglauben beschämen, dadurch daß ich die vor uns Niederliegenden
aufrichte, deren äußerer Zustand und deren Krankheiten euch

---

1) vgl. Mt. 5 2. – 2) vgl. 2. Kor. 7 4. – 3) vgl. Röm. 7 14.

allen sichtbar sind. Und dies kann ich jetzt nicht (erreichen), wenn sie zugrunde gehen, und sie werden, geheilt, alle aufgerichtet werden. Eins aber möchte ich in erster Linie in euer Ohr pflanzen, das, weswegen ich zu euch gekommen bin, die Fürsorge für eure Seelen, daß ihr nicht wähnet, in alle Ewigkeit dauere diese Zeit, welche vielmehr eine Zeit des Joches ist, und nicht Schätze sammelt auf Erden[1], wo doch alles vergeht. Glaubet auch nicht, wenn euch Kinder zuteil geworden sind, in ihnen ausruhen zu (können), und suchet nicht um ihretwillen zu rauben und zu übervorteilen! Trauert auch nicht, die ihr arm seid, wenn ihr den Lüsten nicht dienen könnt! Denn auch die, welche dies können, preisen euch glücklich, sobald sie von Krankheiten befallen sind. Und ihr Reichen, freuet euch nicht darüber, daß ihr mehr Schätze habt! Denn durch ihren Besitz schafft ihr euch grenzenloses Leid, sobald ihr ihrer verlustig geht. Und wiederum wenn ihr sie habt, müßt ihr fürchten, daß jemand um ihretwillen Hand an euch lege. Der du aber in körperlicher Schönheit jetzt voll stolzer Zuversicht den Blick emporrichtest, du wirst wenigstens das Ende der Verheißung erst schauen, wenn du am Grabe angelangt bist. Der du am Ehebruch Gefallen findest, wisse, daß Gesetz und Natur p. 169 sich an dir rächt und vor ihnen das Gewissen! Du aber, Ehebrecherin, die du gegen das Gesetz handeltest, weißt nicht, wohin du gelangen wirst. Und wenn du, ohne den Bedürftigen davon mitzuteilen, deine Schätze aufbewahrt hast, so wirst du, wenn du von diesem Leibe geschieden bist und jemanden um Erbarmen anflehst, in den Flammen des (höllischen) Feuers niemanden finden, der sich deiner erbarmt[2]. Du Jähzorniger und Rasender, erkenne, daß du den unvernünftigen Tieren

---

1) Mt. 6 19. – 2) vgl. Lk. 16 19 ff.; 24 ff.

gleich lebst, du Trunkenbold und Zänker, begreife, daß du die Besinnung verlierst, wenn du einer schmählichen, schmutzigen Leidenschaft dienst! Du hast deine Freude an Gold und Elfenbein, und Edelsteine ergötzen dich, aber erblickst du, was du liebst, nach Einbruch der Nacht? Weichen Kleidern[1] gibst du dich hin; wenn du aber dann aus dem Leben scheidest, wird das auch dort nützen, wo du hingehst? Du Mörder, wisse, daß die verdiente Strafe doppelt aufgespart bleibt für die Zeit nach der Trennung von hier! Ebenso werdet auch ihr, Giftmischer, Zauberer, Räuber, Betrüger, Knabenschänder, Diebe und alle, die ihr zu solchem Chore gehört, geleitet von euern Werten zum unauslöschlichen Feuer[2], zur größten Finsternis, zur Folterstätte der Tiefe und zur ewigen Verdammnis eingehen. Darum, Männer von Ephesus, bekehrt euch, auch das wissend, daß die Könige, die Herrscher, die Tyrannen, die Prahler und die Sieger in den Kriegen nackt von dieser Welt scheiden, um dann in ewigen Qualen Pein zu leiden!

Nach diesen Worten heilte Johannes durch die Kraft Gottes alle Krankheiten.

***

[OP 6 p. 15.]

⟨(verso) ..... Einer namens Zeuxis scheint an dem Versuche, sich zu erhängen, von Johannes verhindert zu sein. Gebet zu Jesus, der die Bedrückten beweint ..., der die Ertöteten aufrichtet und als Fürsprecher[3] Lob, Anbetung und Dank (?) wegen jeglicher Gabe angesichts seiner Heilsveranstaltung empfängt. Nur dem Zeuxis (enthielt er vor?) die Eucharistie, gab aber denen, die nehmen wollen .... unverwandt hinsehend

---

1) vgl. Mt. 11 8: Lk. 7 25. - 2) vgl. Mc. 9 43. – 3) 1. Joh. 2 1.

wagten sie nicht. Der Prokonsul (vgl. 31) erscheint inmitten der Gemeindeversammlung und sagt zu Johannes ..: Sklave des Unnennbaren ... brachte Briefe vom Kaiser .... (*recto*) ...... Andronikus und die (Gattin?) werden erwähnt .... Nach Verlauf von wenigen Tagen entfernt sich Johannes samt mehreren Brüdern nach ... und wollte durchschneiden (?) eine Brücke, unter der ein großer Fluß hinströmte, und während Johannes zu den Brüdern wandert, kommt irgend ein Dämon (?) auf ihn zu mit dem Gewande eines Soldaten bekleidet, trat ihm vors Angesicht und sagte: Johannes, wenn du (?) .., wirst du sogleich mit mir handgemein werden. Und Johannes ... sagte: Der Herr lösche deine Drohung und Zorneswallung und Vergehung! Und siehe, jener wurde unsichtbar. Als Johannes nun fortgegangen war, zu denen er sich entfernte, und sie versammelt gefunden hatte, sprach er: Nachdem wir aufgestanden sind, meine Brüder, laßt uns die Knie beugen zum Herrn, der des großen Feindes (?) unsichtbare Wirkung ungültig gemacht hat ..... Er beugte die Knie samt ihnen ....⟩

* * *

(Zerstörung des Artemistempels.)
Da redeten die Brüder aus Milet zu Johannes: Lange Zeit sind wir in Ephesus geblieben. Wenn es dir gut scheint, laßt uns auch nach Smyrna ziehen! Denn schon hören wir, daß die großen Taten Gottes[1] auch dorthin gedrungen sind. Und Andronikus sprach zu ihnen: Wenn der Meister will, dann laßt uns ziehen! Johannes aber sagte: Zuerst wollen wir uns in den Tempel der Artemis begeben! Denn wohl auch dort werden infolge unsers Erscheinens Diener des Herrn sich finden lassen.

---

1) vgl. AG. 2 11.

p. 170 Nun fand zwei Tage darauf das Geburtstagsfest des Götzentempels statt. Da zog Johannes, während alle weiße Kleider trugen, ein schwarzes an und stieg hinauf zum Tempel. Sie ergriffen ihn aber und suchten ihn zu töten. Johannes aber sprach: Ihr raset, Männer, daß ihr an mich, den Sklaven des alleinigen Gottes, Hand leget. Und er stieg auf ein hohes Gestell und warf ihnen vor, daß sie nach Art des Meeres, das alle Zuflüsse mit feinem Salzgehalt durchdringt, der wahrhaften Frömmigkeit unveränderlich feindlich seien trotz der vielen von ihm verrichteten Wundertaten und Heilungen, gottlos und vernünftigen Erwägungen abgestorben[1]. Sie sollen zur Artemis beten, er werde seinen Gott anrufen, sie alle wegen ihres Unglaubens zu töten. Auf ihren Bittschrei doch nicht so zu tun, fordert er sie zur Bekehrung auf, sonst wolle er durch ihre Göttin sterben, und verspricht, Gott um Erbarmen anzuflehen, was er auch p. 171 tut. Da klaffte plötzlich der Altar der Artemis in viele Teile auseinander und die im Tempel aufgestellten Weihgeschenke fielen plötzlich alle zur Erde nieder, und das Untergestell (?) zerbrach, ebenso auch von den Götterbildern mehr als sieben. Und die Hälfte des Tempels fiel ein, so daß auch der Priester, als der Ständer (?) niederstürzte, durch einen Schlag getötet wurde. Die jammernden Zurufe des Volkes p. 172, das teilweise flieht, beweisen, daß sie sich bekehren wollen. Johannes preist seinen Jesus, wahrhaftigen, alleinigen Gott und fordert die Männer auf, aufzustehen, Artemis' Hilfe habe versagt: Wo ist die Macht der Gottheit? Wo sind die (ihr gebrachten) Opfer? Wo der Geburtstag? Wo die Feste? Wo die Kränze? Wo die große Zauberei und die ihr verschwisterte Giftmischerei?

Das Volk gibt durch Niederlegung des Tempelrestes seinen

---

1) vgl. Eph. 2 12.1.

guten Vorsatz kund und bittet Johannes um p. 173 fernere Hilfe. Ihnen antwortete Johannes: Ihr Männer, glaubet, daß ich euretwegen in Ephesus blieb, obgleich es mich gedrängt hat nach
Smyrna und den übrigen Städten aufzubrechen, damit auch
die Leute dort als Sklaven Christi sich zu ihm bekehren. Aber
als ich mich auf den Weg machen wollte und noch nicht völlig
über euch beruhigt war, bin ich im Gebete zu meinem Gott da-
geblieben und bat ich, Ephesus dann erst verlassen zu dürfen,
wenn ich euch gestärkt hätte. Da ich erkannt habe, daß dies
geschehen ist und noch mehr geschieht, werde ich nicht von
euch scheiden, bis ich euch wie die Kinder von der Milch[1] der
Amme entwöhnt und auf einen festen Felsen gesetzt[2] habe.

(Die Auferweckung des Priesters.)
Bei einer Versammlung im Hause des Andronikus hatte ein
Verwandter des beim Tempeleinsturz umgekommenen Arte-
mispriesters dessen Leichnam vor dem Eingange niedergelegt,
wovon Johannes, ohne es gesehen zu haben, p. 174 weiß; er
verheißt dem jugendlichen Verwandten durch die Macht unsers Herrn Jesus Christus die Auferweckung des Leichnams,
was jener dann auf Geheiß des Gottesknechtes selbst ausführt.
p. 175 Die Folge davon ist, daß der Auferweckte auf der Stelle
an den Herrn Jesus glaubt und sich fortan zu Johannes hält.

(Der Vatermörder.)
Am folgenden Tage begibt sich Johannes infolge eines Traumes
vor die Tore der Stadt und trifft dort einen jungen Landmann,
der aus Zorn über die Warnung seines Vaters, sich das Weib seines Mitarbeiters zu nehmen, jenen totgeschlagen hatte und im

---

1) vgl. Hebr. 5 12 ff. – 2) vgl. Ps. 40 3.

Begriff ist, die Sichel in der Hand, p. 176 auch die Frau, deren Mann, und zuletzt sich selbst zu töten, aber dem Johannes auf dessen Zusage, den Vater aufzuerwecken, verspricht, vom übrigen abzustehen. Im Beisein mehrerer Wanderer und des Reue zeigenden Übeltäters betet Johannes p. 177 über dem Leichnam und bewirkt, daß der Greis aufsteht, und weiterhin durch seine Predigt von der Gnade Gottes, daß er gläubig wird. Der Jüngling entmannt sich dagegen mit der Sichel, wovon er auch der Ehebrecherin zu Hause drastisch Kenntnis gibt, p. 178 wird aber von Johannes belehrt, daß nicht durch Beseitigung der Glieder, sondern durch Änderung der Gesinnung Besserung erzielt werde, was bei dem Jüngling auch erfolgt.

Während er diese Taten in Ephesus verrichtete, schickten Smyrnäer Gesandte an ihn mit der Botschaft: Wir hören p. 179, daß der Gott, den du verkündest, ein neidloser Gott ist und dir aufgetragen hat, nicht nur an einem Orte mit Vorliebe zu verweilen. Da du also eines solchen Gottes Prediger bist, so komm nach Smyrna und den übrigen Städten, damit wir deinen Gott erkennen, und wenn wir ihn kennen, auf ihn unserer Hoffnung setzen!

***

[(Johannes und das Rebhuhn.)

Als Johannes eines Tages dasaß, flog ein Rebhuhn durch die Luft herbei und lief im Sande vor ihm her. Diesem sah nun Johannes voll Erstaunen zu. Da kam ein Priester, einer von seinen Zuhörern, trat zu Johannes, sah, wie das Rebhuhn vor ihm herlief, und sprach voll Ärger bei sich: Ein so bedeutender und so alter Mann freut sich über ein im Sande laufendes Rebhuhn! Aber Johannes erkannte im Geiste seinen p. 179 Gedanken und sprach zu ihm: Es wäre besser, wenn auch du, Kind, einem im Sande laufenden Rebhuhn zuschautest und dich nicht mit schimpflichen und unreinen Handlungen besudelst. Hat doch der, welcher aller Bekehrung und Buße erwartet, dich deshalb hierher geführt. Denn ich bedarf eines im Sande laufenden Rebhuhns nicht. Das Rebhuhn ist nämlich deine Seele. Als der Alte diese Worte gehört und eingesehen hatte, daß er nicht verborgen geblieben war, sondern Christi Apostel alles, was sein Herz bewegte, ausgesprochen hatte, fiel er aufs Angesicht zur Erde und sprach laut: Jetzt weiß ich, daß Gott in dir, glückseliger Johannes wohnt. Und glückselig der, welcher Gott nicht in dir versucht hat! Denn wer dich versucht, versucht den, für den es keine Versuchung gibt[1]. Er bat ihn aber zu beten für ihn. Und (der Apostel) unterrichtete ihn, gab ihm Vorschriften und entließ ihn in sein Haus, während dieser den allmächtigen Gott pries.]

***

2.
(Rückreise nach Ephesus und zweiter Aufenthalt daselbst.)

[Von Laodicea zum zweiten Male
nach Ephesus.]

Als aber Zeit genug vergangen und noch keiner der Brüder je von Johannes betrübt war, wurden sie nun betrübt, als er sprach: Brüder, jetzt ist es Zeit für mich, nach Ephesus zu gelangen – denn das ist meine Verabredung mit den dort Gebliebenen –, damit sie ja nicht mit der Zeit leichtsinnig werden, wenn sie lange ihres Seelsorgers entbehren. Ihr aber möget alle den Sinn auf Gott richten, der uns nicht verläßt. Als die Brüder das

---

1) vgl. Jak. 1 13.

von ihm hörten, wurden sie traurig, da sie sich von ihm trennen mußten. Und Johannes sprach: Wenn auch ich von euch
scheide, so ist doch Christus allzeit mit euch. Wenn ihr den rein
liebet, werdet ihr unaufhörlich den Segen seiner Gemeinschaft
genießen. Denn wenn er auch geliebt wird, so hat er doch die,
welche ihn lieben, zuvor geliebt[1].

p. 180 Und als er dies gesagt und sich von ihnen verabschiedet hatte, ließ er den Brüdern viel Geld zur Verteilung
zurück und zog, während alle Brüder Leid trugen und jammerten, nach Ephesus fort. Es waren aber mit ihm aus Ephesus gekommen Andronikus und Drusiana, Lykomedes und Kleobius
und deren Begleiter, und ihm noch nachgefolgt Aristobula, die
erfahren hatte, daß ihr Mann Tertullus unterwegs gestorben
war, Aristippus mit Xenophon, die züchtige Dirne und mehrere
andere, welche er jederzeit auf den Herrn hinwies, und welche
sich nicht mehr von ihm trennen wollten.

Als wir am ersten Tage in einer einsamen Herberge ein-
kehrten und wegen eines Bettes für Johannes in Verlegenheit
waren, erlebten wir einen Scherz. Es lag dort irgendwo eine
Bettstelle ohne Decken; auf diese breiteten wir die Mäntel, die
wir mit uns brachten, aus und forderten ihn auf, sich hierauf
niederzulegen und auszuruhen, während wir übrigen alle auf
dem Boden schliefen. Als er sich nun hingelegt hatte, wurde er
von Wanzen belästigt. Als sie dann weiterhin ihm immer lästi-
ger wurden und es schon Mitternacht geworden war, sprach er,
daß wir alle es hörten, zu ihnen: Euch, Wanzen, sage ich, seid
klug alle zusammen und verlaßt in dieser Nacht eure Wohnung,
verhaltet euch ruhig irgendwo und bleibt fern von den Sklaven
Gottes! Und während wir lachten und weiter redeten, schlief

---

1) vgl. 1. Joh. 4 19.

Johannes ein. Wir aber sprachen leise und blieben dank ihm unbelästigt. Als der Tag schon angebrochen war, stehe ich zuerst auf und mit mir Verus und Andronikus. Da sehen wir an der Tür p. 181 des Zimmers, welches wir genommen hatten, einen Haufen von Wanzen stehen. Als wir dann hinausgetreten waren, um ihren vollen Anblick zu haben, und alle Brüder ihretwegen geweckt hatten, schlief Johannes noch. Nachdem auch er aufgewacht war, zeigten wir ihm, was wir sahen. Er selbst aber richtete sich im Bette auf und erblickte sie und sprach: Da ihr klug waret, euch vor meiner Strafe in acht zu nehmen, so kommt in eure Wohnstätte! Und als er das gesagt hatte und vom Lager aufgestanden war, eilten die Wanzen im Laufe von der Türe zum Bette, stiegen zwischen seinen Füßen in die Fugen hinauf und verschwanden. Und wiederum sprach Johannes: Dies Tier hörte eines Menschen Stimme und blieb ruhig für sich, ohne (das Gebot) zu übertreten. Wir aber hören Gottes Stimme, und doch übertreten wir seine Gebote in unserm Leichtsinn. Und wie lange noch!

(Ende und Auferweckung der Drusiana.)
Hierauf gelangten wir nach Ephesus. Und als die dort wohnenden Brüder erfahren hatten, daß Johannes nach langer Zeit heimgekehrt war, strömten sie im Hause des Andronikus, wo auch er einzukehren pflegte, zusammen, berührten seine Füße, legten seine Hände in ihr Antlitz und küßten sie, wobei sie auch seine Kleider berührten[1].

Und während große Liebe und grenzenlose Freude unter den Brüdern herrschte, da begehrte einer, ein Satansbote, der Drusiana, obgleich er sah und wußte, daß diese des Androni-

---

1) vgl. Mt. 9 20 f. 14 36 u. Par.

kus Weib war. Man rät ihm p. 182 ab, wobei sich herausstellt, daß Drusiana vordem bei ihrem Gatten freiwillige Enthaltung vom Geschlechtsverkehr in der Ehe durchgesetzt hatte. Auf die Kunde von den Zumutungen des Schamlosen wird Drusiana schwermütig und nach zwei Tagen fieberkrank, verwünscht ihre Rückkehr nach der Vaterstadt Ephesus und erbittet von dem Herrn ihren Tod, der auch in Gegenwart des Johannes erfolgt. Andronikus jammert darüber, doch nicht ohne p. 183 Glaubenstrost, besonders weil sie rein aus dem Leben geschieden ist. Erst nach dem Begräbnis erfährt Johannes von der Ursache des Todesfalls und hält vor den Brüdern folgende Rede:

Wenn der über See fahrende Steuermann mit den Leuten auf dem Schiffe und mit diesem selbst in einem ruhigen und sturmfreien Hafen gelandet ist, dann erst soll er in Sicherheit zu sein meinen. Und der Landmann, der der Erde die Saatkörner übergab und mit vieler Mühe Fürsorge und Obacht ihnen angedeihen ließ, soll dann erst sich Erholung von seinen Arbeiten gönnen, wenn er vielfältiges Korn in den Scheuern geborgen hat. Wer in der Rennbahn seine Beteiligung am Rennen zusagte, soll sich dann erst freuen, wenn er den Siegespreis erworben hat. Wer sich zum Faustkampf in die Liste hat einschreiben lassen, soll dann erst jauchzen, wenn er die Kränze empfangen hat. Und so ist es der Reihe nach mit allen Wettkämpfen und Künsten[1], wenn sie am Ziele nicht versagen, sondern so vorgeführt werden, wie sie in Aussicht gestellt wurden. Ebenso, glaube ich, verhält es sich auch mit dem Glauben, den ein jeder von uns übt, daß, ob dieser die wahre ist, dann erst sich entscheidet, wenn er bis über das Leben hinaus sich gleich geblieben ist. Denn viele Hindernisse treten ein und bringen die menschliche Überle-

---

1) vgl. 2. Tim. 2 4-6.

gung in Unruhe: Sorge, Kinder, Eltern, Ruhm, Armut, Schmei-
chelei, Jugendkraft, Schönheit, Prahlerei, Gier nach Reichtum,
Zorn, Überhebung, Leichtsinn, p. 184 Neid, Leidenschaft, Sorg-
losigkeit, Zügellosigkeit, Liebe, Sklaven, Geld, Vorwand und all
die andern derartigen Hindernisse, so viele es im Leben gibt;
wie zum Beispiel den Steuermann, der in ruhiger Fahrt seinen
Kurs nimmt, der Anprall widriger Winde und ein gewaltiger
Sturm und eine mächtige Woge bei heiterm Himmel hemmt,
und den Landmann unzeitiges Unwetter und Mehltau und krie-
chendes Gewürm, das aus der Erde zum Vorschein kommt, und
die Wettkämpfer das »Beinahe« und die die Künste Betreiben-
den das aus jenen hervorgehende Hindernis. Vor allem andern
muß der gläubige Mensch den Ausgang bedenken und sorgfältig betrachten, wie dieser hereinbrechen wird, ob tatkräftig und
nüchtern und ohne Hindernis oder in Verwirrung und dieser
Welt schmeichelnd und von Begierden gefesselt. So kann man
die Schönheit des Körpers erst dann preisen, wenn er sich ganz
enthüllt hat und als einen großen Feldherrn, wenn einer den
ganzen Feldzug, wie er versprach, glücklich vollendete, und als
vorzüglichen Arzt den, welchem jede Heilung gelang, und so
auch eine Seele als voll des Glaubens und Gottes wert, wenn sie,
was sie versprach, in gleicher Weise glücklich vollbrachte, nicht
eine solche, welche einen (guten) Anfang machte und dann
allmählich in die Irrwege des Lebens hinabglitt und hinfällig
ward, auch nicht die gelähmte, die aus Zwang im Höheren weilte, dann aber zum Vergänglichen hinabgezogen ward, nicht die,
welche mehr das Zeitliche als das Ewige liebte, nicht die, welche
das Nichtbleibende ⟨gegen das Bleibende⟩ eintauschte, nicht
die, welche ehrte, was Ehre nicht verdiente, ⟨und⟩ Werte der
Schmach ⟨liebte⟩, nicht die, welche Pfänder vom Satan empfing,
nicht die, welche in ihrem Hause p. 185 die Schlange aufnahm,

nicht die, welche um Gottes willen geschmäht[1] ward und dann sich schämte, auch nicht die, welche mit dem Munde ja sagte, durch die Tat sich aber nicht bewährte, sondern die, welche es verschmähte, in schmutziger Luft zu entbrennen, dem Leichtsinn zu erliegen, von Geldgier sich fangen zu lassen und von der Kraft des Körpers und vom Zorne verraten zu werden.

Während Johannes noch mehr den Brüdern predigte, so daß diese um der ewigen Güter willen die zeitlichen verachteten, bestach der Liebhaber der Drusiana, von heftigster Leidenschaft entzündet durch die Wirksamkeit des vielgestaltigen Satans, den geldgierigen Verwalter des Andronikus mit vielem Gelde. Und dieser öffnete die Gruft der Drusiana und überließ ihm, das (einst) Versagte an dem Leichnam auszuführen. Bei der Entkleidung der Leiche führen sie noch Spottreden. Doch eine zum Vorschein kommende Schlange tötet den Verwalter, p. 186 windet sich um die Füße des Jünglings, furchtbar fauchend, und setzt sich auf den Niedergesunkenen.

Am folgenden Tage begab sich Johannes mit Andronikus und den Brüdern bei Tagesanbruch zum Grabe, in welchem Drusiana am dritten Tage lag, damit wir dort das Brot brächen. Bei Verlust der Schlüssel öffnen sich auf des Meisters Geheiß die Türen zum Grabe; dort sitzt ein schöner Jüngling, der ihm heißt, Drusiana aufzuerwecken, und dann zum Himmel aufsteigt. Nun entdecken die Eingetretenen den sehr vornehmen jungen Epheser Kallimachus unter der riesengroßen Schlange und den Verwalter Fortunatus tot. p. 187 Andronikus durchschaut sofort den Sachverhalt im Zusammenhang mit der an Johannes zuvor ergangenen göttlichen Stimme und fordert diesen auf, zuerst den Kallimachus aufzuwecken, was Johannes, nachdem er die

---

1) vgl. Mt. 5 11.

Schlange vom Leichnam hat weichen lassen, durch Gebet vollzieht: Gott, dessen Name von uns, wie sich's gebührt, gepriesen
wird, Gott, der jede Wirksamkeit der unteren (Macht) überwäl-
tigt, Gott, dessen Wille zum Ziele kommt, der uns p. 188 jederzeit erhört, auch jetzt werde deine Gnade wirksam an diesem
Jünglinge! Und wenn durch ihn irgendeine Heilsveranstaltung
geschehen soll, tue uns diese kund, wenn er auferweckt ist! Der
nach einer Stunde zur Besinnung gekommene Jüngling bestätigt den schon von Andronikus vermuteten Sachverhalt und teilt
noch mit, daß vor Ausführung seines beabsichtigten Vorhabens
ein schöner Jüngling den Leichnam mit seinem Obergewand
bedeckt und zu ihm gesagt habe: Kallimachus, stirb, damit du
lebest! p. 189 Da diese Stimme des Engels Gottes sich an ihm
auch insofern bewahrheitet habe, als er nun als Gottesfürchtiger
auferweckt sei, erbittet er fußfällig Hilfe zu seinem Vorsatze der
Selbständerung. Johannes spricht darauf ein Preisgebet: O, wie
mächtig du bist, Herr Jesus Christus, das weiß ich nicht, der
ich über deine große Barmherzigkeit und unendlichen Langmut staune. O welch eine Größe stieg zur Knechtschaft herab!
O unaussprechliche Freiheit, die von uns geknechtet ward! O
unbegreifliche Herrlichkeit, die auf uns gekommen ist! Der du
das Grab vor Schimpf bewahrtest, der du dem Menschen, welcher sich selbst besudelte, zum Erlöser wurdest und den, der
tote Leiber ⟨schänden wollte⟩, züchtig zu sein lehrtest, Vater voll
Mitleid und Erbarmen gegen den Menschen, der dich nicht achtete, wir rühmen, loben, preisen dich und danken dir für deine
große Güte und Langmut, heiliger Jesus; denn du allein bist Gott
und kein anderer, du, gegen dessen Macht alle Anschläge nichts
ausrichten jetzt und in Ewigkeit! Amen. p. 190 Darauf küßt er
ihn zur Bestätigung des Erlangten. Andronikus mit den Brüdern
bittet um Erweckung auch der Drusiana, was Johannes durch

Gebet unter Ergreifung ihrer Hand vollzieht: Der du allein Gott bist, dich rufe ich an, den Übergroßen, den Unaussprechlichen, den Unbegreiflichen, dem alle obrigkeitliche Macht untertan ist, vor dem sich jede Herrschaft beugt, vor dem jede Hoffart niederfällt und verstummt, vor dessen Stimme die Dämonen erschrekken[1], bei dessen Betrachtung die ganze Schöpfung sich ruhiger Andacht hingibt. Dein Name werde von uns gepriesen, und du erwecke die Drusiana! Die Auferweckte erfährt von Andronikus den Zusammenhang und p. 191 preist Gott ihrerseits, verlangt dann aber auch, daß Fortunatus erweckt werde. Johannes muß den widersprechenden Kallimachus erst zurückweisen: Wir haben nicht gelernt, Kind, Böses mit Bösem zu vergelten[2]. Denn auch Gott hat, während wir ihm viel Böses und nichts Gutes taten, keine Vergeltung geübt, sondern uns (die Gelegenheit zur) Buße gegeben. Und wenn wir seinen Namen nicht kannten, hat er uns nicht vergessen, sondern Mitleid mit uns gehabt. Und wenn wir ihn lästerten, hat er uns nicht verlassen, sondern sich barmherzig gezeigt. Und wenn wir ungläubig waren, hat er nicht des Bösen gedacht. Und wenn wir seine Brüder verfolgten, hat er uns nicht vergolten, sondern er ließ uns Buße tun, von den Sünden uns abwenden, und rief uns zu sich, wie er auch dich, Kind Kallimachus, ohne deiner frühern Sünden zu gedenken, zu seinem Knecht gemacht hat durch sein abwartendes Mitleid. Wenn du daher mir nicht überläßt, den Fortunatus aufzuerwecken, so kommt das der Drusiana zu. Diese spricht: Gott der Aeonen, Jesus Christus, Gott der Wahrheit, du ließest mich Zeichen und Wunder sehen, du verliehest mir die Gnade, deines Namens teilhaftig zu werden. Du bliesest mir deinen Hauch ein mit deinem vielgestaltigen Antlitz und erwiesest mir vielfach Mitleid. Du hast

---

1) vgl. Jak. 2 19. – 2) vgl. Röm. 12 17; 1. Thess. 5 15; 1. Petr. 3 9.

mich, als mir von meinem ehemaligen Ehemanne Andronikus Gewalt zugefügt wurde, mit deiner reichen Güte geschützt und gabst mir dann deinen Sklaven Andronikus zum Bruder. Du hast mich, deine Sklavin, bis jetzt rein bewahrt. Mich die Gestorbene, hast du durch deinen Diener Johannes auferweckt. p. 192 Mir, der Auferstandenen, zeigtest du den, der ein Ärgernis (an mir) genommen hatte, ohne Ärgernis. Du gabst mir völlige Ruhe in dir und befreitest mich von dem verborgenen Wahne. Dich habe ich von Herzen lieb. Dich bitte ich, Christus, deine Drusiana nicht unerhört von dir zu lassen, die von dir die Auferstehung des Fortunatus erfleht, wenn er auch noch so sehr zum Verräter an mir zu werden versuchte. Nachdem sie die Hand des Toten unter Zuruf ergriffen hat, steht dieser auf, bedauert aber, des Johannes ansichtig zu werden, und flieht vom Grabe hinweg. Dieser verwünscht in ihm den Satan: O Natur, die nicht zum Höheren sich wendete! O Quelle der im Schmutz verharrenden Seele! O Eigentum der Verderbnis voll von Finsternis! O Tod unter den Deinigen tanzend! O Baum ohne Frucht[1] voll des Feuers! O Holz, das die Kohle als Frucht bringt! O Wald mit Bäumen voll ungesunder Schößlinge, Nachbar des Unglaubens! Du zeigtest, wer du bist, und du wirst mit deinen Kindern überführt. Und die Fähigkeit, das Höhere zu preisen, kennst du nicht; denn du hast sie nicht. Darum wie dein Ausgang, so deine Wurzel und Natur. Mache dich los von denen, die auf den Herrn hoffen! Von ihren Gedanken, von ihrem Sinn, von ihren Seelen, von ihren Körpern, von ihrem Tun, von ihrem Leben, von ihrem Wandel, von ihrer Tätigkeit, von ihrer Beschäftigung, von ihrem Rat, von ihrer Auferstehung zu Gott, von ihrem Wohlgeruch, an dem du teilnehmen willst, von ihrem Fasten, von ihren Gebeten, von ih-

---

1) vgl. Mt. 7 19.

rer heiligen Taufe, von ihrer Eucharistie, von ihrer fleischlichen Nahrung, von ihrem Tranke, von ihrer Kleidung, von ihrer Liebe, von ihrer Erholung, von ihrer Enthaltsamkeit und von ihrer Gerechtigkeit. Von all dem, du unheiligster und gottverhaßter Satanas, wird dich Jesus Christus, unser Gott und ⟨Herr?⟩ derer, die dir gleichen und deinen Charakter haben, fernhalten.

p. 193 Nach diesen Worten betete Johannes, holte ein Brot zum Grabe, um es zu brechen und sprach: Wir preisen deinen Namen, der uns aus der Verirrung und aus unbarmherziger Sinneslust bekehrt. Wir preisen dich, der uns vor Augen geführt hat, was wir sahen. Wir legen Zeugnis ab für deine uns auf mannigfache Weise offenbarte Güte. Wir loben deinen guten Namen, Herr ⟨und danken dir⟩, der du die von dir Überführten zeigtest. Wir danken dir, Herr Jesus Christus, daß wir an deine unveränderliche ⟨Gnade⟩ glauben. Wir danken dir, der du einer geretteten Menschennatur bedarfst. Wir danken dir, daß du uns diesen sicheren ⟨Glauben⟩ gegeben hast, daß du allein Gott bist jetzt und immerdar. Wir, deine Sklaven, danken dir, o Heiliger, die wir mit (gutem) Grunde zusammenkamen, und die, welche (von den Toten) auferstanden. Als er so gebetet und Gott gepriesen hatte, verließ er das Grab und ließ alle Brüder an der Eucharistie des Herrn teilnehmen.

Als er dann im Hause des Andronikus angekommen war, sprach er zu den Brüdern: Brüder, ein Geist in mir hat mir geweissagt, infolge des Schlangenbisses werde Fortunatus durch Blutvergiftung gestorben sein. Aber schnell soll sich einer auf den Weg machen und nachforschen, ob es an dem ist! Da lief einer von den Jünglingen und fand ihn bereits tot und das Gift verbreitet und ans Herz getreten. Und er kehrte zu Johannes mit der Meldung zurück, drei Stunden sei er tot. Und Johannes sprach: Da hast du dein Kind, Teufel!

3.

(Zum Leben Jesu und von seinem Scheintode.)

Da forschten die Anwesenden nach der Ursache, und es be-
fremdete sie am meisten, daß Drusiana gesagt hatte: Mir ist der
Herr im Grabe wie Johannes und wie ein Jüngling erschienen.
Da sie nun in Verlegenheit und noch nicht recht im Glauben
gefestigt waren, blieb Johannes fest und sprach:

p. 194 Ihr Männer und Brüder, nichts Fremdartiges oder
Unglaubliches habt ihr hinsichtlich der Auffassung vom ⟨Herrn⟩
erlebt, da ja auch wir, die er sich zu Aposteln erwählte, vielfach
verflucht wurden. Ich kann euch (alles), was ich sah und hörte, weder sagen noch schreiben. Und doch muß ich mich jetzt
euerm Gehör anpassen und will so, wie jeder es begreift, jenes
euch mitteilen, dessen Hörer ihr werden könnt, damit ihr die
ihn umgebende Herrlichkeit schauet, die da war und ist jetzt
und in Ewigkeit.

Als er nämlich die Brüder Petrus und Andreas erwählt hatte[1],
kommt er zu mir und meinem Bruder Jakobus und sprach: Ich
bedarf euer, kommt zu mir! Und mein Bruder sagte folgendes:
Johannes, dies Knäblein, das am Ufer[2] uns rief, was will es?
Und ich antwortete: Welches Knäblein? Er aber erwiderte: Das
uns winkt. Und ich antwortete: Wegen unsrer vielen Nachtwa-
chen auf dem Meere siehst du nicht recht, mein Bruder Jakobus. Siehst du denn nicht, daß, der da steht, ein wohlgestalteter,
schöner, heiter blickender Mann ist? Er aber sagte mir: Den sehe
ich nicht, Bruder. Aber laßt uns aussteigen, so werden wir mer-
ken, was das zu bedeuten hat.

Und als wir dann unser Boot ⟨ans Land⟩ getrieben hatten,

---

1) vgl. Mt. 4 18-22; Mc. 1 16-20. – 2) vgl. Joh. 21 4.

sahen wir, wie auch er uns behilflich war, den Kahn festzumachen. Als wir uns aber von der Stätte entfernten, um ihm zu folgen, da erschien er mir wiederum ziemlich kahlköpfig, aber mit dichtem, herabwallendem Kinnbarte, dem Jakobus aber wie ein flaumbärtiger Jüngling. Wir waren darum beide verlegen, was das von uns Geschaute bedeute. Als wir ihm dann folgten, wurden wir beim Nachdenken über die Erscheinung nach und nach mehr bestürzt. Mir jedoch wurde damals eine noch wunderbarere Erscheinung: Ich versuchte nämlich, ihn für mich allein zu sehen, und niemals sah ich noch seine Augen sich schließen, sondern nur offen. Oft aber erschien er mir wie ein kleiner, p. 195 ungestalter Mensch und dann wieder gen Himmel ragend. Er hatte aber noch etwas Wunderbares an sich. Wenn ich zu Tische lag, nahm er mich an seine Brust[1] und ich drückte (ihn) fest an mich. Und bald fühlte sich seine Brust glatt und weich an, bald hart wie Stein, so daß ich mir's nicht zu erklären wußte und äußerte: Was soll mir dies bedeuten? Und als ich darüber nachdachte, ...

Ein andermal[2] nimmt er mich, Jakobus und Petrus mit auf den Berg, wo er zu beten pflegte, und wir sahen an ihm ein Licht von solchem Glanze, daß ihn vergängliches Menschenwort nicht auszudrücken vermag.

Wiederum führt er uns drei in gleicher Weise auf den Berg und sagt: Kommet mit mir! Wir aber machten uns wieder auf den Weg. Und wir sahen ihn in einiger Entfernung beten. Ich aber gehe alsbald, da er mich lieb hatte[3], leise, als merke er's nicht, nahe an ihn heran und betrachte stehen bleibend seine Rückseite. Und ich sehe ihn ganz und gar unbekleidet, ohne

---

1) vgl. Joh. 13 23. 25. – 2) Lk. 9 28 f.; Mt. 17 1 f.; Mc. 9 2 f. – 3) Joh. 20 2.

die Kleider, die wir an ihm sahen, sehe, daß er überhaupt kein Mensch ist. Und seine Füße sind weißer als Schnee, so daß sie auch den Erdboden dort erleuchten. Sein Haupt aber lehnt sich an den Himmel. Da schrie ich auf vor Angst, er aber wandte sich um und sah aus wie ein kleiner Mensch, faßte mich ans Kinn, zog es empor und sprach zu mir: Johannes, werde nicht ungläubig, sondern gläubig[1], und nicht vorwitzig! Und ich sagte zu ihm: Was habe ich denn getan, Herr? Ich versichere euch aber, Brüder, solchen Schmerz habe ich an jener Stelle, wo er mich ans Kinn faßte, 30 Tage lang gefühlt, daß ich zu ihm sagte: Herr, wenn dein Zupfen, so du Scherz machst, solchen Schmerz verursacht hat, was (hätte ich leiden müssen), wenn du mir p. 196 Stockschläge versetzt hättest? Und er sprach zu mir: Laß es hinfort deine Sorge sein, den nicht zu versuchen, für den es keine Versuchung gibt[2]! Petrus aber und Jakobus waren unwillig über meine Unterhaltung mit dem Herrn und winkten mir zu, daß ich zu ihnen käme und den Herrn allein ließe. Da ging ich, und sie sagten beide zu mir: Wer war es, der mit dem Herrn, als er auf der Höhe blieb, redete? Denn wir hörten beide sprechen. Und da ich seine große Gnade und vielgestaltige Einheit und unaufhörliche Weisheit, die auf uns blickt, bedachte, sprach ich: Eben das werdet ihr erfahren, wenn ihr ihn selbst fragt.

Wieder einmal, als wir, alle seine Jünger, zu Gennesaret in einem Hause schliefen, beobachtete ich allein, nachdem ich mich in den Mantel eingewickelt hatte, was er machte, und hörte zuerst ihn sagen: Johannes, schlafe! Darauf stellte ich mich schlafend und sah einen andern ihm ähnlichen, den ich auch zu meinem Herrn sagen hörte: Jesus, die du auserwählt hast,

---

1) Joh. 20 27. – 2) vgl. Jak. 1 13.

glauben noch nicht an dich. Und mein Herr antwortete ihm: Du sagst recht. Denn sie sind Menschen.

Von einer andern Herrlichkeit will ich euch erzählen, Brüder. Bald, wenn ich ihn anfassen wollte, traf ich auf einen materiellen und dichten Körper, bald wiederum, wenn ich ein andermal ihn berührte, war die Substanz immateriell und unkörperlich und überhaupt wie nichts.

Wenn er aber einmal von einem Pharisäer eingeladen wurde[1] und der Einladung Folge leistete, gingen wir mit ihm. Und einem jeden wurde von den Gastgebern ein Brot vorgesetzt, p. 197 darunter auch er eins empfing; das seine aber teilte er segnend an uns aus[2], und von dem wenigen wurde jeder gesättigt[3], und unsre Brote wurden ganz erhalten, so daß die, die ihn geladen hatten, erschraken.

Oft aber wollte ich, wenn ich mit ihm ging, zusehen, ob seine Fußspur auf der Erde sich zeigte – denn ich sah ihn von der Erde sich erheben – und erblickte sie nie. Und das alles erzähle ich euch, liebe Brüder, um euch zum Glauben[4] an ihn gleichsam noch anzutreiben. Denn seine großartigen und wunderbaren Taten sollen für jetzt verschwiegen bleiben, da sie unaussprechlich sind und vielleicht überhaupt weder erzählt noch gehört werden können.

Bevor er aber von den gesetzwidrigen Juden, die (ihr) Gesetz von einer gesetzwidrigen Schlange empfingen, ergriffen wurde[5], versammelte er uns alle und sprach: Ehe ich jenen überantwortet werde, wollen wir dem Vater einen Lobgesang singen und dann zur Erfüllung dessen, was bevorsteht, hinausgehen[6]! Also befahl er uns einen Kreis zu bilden und sagte,

---

1) vgl. Lk. 7 36. 11 37. 14 1. – 2) vgl. Lk. 9 16 (22 17). – 3) Lk. 9 17 u. Par. – 4) vgl. Joh. 20 31. – 5) Lk. 22 54 u. Par. – 6) Mt. 26 30; Mc. 14 26.

während wir einander an den Händen faßten, selbst in der Mitte stehend: Respondiert mir das Amen! Er begann nun einen Hymnus zu singen und zu sprechen:

Preis dir, Vater!
Und wir bewegten uns im Kreise und respondierten ihm
    mit Amen.
Preis dir, Logos! Preis dir, Gnade! Amen.
Preis dir, Geist! Preis dir, Heiliger! Preis deinem Preise! Amen.
Wir loben dich, Vater. Wir danken dir, Licht, in dem keine
Finsternis wohnt[1]. Amen.
          [Wofür wir aber danken, sage ich.]
Gerettet werden will ich, und retten[2] will ich. Amen.
Gelöst werden will ich, und lösen will ich. Amen.
Verwundet werden will ich, und verwunden will ich. Amen.
Gezeugt werden will ich, und zeugen will ich. Amen.
Essen will ich, und verzehrt werden will ich. p. 198 Amen.
Hören will ich, und gehört werden will ich. Amen.
Gedacht werden will ich, der ich ganz Gedanke bin. Amen.
Gewaschen werden will ich, und waschen will ich. Amen.
[Die Gnade tanzt den Reigen.]
Flöten will ich, tanzet alle. Amen.
Klagen will ich, jammert alle[3]! Amen.
[Die einzige Achtzahl lobsingt mit uns. Amen.
Die Zwölfzahl tanzt oben den Reigen. Amen.
Dem All wird zuteil, oben zu tanzen. Amen.
Wer nicht tanzt, erkennt nicht, was geschieht. Amen.]
Fliehen will ich, und bleiben will ich. Amen.
Schmücken will ich, und geschmückt werden will ich. Amen.

---

1) vgl. 1. Joh. 1 5. – 2) vgl. Lk. 19 10. – 3) Mt. 11 17; Lk. 7 32.

Geeint werden will ich, und einen will ich. Amen.

Ein Haus habe ich nicht, und Häuser habe ich. Amen.

Eine Stätte habe ich nicht[1], und Stätten habe ich. Amen.

Einen Tempel habe ich nicht, und Tempel habe ich. Amen.

Eine Leuchte[2] bin ich dir, der mich sieht. Amen.

Ein Spiegel bin ich dir, der mich erkennt. Amen.

Eine Tür[3] bin ich dir, der an mich klopft. Amen.

Ein Weg[4] bin ich dir, dem Wanderer.

Wenn du aber meinem Reigen Folge leistest, sieh dich in mir, dem Redenden, und wenn du siehst, was ich treibe, so verschweige meine Mysterien! Wenn du tanzest, bedenke, was ich tue, daß es dein (Leid) ist, dies Menschenleid, welches ich leiden will! Denn du könntest überhaupt nicht einsehen, was du leidest, wenn ich dir nicht vom Vater als das Wort (Logos) gesandt wäre. Da du sahst, was ich leide, sahst du mich als Leidenden, und da du es sahest, standest du nicht fest, sondern wurdest ganz und gar erregt. Von dem Triebe beseelt, klug zu werden, hast du in mir eine Stütze. Verlaß dich auf mich! Wer ich bin, wirst du erkennen, wenn ich scheide. Wofür man mich jetzt ansieht, das bin ich nicht. Du wirst es sehen, wenn du kommst. Wenn du das Leiden kennen würdest, würdest du das Nichtleiden haben. Erkenne du das Leiden, so wirst du das Nichtleiden haben. Was du nicht weißt, werde ich dich lehren. Ich bin dein Gott, nicht der des Verräters. p. 199 In Harmonie will ich mit den heiligen Seelen vereinigt werden. In mir erkenne das Wort der Weisheit! Wiederum sage mir:

Preis dir, Vater, Preis dir, Logos, Preis dir, heiliger Geist!

---

1) vgl. Mt. 8 20; Lk. 9 58; Joh. 14 2. – 2) vgl. Offb. 21 23. – 3) vgl. Joh. 10 9. – 4) vgl. Joh. 14 6.

Wenn du aber mein Wesen erkennen willst, was ich war (, so wisse): Durch das Wort habe ich alles getäuscht und bin durchaus nicht getäuscht worden.

Ich hüpfte, du aber bedenke das Ganze, und wenn du es bedacht hast, sprich: Preis dir, Vater! Amen. –

Nach diesem Reigen, Geliebte, ging der Herr mit uns hinaus[1]. Und wir sind wie umherirrend oder auch schlaftrunken[2] der eine hierhin, der andere dorthin geflohen[3]. Als ich nun ihn leiden sah, harrte ich auch nicht bei ihm im Leiden aus, sondern floh auf den Ölberg und weinte über das, was sich zugetragen hatte. Und als er am Kreuzesdorn (? Rüsttage?) aufgehängt ward, war zur sechsten Tagesstunde eine Finsternis über das ganze Land[4] eingebrochen. Und mein Herr stand mitten in der Höhle und erleuchtete sie und sprach: Johannes, dem Volkshaufen unten in Jerusalem werde ich gekreuzigt und mit Lanzen und Rohren gestoßen[5] und mit Essig und Galle getränkt[6]. Zu dir aber rede ich, und was ich rede, höre! Ich gab dir ein, auf diesen Berg zu steigen, auf daß du hörest, was der Jünger vom Meister erfahren muß und der Mensch von Gott. Und als er dies gesagt hatte, zeigte er mir ein festgemachtes Lichtkreuz und um das Kreuz herum einen großen Haufen welcher e i n e Gestalt hatte, und in jenem (Lichtkreuz) war einerlei Gestalt und gleiches Aussehen. p. 200 Den Herrn selbst aber nahm ich oben auf dem Kreuze wahr; aber er hatte keine Gestalt, sondern nur eine Stimme, doch nicht die uns gewohnte, sondern eine ganz süße, gütige und wahrhaft göttliche, die da sprach zu mir: Einer muß von mir dieses hören; denn eines bedarf ich, der es hören soll. Dieses Lichtkreuz wird

---

1) Lk. 22 39. – 2) Lk. 22 45. – 3) Mt. 26 56; Mc. 14 50. – 4) Mc. 15 33; Mt. 27 45; Lk. 23 44 (Joh. 19 14). – 5) vgl. Joh. 19 34; Petrusevang. 9 (Mc. 15 19 u. Par.). – 6) vgl. Lk. 23 36; Joh. 19 29; Mt. 27 34; Petrusevang. 16.

von mir euretwegen bald Logos genannt, bald Vernunft, bald Jesus, bald Christus, bald Tür, bald Weg, bald Brot, bald Same, bald Auferstehung, bald Sohn, bald Vater, bald Geist, bald Leben, bald Wahrheit[1], bald Glaube, bald Gnade.

Und so heißt es für Menschen. In Wahrheit aber an sich selbst betrachtet und in unsrer Ausdrucksweise ist es die Begrenzung aller Dinge und die starke Erhebung des aus Unstetem Gefestigten und die Harmonie der Weisheit – und zwar die Weisheit in der Harmonie. Es gibt aber rechte und linke (Stätten), Kräfte, Gewalten, Herrschaften und Dämonen, Wirksamkeiten, Drohungen, Zornausbrüche, Teufel, den Satanas und die untere Wurzel, von welcher die Natur des Entstehenden hervorging. Das Kreuz also ist es, welches das All durch das Wort sich zusammenfügte und das Reich der Entstehung und das Untere begrenzte, dann auch als die Einheit alles quellen ließ. Nicht das Kreuz ist es, welches du sehen wirst aus Holz, wenn du von hier hinabkommst. Auch bin ich, den du jetzt nicht siehst, sondern dessen Stimme du nur hörst, nicht der auf dem Kreuze. Was ich nicht bin, dafür galt ich, der ich nicht bin, was ich für viele andere war; sondern was man von mir sagen wird, ist niedrig und meiner unwürdig. Da man also die Stätte der Ruhe weder sieht noch nennt, wird man viel weniger mich, ihren Herrn, sehen (oder nennen). p. 201 Der ⟨nicht⟩ einförmige Volkshaufen aber um das Kreuz herum ist die untere Natur. Und wenn auch die, welche du im Kreuze siehst, (noch) nicht eine Gestalt haben, so bedeutet das, daß noch nicht jedes Glied des herabgekommenen (Herrn) zusammengefaßt worden ist. Wenn aber der Menschen Natur und ein sich mir näherndes Geschlecht, das meiner Stimme folgt[2], aufgenommen ist, wird der mich jetzt Hörende

---

1) vgl. Joh. 1 1. 10 9. 14 6. 6 33. 35. 48; Mc. 4 26 u. Par.; Joh. 11 25. 14 6; 2. Kor. 3 17.

2) vgl. Joh. 10 16.

mit diesem vereint werden und nicht mehr sein, was er jetzt ist, sondern über ihnen stehen, wie auch ich jetzt. Denn solange du dich noch nicht mein eigen nennst, bin ich nicht das, was ich war. Wenn du aber mich verstehst, wirst du als Verstehender sein wie ich, ich aber werde sein, was ich war, wenn ich dich bei mir habe. Denn von mir bist du – (nämlich) das (was ich bin). Darum kümmere dich nicht um die große Menge und verachte die, welche außerhalb des Geheimnisses stehen! Erkenne nämlich, daß ich ganz beim Vater bin und der Vater bei mir[1]!

Nichts also von dem, was man von mir sagen wird, erlitt ich, sondern auch jenes Leid, welches ich dir und den übrigen im Reigentanz zeigte, will ich Mysterium genannt wissen. Denn was du bist, siehst du, das zeigte ich dir. Was ich aber bin, das weiß ich allein, sonst niemand. Das Meine also laß mich haben, das Deine aber sieh durch mich! Mich aber sieh wirklich, nicht ⟨was⟩ ich, wie ich sagte, bin, sondern was du als Verwandter erkennen kannst.

Du hörst, daß ich litt, während ich nicht litt,
daß ich nicht litt, während ich litt,
daß ich gestochen war, ohne geschlagen zu werden,
aufgehängt, ohne aufgehängt zu werden,
daß Blut aus mir floß und floß (doch) nicht[2],
kurz daß ich, was jene von mir sagen, nicht gesagt habe,
was sie aber nicht sagen, gelitten habe.

Was das aber ist, deute ich dir an; denn ich weiß, daß du (es) begreifen wirst. Erkenne mich also des Logos (Wortes) Ruhe, als des Logos Stechen, als des Logos Blut, als des Logos Verwundung, als des Logos Hängen, als des Logos Leib, als des

---

1) vgl. Joh. 14 10. – 2) vgl. Joh. 19 34.

Logos Feststecken, als des Logos Tod! Und so halte ich den Menschen p. 202 in meiner Rede getrennt. Zuerst also erkenne den Logos, dann wirst du den Herrn erkennen, zu dritt den Menschen und, was er gelitten hat.

Als er dies zu mir gesprochen hatte und noch anderes, was ich nicht, wie er will, zu sagen weiß, wurde er, ohne daß jemand aus dem Volke ihn sah, aufgenommen[1]. Und als ich hinabgestiegen war, lachte ich über jene alle, da er mir gesagt hatte, was sie über ihn geredet haben; nur das beherzigte ich bei mir, daß der Herr alles symbolisch und heilsordnend zu den Menschen Bekehrung und Rettung veranstaltete.

So haben wir denn, Brüder, des Herrn Gnade und seine Liebe zu uns geschaut; darum laßt uns ihn anbeten, da wir von ihm Mitleid erfuhren, aber nicht mit Hand und Mund und Zunge und überhaupt mit keinem Organe des Körpers, sondern mit der Stimmung der Seele, ihn, der ein Mensch ward ohne diesen Leib! Und lasset uns wachen, weil er auch jetzt um unsertwillen in Kerkern[2] und Gräbern zugegen ist, in Banden und Gefängnissen, bei Beschimpfungen und Mißhandlungen, im Meere und auf dem Trocknen, bei Züchtigungen, Beurteilungen, Nachstellungen und Strafen! Kurz er ist mit uns allen, und wenn wir leiden, leidet auch er mit uns, Brüder. Von jedem von uns angerufen, gewinnt er es nicht über sich, auf uns nicht hören zu wollen, sondern da er überall ist, erhört er uns alle, so auch jetzt eben mich und Drusiana als Gott der Eingeschlossenen und bringt uns Hilfe durch seine Barmherzigkeit. Darum glaubet auch ihr Geliebte, daß ich euch nicht predige, einen Menschen zu verehren, sondern Gott den Unwandelbaren, den Unüberwindlichen, Gott, der da höher ist als jede Herrschaft und jede Macht und

---

1) vgl. Mc. 16 19 (Lk. 24 51); AG. 1 2. 11; Petrusevang. 19. – 2) vgl. 2. Kor. 6 4 f.

älter und gewaltiger als alle Engel und die sogenannten Schöpfungen und alle Aeonen! Beharret nun in ihm p. 203 und bauet
auf ihn, so werdet ihr eine unvergängliche Seele haben.

Und als dies Johannes den Brüdern berichtet hatte, entfernte er sich, mit Andronikus zu wandeln, und von weitem folgte
Drusiana mit allen, um seine Taten zu schauen und sein Wort
zu hören allzeit im Herrn.

***

4.
(Das Ende des Johannes.)

So war Johannes mit den Brüdern zusammen froh in dem
Herrn. Am folgenden Tage, der ein Sonntag war, hub er an, als
alle Brüder versammelt waren, zu ihnen zu reden: Brüder, Mitsklaven, Miterben und Mitgenossen[1] des Reiches des Herrn,
ihr kennet den Herrn, wie viele Kräfte er durch mich euch verliehen hat, wie viele Wunder[2], wie viele Heilungen, Zeichen,
was für Gaben, Lehren, Verwaltungen, Erquickungen, Dienst-
leistungen, p. 204 Erkenntnis, Herrlichkeit, Gnade, Geschenke,
Glauben, Gemeinschaft, lauter Gaben, die, wie ihr mit eigenen
Augen seht, euch von ihm gegeben wurden, wie sie mit diesen
Augen nicht geschaut und mit diesen Ohren nicht gehört wurden. Darum werdet fest in ihm, gedenket seiner bei all euerm
Tun, da ihr wisset, weswegen der Herr den für Menschen ge-
faßten geheimen Ratschluß seiner Heilsordnung[3] veranstaltet
hat! Er selbst bittet und mahnt euch durch mich, da er ohne
Leib bleiben möchte, ohne Frevel, Nachstellung und Qual zu

---

1) vgl. Eph. 3 6. – 2) vgl. AG. 2 22; 1 Kor. 12 28. – 3) vgl. Eph. 1 9 f.

erdulden. Kennt er doch den Frevel, den ihr ihm antut, kennt auch Unehre, Nachstellung und Qual, wenn ihr seine Gebote übertretet. Darum soll unser guter Gott nicht betrübt werden, der p. 205 Barmherzige, Mitleidige, Heilige, Reine, Unbefleckte, Körperlose, Alleinige, Eine, Unveränderliche, Lautere, Truglose, Nichtzürnende, der erhabner und höher ist als jede von uns gesprochene oder gedachte Benennung (auszudrücken vermag), unser Gott Jesus Christus! Er soll mit uns froh sein, daß wir rechtschaffen leben, sich freuen, daß wir einen reinen, sich erquicken, daß wir einen ehrbaren Lebenswandel führen! Er sei ohne Sorge, daß wir enthaltsam leben, voller Freude, daß wir (brüderlich) zusammenhalten, er lächle, daß wir uns mäßig zeigen, und frohlocke, daß wir ihn lieben! Dies, Brüder, predige ich euch und eile jetzt zu dem mir obliegenden Werke, das nunmehr vom Herrn vollendet wird. Denn was hätte ich anderes zu euch zu reden? Ihr habt unseres Gottes Bürgschaft. Ihr habt die Unterpfänder seiner p. 206 Güte. Ihr habt seine sichere Gegenwart. Wenn ihr nun nicht mehr sündiget, erläßt er euch, was ihr aus Unkenntnis tatet. Wenn ihr aber, nachdem ihr ihn erkannt und seine Barmherzigkeit erfahren habt, wieder zu demselben Lebenswandel zurückkehrt[1], so werden auch eure früheren Sünden euch angerechnet werden, und ihr werdet keinen Teil an ihm haben, kein Mitleid vor seinem Angesicht finden.

Und als er dies zu ihnen geredet hatte, betete er also: Der du diesen Kranz durch dein Flechten geflochten hat, Jesus, der du diese vielen Blumen in deines Antlitzes ewige Blume eingefügt hast, der du in meine Seele diese Worte hineingesät hast, du deiner Sklaven einziger Pfleger und Arzt, der du umsonst heilst, einziger Wohltäter, der du nicht hoffärtig bist, einziger Erbarmer

---

1) vgl. Hebr. 10 26 f. 6 4–6.

und Menschenfreund, einziger Retter und Gerechter, der du immer, was alle betrifft, siehst, in allen bist, überall gegenwärtig, alles p. 207 umfassest und alles erfüllst, Christus Jesus Gott Herr, der du durch deine Gaben und deine Barmherzigkeit alle, die auf dich hoffen, beschützest, der du alle Listen und Drohungen, mit denen unser Widersacher überall uns nachstellt, genau kennst, du allein, Herr, hilf in deiner Fürsorge deinen Sklaven! Ja Herr!

Und nachdem er um Brot gebeten hatte, sprach er folgendes Dankgebet: Welches Lob und welches Opfer oder welche Danksagung sollen wir beim Brechen dieses Brotes nennen als dich allein, Herr Jesus? Wir preisen deinen von dir genannten Vaternamen. Wir preisen deinen durch dich genannten Sohnnamen. Wir preisen deine uns durch dich gezeigte Auferstehung. Wir preisen deinen Weg. Wir preisen deinen Samen, das Wort, die Gnade, den Glauben, das Salz, die unaussprechliche p. 208 Perle, den Schatz, den Pflug, das Netz[1], die Größe, das Diadem, den um unsertwillen sogenannten Menschensohn[2], der uns die Wahrheit, die Ruhe, die Erkenntnis, die Macht, das Gebot, die Zuversicht, die Hoffnung, die Liebe, die Freiheit und die Zuflucht zu dir geschenkt hat. Denn du allein, o Herr, bist die Wurzel der Unsterblichkeit und die Quelle der Unvergänglichkeit und der Sitz der Aeonen, der du mit allen diesen Namen jetzt um unsertwillen benannt wirst, damit wir, wenn wir dich mit ihnen anrufen, deine Größe erkennen, welche wir in der Gegenwart nicht wirklich schauen können, sondern nur, wenn wir rein sind[3], und allein in dem Abbilde des dir zugehörigen Menschen.

Und er brach das Brot und gab es uns allen und betete für einen jeden der Brüder, daß er der Gnade des Herrn und seiner

---

1) vgl. Joh. 11 25. 14 6; Mc. 4 26 u. Par.; Joh. 1 1; Mt. 5 13. 13 46. 44; Lk. 12 34. 9 62; Mt. 13 47 (Eph. 1 19). – 2) Mt. 8 20 u. ö. – 3) vgl. Mt. 5 8.

heiligsten Eucharistie würdig werden möge. Er kostete p. 209
aber auch selbst in gleicher Weise und sprach: Auch mir sei Teil
mit euch! und Friede mit euch, Geliebte!

Darauf sprach er zu Verus: Nimm zwei Männer mit Körben
und Grabscheiten mit dir und folge mir! Ohne Zögern führte
Verus aus, was ihm vom Sklaven Gottes, Johannes aufgetragen
war. Alsdann trat der glückselige Johannes vor das Haus, schritt
vor die Tore und gebot den meisten, p. 210 ihn zu verlassen.
Und als er zum Grabmale eines unserer Brüder gelangt war,
sprach er zu den Jünglingen: Grabet, Kinder! Und jene gruben. Er aber setzte ihnen mehr zu mit den Worten: Tiefer sei
das Grab! Und während jene gruben, predigte er ihnen Gottes
Wort und vermahnte die mit ihm aus dem Hause Gegangenen,
sie erbauend und zurichtend [1] auf die Größe Gottes und für einen jeden von uns betend. Als die Jünglinge aber nach seinem
Wunsche das Grab vollendet hatten, zieht er, ohne daß wir es
begreifen, die Kleider, welche er anhatte, aus und wirft sie als
ein Bett in die Tiefe der Gruft. Dann streckte er, nur im Unter-
kleide dastehend, die Hände empor und betete also:

p. 211 Der du uns zum Apostelamte unter den Heiden [2]
auserwählt hast, der du uns in die Welt geschickt hast, Gott, der
du dich durch das Gesetz und die Propheten gezeigt hast, der
du niemals ruhtest, sondern allzeit von Erschaffung der Welt an
die rettest, welche gerettet werden können, der du durch jede
Natur dich geoffenbart, der du selbst unter den Tieren dich
verkündet, der du die einsame und verwilderte Seele zahm und
ruhig gemacht hast, der du, als sie nach deinen Worten dürstete, ihr dich selbst gegeben hast, der du bei der ersterbenden
schnell dich sehen ließest, als sie in Gesetzlosigkeit versank,

---

1) vgl. Eph. 4 12. – 2) vgl. Röm. 1 5; Gal. 2 8.

als Gesetz erschienest, der du, als sie von Satanas besiegt war,
dich ihr kundgetan hast, der du, als sie zu dir ihre Zuflucht
nahm, ihren Widersacher besiegtest, der du ihr deine Hand
reichtest, sie aus dem Reiche des Hades aufzuerwecken, der
du sie nicht im Körper wohnen ließest, der du ihr den eignen
Feind zeigtest, der du ihr eine reine Kenntnis über dich p. 212
verschafftest, Gott Jesus, Vater der Übersinnlichen, Herrscher
der Himmlischen, Gesetz der im Äther und Lauf der in der Luft
Befindlichen, Wächter der Irdischen und Schrecken der Unterirdischen und Gnade für die, welche dein eigen sind: nimm
auch die Seele deines Johannes, da sie dir wohl als würdig gilt,
auf! Der du auch mich bis zur gegenwärtigen Stunde behütet
hast, daß ich rein blieb und ohne Berührung mit einem Weibe,
der du, als ich in meiner Jugend heiraten wollte, mir erschienest und zu mir sprachest: Ich bedarf deiner, Johannes, der du
auch körperliche Schwäche mir vorher bereitet hast, der du
drittens, als ich heiraten wollte, mich sogleich daran hindertest,
dann aber zur dritten Tagesstunde auf dem Meere zu mir sagtest: Johannes, wenn du nicht mein wärest, hätte ich dich heiraten lassen, der du mich zwei Jahre nicht recht sehen, mich Leid
tragen und deiner bedürftig sein ließest, der du mir im dritten
Jahre die geistigen Augen öffnetest p. 213 und die sichtbaren
schenktest, der du mir auch das unverwandte Anschauen eines
Weibes durch deine Vorstellung verhaßt gemacht hast, der du
mich von dem zeitlichen Scheine erlösest und mir ein Führer
warst zum ewigen Leben, der du mich von der fleischlichen,
schmutzigen Leidenschaft fernhieltest, der du mich dem bittern Tode entrissen und zu dir allein geleitet hast, der du die
verborgene Krankheit meiner Seele zum Schweigen gebracht
und die offenbare Tat abgeschnitten hast, der du den Aufrührer
in mir bedrängtest und verbanntest, der du mir eine fleckenlo-

se Freundschaft zu dir gewährtest, mir einen unversehrten Weg
zu dir herrichtetest, mir einen zweifellosen Glauben an dich
verliehest, eine reine Gesinnung gegen dich vorschriebst, der
du jeder Tat den verdienten Lohn zuteiltest[1], der du mir den
Wunsch in die Seele legtest, keinen Besitz zu haben als dich
allein – denn was gibt es Köstlicheres als dich! –, jetzt nun, da
ich das Amt, mit dem ich von dir betraut ward[2], p. 214 vollendet habe, o Herr, würdige mich deiner Ruhe und schenke mir
das Ende in dir, welches das unsagbare und unaussprechliche
Heil ist! Und wenn ich zu dir komme, weiche das Feuer, werde
die Finsternis besiegt, werde machtlos die Kluft, gehe der Glut-
ofen aus, werde die Hölle gelöscht. Dann sollen die (bösen)
Engel hinter mich treten, sich fürchten die Dämonen, zerschla-
gen werden die Herrscher, die Mächte (der Finsternis) fallen.
Die rechten Orte sollen feststehen, die linken nicht bestehen
bleiben. Der Teufel werde zum Schweigen gebracht, der Satan
verspottet, seine Glut erlösche, seine Wut werde still, seine Rache stelle sich ungebärdig, sein Angriff erleide Trübsal. Seine
Kinder sollen geschlagen und seine ganze Wurzel ausgerottet
werden. Und mich laß den Weg zu dir vollenden, ohne daß ich
Mißhandlungen und Kränkungen erdulde, und das empfangen,
was du denen versprochen hast, die einen reinen Lebenswandel führen und dich allein lieb haben[3]!

p. 215 Und als er sich stehend ganz versiegelt (bekreuzigt)
und gesagt hatte: Sei du mit mir, Herr Jesu Christe, legte er
sich ins Grab nieder, in dem er seine Kleider ausgebreitet hatte. Dann sagte er zu uns: Friede sei mit euch, Brüder! und gab
freudig seinen Geist auf[4].

---

1) vgl. Röm. 2 6. – 2) vgl. 1. Kor. 9 17. – 3) vgl. 1. Kor. 2 9. – 4) Lk. 24 36;
Joh. 20 19. 21 26.

Paulusakten
(E. Rolffs.)

Einleitung. – 1. Titel; Verbreitung; Umfang. Die ›Taten des Paulus‹ (*praxeis Paulu* griech., *Acta*, auch *Actus Pauli*) erscheinen in allen orientalischen Kanonverzeichnissen als eine gemein-kirchliche Schrift, die an Rang und Wert etwa dem Hirten des Hermas, der Apokalypse des Petrus, dem Brief des Barnabas und der Didache gleichsteht.

Von Origenes an zwei Stellen seiner uns erhaltenen Werke (s. unten S. 124 A.) zitiert, ist das Buch im Abendlande nur von dessen Freunde und Geistesverwandten, dem griechisch denkenden Römer Hippolyt, als zuverlässige Geschichtsquelle behandelt (zu Nr. 6), aber ohne Nennung des Titels. In Rom scheint man es als Ganzes von vornherein abgelehnt zu haben, ebenso wie Tertl. (s. u. 4) es als Fälschung verworfen hat. Da-gegen sind einzelne Teile als selbständige Schriften auch im Abendlande abgeschrieben, übersetzt und verbreitet worden. Das stellte sich heraus, als 1897 eine koptische Übersetzung des Gesamtwerkes in einer freilich ganz trümmerhaften Heidel-berger Papyrushs. entdeckt wurde, die C. Schmidt, *Acta Pauli*, Leipzig 1904, herausgab. Aus ihr geht hervor, daß außer zwei ihm bereits vermutungsweise zugewiesenen Stücken, dem apo-kryphen Briefwechsel zwischen Paulus und den Korinthern und dem sog. ›Martyrium des Paulus‹, die unter dem Titel *Acta Pauli et Theclae* bekannte Legende (Aa 1, p. 235–272) ein Bruchstück der AP. ist.

Merkwürdigerweise gehören diese bereits bekannten Abschnitte zu den am besten erhaltenen der koptischen Übersetzung. Was sich außerdem von ihr entziffern ließ, trägt durchaus fragmentarischen Charakter und läßt keinen geschlossenen Zusammenhang erkennen. Darin finden sich weder die beiden Zitate des Orig. noch die Erzählung von einem Tierkampf in Ephesus, die Nikephorus Kallisti in seiner KG. (II 25) als aus den ›Wanderungen des Paulus‹ stammend wiedergibt. Aber während diese sich wenigstens in den Zusammenhang des Ganzen zwanglos einfügt, sind die Worte des Orig. sehr schwer darin unterzubringen; sie scheinen vielmehr dem Charakter der Schrift zu widersprechen. Da Orig. nun aber der einzige ist, der die AP. ausdrücklich zitiert, so befindet man sich in dem Dilemma, entweder dem Orig. einen Gedächtnisfehler zuzutrauen (vgl. unten 172–174) oder sich zu der Annahme zu entschließen, daß die koptische Übersetzung gar nicht die von ihm gemeinte AP. enthält. Man müßte im letzteren Falle in ihr eine späte Sammlung von allerlei Pauluslegenden sehen, auf die der Sammler den Titel der älteren verlorenen Schrift übertragen hätte. Völlig von der Hand zu weisen ist diese Annahme nicht. Aber die größere Wahrscheinlichkeit spricht doch für die Zuverlässigkeit der Überlieferung des Kopten. Denn so trümmerhaft auch ihr gegenwärtiger Zustand ist, es ist doch ein Plan erkennbar, der sich mit dem Charakter einer Legendensammlung nur schlecht vertragen würde.

2. Der Plan der Erzählung. Der Erzählung der AP. liegt deutlich das Itinerar der kanonischen AG. zugrunde. Sie führt den Apo-

stel auf den gleichen Wegen wie diese und knüpft an die Statio-
nen, von denen die AG. nichts zu berichten weiß, legendarische
Berichte im Geschmack des Vulgärkatholizismus der zweiten
Hälfte des 2. Jhs. Sie setzt ein bei dem AG. 13 14 ff. erwähnten
Aufenthalt des Apostels im pisidischen Antiochia, geleitet ihn
von dort nach Ikonium, wo die Theklalegende beginnt, als deren weiterer Schauplatz dann wieder Antiochia nach AG. 14 21
eintritt. Von dort folgt Thekla, die wegen Religionsfrevels zum
Tierkampf verurteilt, aber wunderbar gerettet ist, Paulus nach
Myra, das nahe bei dem AG. 14 25 genannten Attalia liegt. Als
weitere Stationen seiner Reisen sind das Sidon, Tyrus und mit
einiger Wahrscheinlichkeit Cäsarea und Jerusalem festzustellen, woraus man schließen darf, daß der Verfasser den Apostel
zu demselben Ziel, aber auf einer anderen Straße führt wie die
AG., nach der er zu Schiff über das syrische Antiochien nach Jerusalem gelangt. Hier reißt der Faden der Erzählung ab, da der
koptische Text eine große Lücke aufweist. Erst der Briefwechsel mit den Korinthern ist wieder in leidlicher Vollständigkeit
erhalten; er zeigt den Apostel im Gefängnis zu Philippi. Da er
bereits in Korinth gewesen ist, kann dabei nicht an den AG. 16,
sondern muß an den AG. 20 erwähnten Aufenthalt dort gedacht
sein. Paulus befände sich also auf der Rückreise von Korinth
nach Asien. Wie er nach Korinth gekommen ist, darüber dürfte
das bei Nikephorus Kallisti erhaltene Stück Aufschluß geben,
das den Bericht über einen Tierkampf in Ephesus (vgl. 1. Kor.
15 32) mit den Worten schließt: »Und Paulus fuhr von dort zu
Schiff nach Makedonien und Griechenland.« Wahrscheinlich
hat der Verfasser dabei an die AG. 20 1 f. erwähnte Abreise nach
Makedonien gedacht. Er dürfte also berichtet haben, wie Paulus etwa über Philippi und Thessalonich nach Korinth gelangt
sei. Dorthin ist dann wahrscheinlich die Erzählung von der

Zwangsarbeit des Apostels in einem Metallbergwerk zu verlegen, die dem Briefwechsel unmittelbar vorangegangen zu sein scheint; möglicherweise hat die Phantasie des Verfassers sie aus der Andeutung von einem Anschlag der Juden AG. 20 3 herausgesponnen. Von Philippi scheint die Erzählung den Apostel auf den AG. 20 f. beschriebenen Wegen nach Jerusalem zu führen; wenigstens läßt sich ein kürzeres Stück entziffern, das offenbar von einer der in Milet (AG. 20 17 ff.) entsprechenden Abschiedsszene berichtet. Aber der hiermit skizzierte Inhalt füllt wenig mehr als die erste Hälfte der koptischen Hs.; von der zweiten ist so gut wie nichts wiederherzustellen außer dem Schluß, der durch das *Mart. Pli* gebildet wird. Es bleibt also noch genügend Raum für Vermutungen (s. Handb. S. 364–370. Krüger, Noch einmal der getaufte Löwe, ZNW 1904 S. 261 ff. Schmidt, *Acta Pauli* Zusätze zur 1. Ausg. S. XIX. Bardenhewer, Theol. Revue 1905 S. 204).

3. Die selbständig überlieferten Bruchstücke. a) Die › Taten des Paulus und der Thekla‹. Die *Acta Pauli et Theclae* (Aa 1, p. 235–272: AThe.) sind zuerst – griechisch und lateinisch – gedruckt von Ernst Grabe im *Spicilegium SS. Patrum* (Oxford 1698) 1, p. 95–128 nach einer Hs. aus dem 12. Jh. Ungefähr derselben Zeit (10.–13. Jh.) gehören die übrigen Hss. an, so daß sich aus ihnen kein Anhaltspunkt dafür gewinnen läßt, wann sich die AThe. vom Körper der AP. gelöst haben. Jedenfalls ist das lange vor dem *Decretum Gelasianum* geschehen. Sylvia von Aquitanien hat nämlich nach ihrem Reisebericht über ihren Besuch des »Martyriums« bei Seleukia (um 385) »die ganze heilige Geschichte der Thekla« gelesen. Daß diese ›Geschichte der Thekla‹ unsere Akten gewesen sind, bezeugt Basilius von Seleukia (um 450), der in seiner Reproduk-

tion der Legende eben eine Paraphrase derselben gibt; danach
darf man sie als das offizielle Dokument für das Leben der
Heiligen ansehen, das auch in ihrem »Martyrium« aufgelegen
haben wird. Der Text der AThe. blieb auch für die spätere Gestaltung der Legende maßgebend. Während Niketas v. Paphla-
gonien (um 880) MPG 105, 320 allerdings die Anschauung
der AThe. über die Ehe im Sinne der Pastoralbriefe korrigiert
und an der Selbsttaufe der Heldin Anstoß genommen hat, folgt
Symeon Metaphrastes (10. oder 12. Jh.) MPG 115, 841 fast
wörtlich den AThe., so daß er stellenweise als Textzeuge ver-
wertet werden kann. Ebensowenig lassen sich in der in den
Hss. vorliegenden Textgestalt Korrekturen erkennen, durch die
der Inhalt wesentlich alteriert würde[1], geschweige denn eine
Urgestalt aussondern. Der bemerkenswerteste Eingriff besteht
in zwei Anhängen, einem längeren in den Hss. GM und einem
kürzeren in den Hss. ABC, die von Theklas Wirksamkeit bei
Seleukia bis zu ihrem Tode berichten. Die Rechtfertigung der
unserer Übersetzung zugrunde gelegten Lesarten ist Handb.
S. 385–388 gegeben.

Hat die Legende sich nach ihrer Loslösung vom Körper der
AP. mit dem Theklakult verbreitet, so wirft sich die Frage auf,
ob dieser Kult auf sie oder sie auf den Kult zurückzuführen
ist. Religionsgeschichtliche Analogien sprechen für das letztere.
Es hieße den Einfluß eines literarischen Produktes weit über-

---

1) Wenn ein von de Bruyne S. 153 veröffentlichtes lateinisches Fragment im
Anschluß an das Zitat Joh. 20 17 berichtet: **Als Thekla, die keusche Jungfrau,
übervoll des Glaubens an Christus, seine (des Paulus) Fesseln küßte, beachte, was ihr der Apostel gesagt hat: Berühre mich nicht um der Unzuverlässig-
keit der Zeit willen!**, so ist darin eher mit James ein freies Zitat nach AThe. 18.
25 als mit dem Herausgeber die Spur einer verlorenen Rezension zu sehen.

schätzen, wollte man in der beispiellosen Verbreitung des The-
klakultus im Orient wie im Okzident lediglich eine Wirkung
unserer Akten sehen. Solche Erfolge erklären sich nicht durch
eine Dichtung, deren Hauptperson nur in der Phantasie des
Dichters vorhanden ist. Um so weniger, wenn, wie in unserem
Falle, der Dichter sehr bald der kirchlichen Zensur verfallen ist
(s. u.). Ist es unwahrscheinlich, daß das Grab der Thekla bei
Seleukia erst durch die Akten bekannt und zum Wallfahrtsort
geworden ist, so wird man umgekehrt anzunehmen haben, daß
die Überlieferungen, die sich an ihren Tempel dort knüpften,
die Quelle unserer Akten gewesen sind. Was man sich dort von
dem Leben der »Erstzeugin und Apostolin« erzählte, hat der
Verfasser der AP. in sein Werk verarbeitet.

In den Akten ist die in lebendigem Fluß befindliche Le-
gende zu einer festen und dauernden Form geronnen, die für
alle späteren Erzähler maßgebend geworden ist. Daher weist
ein abweichender Bericht, der in einer unter dem Namen des
Chrysostomus überlieferten Homilie auf den Jahrestag der hl.
Thekla (24. September) erhalten ist, auf eine frühere Form.
Hier hat das Abenteuer in Ikonium einen wesentlich anderen
Abschluß gefunden: Die Richter beschränken sich Thekla gegenüber auf Drohungen; freigegeben folgt sie der Spur des
Paulus; ihr Verlobter setzt ihr zu Pferde nach und erreicht sie;
da wendet sie sich zum Himmel mit dem Gebet: Herr mein
Gott, auf dich habe ich gehofft! – Leider bricht das Fragment
hier ab; aber von einer Beurteilung Theklas zum Feuertode und
ihrer wunderbaren Rettung kann in dieser Gestalt der Legende nichts erzählt sein. Diese Abweichung lediglich auf Rechnung der Rhetorik des Homileten zu setzen, der die beiden
verschiedenen Episoden in Ikonium und Antiochia zusammen-
geworfen habe (Schmidt AP. Zusätze S. XXXV), dürfte doch

zu gewaltsam sein. Die Verfolgung der Heiligen durch ihren
Bräutigam zu Pferde ist ein Zug, der sich diesem Verfahren wi-
dersetzt und die Selbstständigkeit der Überlieferung beweist.
Dann muß diese aber älter sein als die schriftliche der AP. Denn
es ist nicht zu erklären, wie das Martyrium in Ikonium, wenn
es zum ursprünglichen Bestande der Legende gehörte, unter-
drückt werden konnte; dagegen ist es sehr begreiflich, daß man
in Ikonium, der Vaterstadt Theklas, hinter Antiochia nicht zu-
rückstehen wollte und darum nach dem Muster des Martyriums
Polykarps eine Dublette zu dem dortigen Martyrium schuf. Das
beweist selbstverständlich noch nichts für Corßens Hypothese
einer »Urgestalt des AP.« (ZNW 1903 S. 22 ff.); es verstärkt lediglich den Beweis dafür, daß die Theklalegende nicht von dem
Verfasser der Akten frei erfunden, sondern der Niederschlag
einer mündlichen Überlieferung ist, die sich vielleicht ein hal-
bes Jh. und länger fortgesponnen und vielleicht auch einzelne
geschichtlich Züge, wie die Gestalt der »Königin Tryphäna«, die
durch Münzfunde bezeugt ist (Handb. S. 377 f., dazu Schürer
in ThLZ 1905 Sp. 105 f.), und die Erwähnung der »königlichen
Straße«, die von Parlais über Lystra und Misthia nach Antiochia
führte und von der sich ein Seitenweg nach Ikonium abzweigte,
bewahrt hat. Daß eine Thekla in Ikonium und später in Seleukia gelebt hat, die von Paulus bekehrt und in Beziehungen zur
Königin Tryphäna getreten ist, im übrigen für ihren Glauben
gelitten, getauft und gepredigt hat, – das mag der geschichtliche Kern sein, der aus dem dichten Rankenwerk der Legende
hervorschimmert.

b) P a u l u s ' B r i e f w e c h s e l m i t d e n K o r i n t h e r n
(s o g . 3 . K o r i n t h e r b r i e f). Dieses Bruchstück besteht aus
einer Anfrage der Korinther an Paulus wegen zweier Irrlehrer,
die unter ihnen aufgetreten sind, und dem Antwortschreiben

des Apostels, in dem der Verfasser der vulgären Gnosis gegenüber seine dogmatische Grundanschauung entwickelt – »die
Auslegung des Evang. von der Geburt und der Auferstehung
des Geliebten« (AThe. 1) –, sowie er in den AThe. eine konkrete Darstellung seines sittlichen Lebensideals gegeben hat.
Die beiden Briefe sind durch einen kurzen Bericht miteinander
verbunden, der in die geschichtliche Situation des Stückes ein-
führen soll: Paulus befindet sich im Gefängnis zu Philippi, als
er die Anfrage der Korinther empfängt, die er dann von dort
aus sofort beantwortet. Aus 1. Kor. 5 9, 7 1 wußte der Verfasser
von einem Briefwechsel zwischen Paulus und den Korinthern,
der aber verloren gegangen war; nach 2. Kor. 7 5-9 hatte Paulus
aus Makedonien mit den Korinthern korrespondiert; eine Wie-
derholung seiner Gefangenschaft in Philippi (AG. 16 23) war auf
Grund von 2. Kor. 11 23 unbedenklich. Bei seiner Erdichtung
hat der Verf. sich dann außer an die Pastoralbriefe besonders
stark an Phil., Kor., Gal. gehalten. Vielleicht hat er für den zweiten Teil des Paulusbriefes (3 23-40) einen Aufsatz über die Auferstehung benutzt, der aus jüdischen Quellen geschöpft hat, wie
schlagende Anklänge an talmudische Stellen wahrscheinlich
machen.

In der Geschichte dieses Bruchstücks spiegelt sich das wi-
derspruchsvolle Geschick des Gesamtwerkes wieder. Während
die Briefe in der griechisch und lateinisch redenden Christenheit so gut wie verschollen sind, haben sie in der syrischen und
durch sie auch in der armenischen Kirche zeitweilig ihren Platz
unter den kanonischen Schriften unmittelbar hinter 2. Kor. gehabt. An dieser Stelle hat Ephraem sie gefunden und in seinem
Kommentar über die paulinischen Briefe ausgelegt. Wann der
Briefwechsel in die syrische Bibel gekommen ist, läßt sich nicht
mit Sicherheit ausmachen. Da Aphraates, der ältere Zeitgenosse

Ephraems, zwei Stellen von 3. Kor. als Worte »des Apostels« zitiert, so muß dieser Brief um 330–350 dort kanonisch gewesen sein. Etwas weiter zurück führt vielleicht noch die Bemerkung Ephraems: »Aber diese Lehre ist die der Schule Bardesans, und deshalb ließen die Desaniten diesen Brief nicht zu in ihren Apostolos.« Darnach scheint man bei den Auseinandersetzungen mit den Bardesaniten in der ersten Hälfte des 3. Jhs. von dem Briefwechsel Gebrauch gemacht und ihn zu kanonischer Geltung zu bringen sich bemüht zu haben.

Ephraems Kommentar ist leider nicht in der Ursprache, sondern nur in einer armenischen Übersetzung erhalten. In dem armenischen Kanon findet sich gemäß der Abhängigkeit der armenischen von der syrischen Kirche der Briefwechsel mit den Korinthern samt dem historischen Zwischenstück bis ins 7. Jh. an derselben Stelle wie in der syrischen Bibel; seit wann, läßt sich nicht ermitteln. Hätte Gregor der Erleuchter, der »Apostel der Armenier«, sich wirklich, wie Agathangelos in feiner armenischen Geschichte behauptet, auf 3 11 als echtes Pauluswort berufen, so müßte der Briefwechsel schon in der zweiten Hälfte des 3. Jhs. bei den Armeniern kanonisch gewesen sein. Dem stände an sich nichts im Wege; aber die Mitteilung des Agathangelos über Gregor ist nicht zuverlässig; sie beweist nur, daß er selbst (Ende des 5. Jhs.) die Briefe in seinem Kanon gehabt hat.

In auffallendem Gegensatz zu ihrer Wertschätzung durch Syrer und Armenier steht das völlige Schweigen der Griechen. Abgesehen von einem Anklang in der syrisch erhaltenen Didask. (S. 121 3 Kleobius neben Simon) läßt sich eine Benutzung der Briefe seitens griechischer Theologen nicht nachweisen. Um so überraschender ist ihr Auftauchen in zwei lateinischen Übersetzungen (Mailand und Laon), wo das geschichtliche Zwischenstück beidemal fehlt. Daraus konnte man auf ein sy-

risches Original schließen, wofür auch einige andere Beobach-
tungen zu sprechen schienen (Apokr. S. 363). Aber seitdem der
Briefwechsel durch den Kopten als Bestandteil der griech. AP.
nachgewiesen ist, gewinnen die Gründe für eine Übersetzung
aus dem Griechischem das Übergewicht. Durch den Kopten ist
ferner die Frage nach dem Wert der Übersetzungen entschie-
den. Darnach bietet die Hs. von Laon (L 2) einen reineren Text
als die Mailänder (L 1); sie scheint diese allerdings benutzt zu
haben, ist also jünger. Aber beide sind relativ alt und jedenfalls
nach 250 anzusetzen. Den armenischen Text hat zuerst David
Wilkins 1715 gedruckt; alle Texte sind abgedruckt bei Vetter,
Der apokryphe 3. Korintherbrief 1894. Harnack hat unter Hin-
zuziehung des Kopten eine Rezension des Textes hergestellt
und eine Rückübersetzung ins Griech. versucht (SBA 1905,
12. Jan.; KlT 12, 1905). Seine Rekonstruktion des Textes, die
im wesentlichen mit dem Handb. S. 389–394 gerechtfertigten
Lesarten übereinstimmt, bildet die Grundlage unserer Übersetzung.

　　c) Das Martyrium des Paulus. Das Schlußstück der
AP. ist erstmalig von Lipsius (Aa 1, p. 104–117) gedruckt nach
einem Codex vom Athos und einem von Patmos, sowie einer
in drei Münchener Hss. erhaltenen lateinischen Übersetzung.
Von all dem Minderwertigen, was die AP. enthalten, ist dieses
Stück zweifellos das minderwertigste. Die Erzählung befindet
sich in vollständiger Verwirrung, die zu einer ausgleichenden
Überarbeitung geradezu herausfordern mußte. Eine solche
liegt vor in dem lateinischen sog. Linustext (Aa 1, p. 23–44).
Aber auch hier sind die Widersprüche und Unstimmigkeiten
nur zum Teil ausgeglichen. Unter keinen Umständen weist er
auf eine ursprünglichere Gestalt der AP. zurück (gegen Corßen,
Der Schluß der AP., ZNW 1905 S. 317 ff.), die in den Hss. APM

einer entstellenden Bearbeitung unterzogen wäre. Vielmehr
beweist der Kopte, daß sich in ihnen der Schluß der AP. in seiner ursprünglichen Gestalt erhalten hat. Unsere Übersetzung
hält sich an den Text von Lipsius; eine Begründung der wenigen Abweichungen ist Handb. S. 395 gegeben. Die Verwirrung
der Erzählung rührt teils davon her, daß dem Verfasser jede lebendige Anschauung römischer Verhältnisse und Örtlichkeiten
fehlt, teils dürfte sie ihren Grund in seinem Bemühen haben,
zwei einander ausschließende Überlieferungen zusammenzuar-
beiten, eine ältere, offenbar in AG. 27 24, 20 23. 25 vorausgesetzte,
nach der der Prozeß des Paulus mit seiner Verurteilung durch
den Kaiser geendet hätte, und eine jüngere, erstmalig durch
Tertl. *scorp.* 15 bezeugte, nach der der Apostel zu den Opfern
der Neronischen Christenverfolgung gehört; diese würde seine Freisprechung in dem anhängigen Prozeß voraussetzen, wie
denn im *Mart. Pli* der Apostel jedenfalls nicht als Gefangener
nach Rom kommt (vgl. Apokr. S. 365).

4. Der Verfasser und seine Zeit. Über den Verfasser der AP.
unterrichtet Tertullian, der, um den Anspruch der Frauen auf
das Recht zu taufen zurückzuweisen, ›v. d. Taufe‹ 17 schreibt:
»Wenn nun diejenigen, welche die fälschlich den Namen des
Paulus tragenden Schriften lesen, das Beispiel der Thekla für
die Vollmacht der Weiber zu lehren und zu taufen in Anspruch
nehmen, so mögen sie wissen, daß in A s i e n d e r P r e s b y t e r,
w e l c h e r d i e S c h r i f t a n g e f e r t i g t h a t, a l s k ö n n t e e r
d e m A n s e h e n d e s P a u l u s e t w a s v o n d e m s e i n i g e n
h i n z u f ü g e n, s e i n e s A m t e s e n t h o b e n i s t, n a c h d e m
e r ü b e r f ü h r t w a r u n d e i n g e s t a n d e n h a t t e, d a ß e r
d a s a u s L i e b e z u P a u l u s g e t a n h a b e.«
Während diese Notiz sich auf die AThe. nicht ganz unge-

zwungen beziehen ließ, schon des Titels wegen, paßt sie vor-
trefflich auf das Gesamtwerk, das in der Tat den Namen des
Paulus im Titel führt, allerdings »fälschlicherweise«, da die
wirklichen ›Taten des Paulus‹ darin nicht erzählt werden. Der
Verfasser glaubte, »dem Ansehen des Apostels etwas von dem
seinigen hinzufügen zu können«; deswegen ließ er ihn im
Kampf um die theologischen Fragen seiner Zeit selbst das Wort
ergreifen, indem er den Brief an die Korinther erdichtete. Das
scheint man ihm besonders verdacht zu haben. Vielleicht war
die Fälschung von Häretikern aufgedeckt, gegen die man sich
auf den Briefwechsel berufen hatte, so daß die Kirche ihnen
gegenüber bloßgestellt war. Kapitale Häresien hatte man ihm
ebenfalls nicht vorzuwerfen. Darum wurde er nicht aus der Kirche ausgeschlossen, sondern nur seines Amtes enthoben, zumal
da seine nicht zu bezweifelnde Liebe zu Paulus, die er als Motiv
seiner Dichtung angegeben hatte, ihm als mildernder Umstand
angerechnet werden mußte.

Daß er in Asien gelebt hat, sagt uns sein Werk auch ohne
Tertls. ausdrückliches Zeugnis. Während er sich durch eine gute
Kenntnis der Ortsverhältnisse kleinasiatischer Landschaften
auszeichnet, sind ihm die örtlichen römischen Verhältnisse und
Traditionen gänzlich unbekannt; so möchte man ihm am lieb-
sten in Seleukia oder Ikonium suchen, wo die Erinnerung an
Thekla am eifrigsten gepflegt wurde. Denn die Theklalegende
schlägt doch die Grundmotive seines Werkes am stärksten und
reinsten an; er betrachtet die Geschichte des Paulus geradezu unter dem Gesichtswinkel der Theklalegende. Das setzt ein
persönliches Interesse für die Heilige von Seleukia und Ikonium voraus, wie es durch den Lokalpatriotismus des Verfassers
eine ansprechende Erklärung finden würde.

Wann der Presbyter verurteilt ist, sagt Tertl. nicht. Jedenfalls muß die Beurteilung vor 197 (Tertl. *apol.*) erfolgt sein. Wie lange vorher die AP. erschienen sind, bleibt ungewiß, jedoch darf man sagen: nicht vor 156. In den AThe. ist nämlich höchstwahrscheinlich das Martyrium des Polykarp benutzt (vgl. AThe. 21. 22 mit Mart. Polyk. 9. 13. 15, pa 120 ff.), jedenfalls muß es dem Verfasser durch mündliche Erzählung bekannt gewesen sein, da die Legende von dem Feuermartyrium Theklas in Ikonium offenbar erst auf Grund des Mart. Polyk. entstanden ist. Polykarp wurde (nach E. Schwartz, AGW N. F. 8, 6, 1905, S. 130) am 22. Febr. 156 gemartert; die AP. können also nicht viel vor 160 verfaßt sein. Vielmehr wird man noch erheblich tiefer herabgehen müssen wegen Mart. Pauli 3 (Aa 1, p. 112 7 ff.), wo die Römer von Nero Einstellung der Christenverfolgung fordern, weil die Volkskraft dadurch vernichtet werde. So empfand man etwa in der Zeit, als Tertl. sein Apologeticum schrieb (c. 37). Ob selbst in Kleinasien schon ein Menschenalter früher die Christenheit sich so in ihrer numerischen Stärke fühlen konnte? Im Abendlande zeigt die erste Spur dieses auf die Zahl sich gründenden Kraftbewußtseins der sog. 2. Brief des Clemens (2 3), der freilich noch weniger Anhaltspunkte für eine genaue Datierung bietet. Man kann daher nur etwa sagen: die AP. gehören in den Zeitraum von 160–180, aber eher in die zweite als in die erste Hälfte.

5. Charakter und Tendenz. Das Werk des asiatischen Presbyters war eine großkirchliche Schrift. Daran ist nicht zu zweifeln. Man kann nur fragen, ob der Verfasser etwa eine häretische Grundschrift überarbeitet habe, die nach Corßen (ZNW 1903, S. 22 ff.) und Wendland S. 337 f. noch an einzelnen Stellen deutlich durchschimmern soll. Zu dieser Grundschrift könnte der Briefwechsel mit den Korinthern nicht gehört haben, da er den

antignostischen Charakter des Werkes unzweideutig zum Ausdruck bringt. Er läßt sich aber gegen das Zeugnis des Kopten nur
durch einen Gewaltakt daraus entfernen. Man wird also bis zur
Beibringung durchschlagender Beweise in dem Presbyter nicht
einen Bearbeiter, sondern den Urheber des Werkes zu sehen
haben. Wenn er sein Werk »aus Liebe zu Paulus« schrieb, so ist
es damit schon charakterisiert als ein Versuch, den großen Hei-
denapostel dem Verständnis seiner Zeitgenossen näherzubrin-
gen. Aber bei aller seiner Liebe zu Paulus ist er seinem Helden
sehr wenig kongenial. Allerdings hat er sich in die paulinische
Literatur gründlich hineingelesen. Seine Sprache ist gesättigt
mit Anklängen an die AG. und die Pastoralbriefe, verrät aber
durch ihre Monotonie schon seine geistige Armut. Der Armut
der Sprache entspricht die Armut an Motiven; das Motiv der
Theklalegende wiederholt sich in ermüdender Einförmigkeit.

In dem einförmigen Pragmatismus seiner Erzählung tritt die
Einseitigkeit seines Christentums zutage. Zweimal bringt er es
auf einen kurzen Ausdruck. Den Gnostikern Demas und Hermogenes verkündigt Paulus die »Worte der Lehre des Herrn
und der Auslegung des Evang. von der Geburt und der Auferstehung des Geliebten«; seinem positiven Gehalt nach ist das
Evang. »das Wort Gottes von der Enthaltsamkeit und der Auferstehung«[1]. Die Geburt Christi wird aufgefaßt als die Inkarna-

---

1) In der Schrift ›von den dreierlei Früchten des christlichen
Lebens‹, die von Reitzenstein (ZNW 1914, S. 74 ff., vgl. S. 60 ff.) veröffent-
lich wurde, findet sich S. 84 275 eine Seligpreisung (die fünfte) aus c. 5 der AP.
zitiert, aber ohne deren Nennung, nach 3. Mos. 11 45, 1. Petr. 1 16 (als Aussagen
»der göttlichen Schrift und Belehrung«). Reitzenstein vermutet denselben Ursprung auch für zwei andere Zitate S. 81 191. 192, die nach dem vorhergehenden
Wortlaut der Lehre Christi »durch heiligen Geist und das Gefäß der Erwäh-
lung« (AG. 9 15) entstammen sollen: **Wenn du am Leibe keusch und im Geiste**

tion des Geistes Gottes, durch die »alles Fleisch« zum ewigen Leben geführt ist; das ist die vulgär christliche Anschauung, wie sie sich auch bei 2. Clemens und wahrscheinlich im Hirten des Hermas findet. Durch die Auferstehung Christi ist den Glaubenden die Auferstehung des Leibes garantiert. Wer sie leugnet, hat für seine Person damit recht: für ihn gibt es tatsächlich keine Auferstehung (3. Kor. 3 25 nach EL2; L1A haben die anstößige Stelle beseitigt). Unter der »Auferstehung der Toten« wird weniger die Wiederbelebung der Leiber bei der Wiederkunft verstanden als vielmehr das Fortleben der Seele (vgl. Mart. Pauli 4. 6. 7, AThe. 39, sowie Mart. Petri 11). Übrigens schwimmen bei ihm wie in aller und neuer Zeit beide Vorstellungen ineinander.

Besonders charakteristisch ist seine Verknüpfung des Auferstehungsglaubens mit der praktischen Forderung geschlechtlicher Enthaltsamkeit. Mit dem Ausdruck »das Wort Gottes von der Enthaltsamkeit und der Auferstehung« hat er »das Popularchristentum des 2. Jhs. so präzise und fachgemäß formuliert«, wie es keinem vor ihm gelungen ist. Er steht damit in nächster Verwandtschaft zum 2. Clemensbrief, der wie aus derselben Zeit, so auch aus demselben Gedankenkreise stammt. Paulus als den Apostel dieses Popularchristentums darzustellen – das ist die Tendenz seines Werkes. Er will darin ein Gegenstück zu der kanonischen AG. liefern; daher paßt er zwar das Lebensbild des Paulus möglichst genau in den durch ihre Geschichtserzählung gebotenen Rahmen hinein, aber nicht ohne

---

verdorben bist, so nützt es nichts, und: Wer enthaltsam ist, bleibe in allem enthaltsam, nicht nur dem Leibe, sondern auch dem Geiste nach. Aber diese Sprüche gehören keinesfalls zum Gedankenkreise unseres Verfassers. Eher könnte darin eine polemische Beziehung auf ihn gefunden werden.

ihren Pragmatismus durchgehends durch Motive zu ersetzen, wie sie aus der Auseinandersetzung des asketisch gerichteten Christentums mit der Welt entspringen mußten. Er überspannt dabei die 1. Kor. 7 entwickelten Grundsätze im Sinne eines asketischen Christentums etwa in demselben Maße, wie sie in den Pastoralbriefen (1. Tim. 2 15. 4 2. 8) erweicht sind. Dem asketischen Christentum auf gnostischer Grundlage, das die Pastoralbriefe bekämpfen, stellt er ein solches auf gemeinkirchlicher Basis entgegen, wie es dem Bedürfnis und Geschmack seiner Zeit entsprach. Wie klug und vorsichtig er dabei verfahren ist, zeigt die paradoxe Tatsache, daß man sein Werk in Ehren hielt, trotzdem man seine Person fallen ließ. Er hat eben seiner Zeit das Paulusbild gezeichnet, in dem sie ihr eigenes Ideal wiedererkennen mußte.

1.
(Paulus in Antiochia.)
[Schmidt AP. S. 24–26. Handb. S. 361.]

Paulus befindet sich wie AG. 13 14 ff im – pisidischen – Antiochia. Dort erweckt er den Sohn eines – offenbar jüdischen – Elternpaares A n c h a r e s und P h i l a vom Tode. Anchares nimmt ihn daraufhin in sein Haus auf, bis die Juden (?) ihn nötigen wollten, den Apostel aus der Stadt zu vertreiben. Der hat sich bereits entfernt, wird aber, als Anchares sich zu Jesus bekennt, von den Juden zurückgeholt und unter schweren Mißhandlungen aus der Stadt gestoßen. Am Abend kehrt er jedoch noch einmal zu Anchares, der sich fastend in sein Haus eingeschlossen hat, zurück, um sich mit einer längeren Ansprache von ihm zu verabschieden und seine Wanderung nach Ikonium anzutreten.

2.
(Taten des Paulus und der Thekla.)
[Aa 1, p. 235–269; vgl. Schmidt AP. S. 27–52.]

– – – Als Paulus nach seiner Flucht aus Antiochia nach Ikonium hinauszog, wurden Demas[1] und Hermogenes[2], der Kupferschmied[3], seine Reisegefährten, voll Verstellung, und hängten sich an Paulus, als ob sie es gut mit ihm meinten. Paulus aber, der einzig und allein die Güte Christi im Auge hatte, versah sich von ihnen nichts Böses, sondern hatte p. 236 sie von Herzen lieb, so daß er ihnen alle Worte der Lehre des Herrn und der Auslegung des Evangeliums sowohl von der Geburt wie von der Auferstehung des Geliebten[4] süß zu machen suchte und die großen Taten[5] Christi, wie sie ihm selbst offenbart worden waren, Wort für Wort ihnen erzählte.

Und ein Mann namens Onesiphorus[6], der gehört hatte, daß Paulus nach Ikonium käme, ging mit seinen Kindern Simmias und Zeno und seinem Weibe Lektra dem Paulus entgegen, p. 237 um ihn bei sich aufzunehmen. Es hatte ihm nämlich Titus erzählt, wie Paulus in seiner äußeren Erscheinung wäre. Denn er hatte ihn nicht im Fleisch gesehen, sondern nur im Geist. Und er ging an die königliche Straße, die nach Lystra führt, und sah sich die Kommenden auf die Beschreibung des Titus hin an. Er sah aber Paulus kommen, einen Mann klein von Gestalt, mit kahlem Kopf und gekrümmten Beinen, in edler Haltung, mit zusammengewachsenen Augenbrauen und ein klein wenig hervortretender Nase, voller Freundlichkeit[7]; erschien er

---

1) vgl. 2. Tim. 4 10; Philm. 24; Kol. 4 14. – 2) 2. Tim. 1 15. – 3) vgl. 2. Tim. 4 14. – 4) vgl. Eph. 1 6. – 5) vgl. AG. 2 11. – 6) 2. Tim. 1 16. 4 19. – 7) vgl. Joh. 1 14.

doch dann wie ein Mensch, dann wieder hatte er eines Engels Angesicht[1]. p. 238 Und als Paulus den Onesiphorus sah, lächelte er; und Onesiphorus sagte: Sei mir gegrüßt, du Diener des hochgelobten Gottes! Jener erwiderte: Die Gnade sei mit dir und deinem Hause[2]! Demas aber und Hermogenes wurden eifersüchtig und gingen noch weiter in ihrer Verstellung, so daß Demas sagte: Gehören wir denn nicht dem Hochgelobten, da du uns nicht so grüßt? Und Onesiphorus sprach: Ich sehe an euch keine Frucht der Gerechtigkeit[3]; wenn ihr aber etwas seid, so kommt auch ihr in mein Haus und ruht euch aus!

Und als Paulus im Hause des Onesiphorus eingekehrt war, gab es große Freude und Kniebeugen und Brotbrechen[4] und das Wort Gottes von der Enthaltsamkeit und der Auferstehung, indem Paulus redete:

Selig sind, die reines Herzens sind, denn sie werden Gott schauen[5].

Selig sind, die ihr Fleisch keusch bewahrt haben[6], denn sie werden ein Tempel Gottes[7] werden.

Selig sind die Enthaltsamen, denn Gott wird mit ihnen reden.

Selig sind, die dieser Welt entsagt haben, denn sie werden Gott wohlgefallen[8].

Selig sind, die Frauen haben als p. 239 hätten sie keine[9] denn sie werden Gott beerben[10].

Selig sind, die Gottesfurcht haben, denn sie werden Engel Gottes werden.

---

1) AG. 6 15. – 2) vgl. 2. Tim. 4 19. 22. – 3) Phil. 1 11. – 4) vgl. AG. 2 42. 20 7. – 5) Mt. 5 8. – 6) 2. Clem. 8 6 (pa 73 7). – 7) 1. Kor. 6 19; 2. Kor. 6 16; vgl. 2. Clem. 9 3 (pa 73 11). – 8) vgl. Hebr. 11 5. – 9) 1. Kor. 7 29. – 10) vgl. Röm. 8 17.

Selig sind, die vor den Sprüchen Gottes zittern[1], denn sie sollen getröstet werden[2].

Selig sind, welche die Weisheit Jesu Christi ergriffen haben,
denn sie werden Söhne des Höchsten heißen[3].

Selig sind, welche die Taufe bewahrt haben[4], denn sie sollen
ausruhen bei dem Vater und bei dem Sohn.

Selig sind, die zum Verständnis Jesu Christi gelangt sind, denn
sie werden im Lichte sein.

Selig sind, die um der Liebe Gottes willen das weltliche Wesen
verlassen haben[5], denn sie werden über Engel richten[6]
und zur Rechten des Vaters gesegnet werden[7].

Selig sind die Barmherzigen, denn p. 240 sie werden Barmherzigkeit erlangen[8] und nicht sehen den bittern Tag des
Gerichts[9].

Selig sind die Leiber der Jungfrauen, denn sie werden Gott
wohlgefallen[10] und nicht verlieren den Lohn[11] ihrer
Keuschheit. Denn das Wort des Vaters wird an ihnen werden ein Werk der Rettung auf den Tag seines Sohnes, und
sie werden Ruhe empfangen[12] in alle Ewigkeit.

Und während Paulus dies sagte inmitten der Gemeinde im
Hause des Onesiphorus, saß eine Jungfrau namens Thekla –
ihre Mutter hieß Theoklia –, die mit einem Manne (namens)
Thamyris verlobt war, an einem benachbarten Hausfenster
und hörte Tag und Nacht das Wort vom jungfräulichen Leben
und vom Gebet, wie es von Paulus verkündigt wurde. Und sie

---

1) Didache 3 8. – 2) Mt. 5 4. – 3) Mt. 5 9. – 4) 2. Clem. 6 9 (pa. 72 8); vgl. 8 6
(pa 73 7). – 5) 1. Kor. 7 31; vgl. 2. Clem. 5 1 (pa 71 7). – 6) 1. Kor. 6 3. – 7) vgl.
Mt. 25 34. – 8) Mt. 5 7. – 9) vgl. Joh. 5 24. – 10) vgl. Hebr. 11 5. – 11) vgl.
Mt. 10 42. – 12) vgl. Mt. 11 29.

neigte sich nicht zur Seite vom p. 241 Fenster fort, sondern
drängte sich im Glauben (herzu) [in unaussprechlicher Freu-
de]. Da sie aber auch noch viele Frauen [und Jungfrauen] zu
Paulus hineingehen sah, hatte sie das Verlangen, auch sie möchte gewürdigt werden, das Wort Christi zu hören. Denn sie hatte
Paulus von Angesicht noch nicht gesehen, sondern hörte nur
sein Wort. Da sie aber nicht vom Fenster wich, so schickt ihre
Mutter zu Thamyris. Der aber kommt höchst erfreut, wie wenn
er sie schon zur Hochzeit führen sollte. Es sprach nun Thamyris zu Theoklia: Wo ist meine Thekla, daß ich sie sehe? Und
Theoklia antwortete: Eine unerhörte Geschichte habe ich dir
zu berichten, Thamyris! Drei Tage und drei Nächte nämlich ist
Thekla nicht vom Fenster aufgestanden weder zum Essen noch
zum Trinken, sondern als ob sie auf etwas Hocherfreuliches
ihre Aufmerksamkeit richtete, so hängt sie an einem fremden
Mann, der trügerische und schillernde Worte lehrt, so daß ich
mich wundere, wie eine Jungfrau von ihrer großen Schüchtern-
heit sich diesen peinlichen Belästigungen aussetzt. p. 242 Thamyris! dieser Mensch bringt die Stadt der Ikonier in Aufruhr
und deine Thekla noch dazu. Denn alle Weiber und jungen
Männer gehen zu ihm hinein und lassen sich von ihm belehren: Man muß, sagt er, einen einzigen Gott allein fürchten und
enthaltsam leben. Es wird aber auch noch meine Tochter, die
wie eine Spinne am Fenster klebt, durch seine Worte ergriffen
von einem unerhörten Verlangen und einer unheimlichen Leidenschaft. Ist es doch ganz Ohr bei seiner Rede und läßt sich
davon gefangen nehmen, dieses Mädchen. Aber gehe du zu ihr
und sprich mit ihr; dir ist sie ja verlobt! Und Thamyris ging hin
und gleichzeitig in sie verliebt, aber auch mit Grauen vor ihrer
Erschütterung, sprach er: Thekla, meine Braut, was ist mit dir?
Und was für eine Leidenschaft hat dich ergriffen und außer dir

gebracht? Kehre zurück zu deinem Thamyris und schäme dich! Es sagte aber auch noch ihre Mutter dasselbe zu ihr: Kind, was sitzest du hier so p. 243 und blickst nach unten und antwortest nichts, sondern bist gänzlich verstört? Und die ⟨im Hause waren⟩ weinten heftig, Thamyris um den Verlust des Weibes, Theoklia um den der Tochter, die Mägde um den der Herrin. Es war nun in dem Hause ein großes Durcheinander von Wehklagen. Und bei allen diesen Vorgängen wandte sich Thekla nicht ab, sondern war ganz Ohr für das Wort des Paulus.

Thamyris aber war aufgesprungen und auf die Straße gegangen und beobachtete alle, die bei Paulus ein- und ausgingen. Und er sah zwei Männer, die heftig miteinander stritten, und sprach zu ihnen: Leute, wer seid ihr, sagt es mir, und wer ist der bei euch da drinnen, der Irrlehrer, der da die Seelen der Jünglinge und Jungfrauen betrügt, daß sie nicht ehelich werden, sondern ledig bleiben wollen? Ich verspreche euch nun viel Geld zu geben, wenn ihr mir über ihn Mitteilungen macht; denn ich bin der erste in der Stadt[1]. p. 244 Und Demas und Hermogenes sagten zu ihm: Wer dieser ist, wissen wir nicht. Er macht aber Jünglingen Weiber und Jungfrauen Männer abtrünnig, indem er sagt: Anders gibt es für euch keine Auferstehung, es sei denn, daß ihr keusch bleibt und das Fleisch nicht besudelt[2], sondern es keusch bewahret. Thamyris sprach zu ihnen: Männer, kommt in mein Haus und erfrischt euch bei mir! Und sie gingen zu einer üppigen Mahlzeit und reichlichem Wein und großem Reichtum und einer glänzenden Tafel. Und Thamyris gab ihnen zu trinken, da er in Thekla verliebt war und in den Besitz des Weibes gelangen wollte. Und während des Mahles sprach Thamyris: Ihr Männer, sagt mir, was ist sei-

---

1) vgl. AG. 13 50. – 2) vgl. Offb. 14 4.

ne Lehre, damit auch ich sie kennen lerne; denn ich bin nicht wenig in Angst um Thekla, weil sie so verliebt ist in den Fremdling und ich um die Heirat kommen. p. 245 Demas und Hermogenes sagten aber: Führe ihn vor den Statthalter Castellius, weil er die Masse überrede zu der neuen Lehre der Christen, und daraufhin wird er ihn hinrichten, und du wirst deine Frau Thekla erhalten. Und wir werden dich über die Auferstehung belehren, von der dieser sagt, daß sie geschehe, nämlich daß sie schon in den Kindern geschehen ist[1], die wir haben [, und wir auferstehen durch die Erkenntnis des wahren Gottes].

Als Thamyris dies von ihnen vernommen hatte, stand er voll Eifersucht[2] und Zorn am frühen Morgen auf und ging in das Haus des Onesiphorus mit Magistratsbeamten und Dienern und einem gehörigen Haufen Volks[3] mit Knüppeln und sprach [zu Paulus]: Du hast die Stadt der Ikonier verführt und besonders meine verlobte Braut, daß sie mich nicht will! Auf, wir wollen zum Statthalter Castellius! Und der ganze Haufe rief: Hinweg mit dem Zauberer! Denn er hat uns alle unsere Weiber verführt. Und die Massen ließen sich mit aufwiegeln. p. 246 Und Thamyris trat vor den Richtstuhl und sprach unter großem Geschrei: Prokonsul, dieser Mensch – wir wissen nicht, woher er ist –, der die jungen Mädchen nicht heiraten lassen will: er soll vor dir bekennen, weswegen er dies lehrt. Demas aber und Hermogenes sprachen zu Thamyris: Sag, daß er ein Christ ist, und sofort ist er ein toter Mann. Der Statthalter aber machte sich über sein Vorgehen schlüssig und rief Paulus und sprach zu ihm: Wer bist du und was lehrst du? Verklagen sie dich doch nicht geringfügig[4]. Und Paulus erhob seine Stimme und sprach: Wenn ich heute Rede stehen soll, was ich lehre, so höre, Prokonsul:

---

1) 2. Tim. 2 18. – 2) vgl. AG. 5 17. – 3) AG. 11 24. 26. 14 21. – 4) vgl. Mt. 27 13.

Der lebendige Gott[1], der Gott der Rache[2], der eifrige Gott[3], der Gott, der sich selbst genug ist, der hat, weil er das Heil der Menschen will, mich gesandt, daß ich sie der Vergänglichkeit entreiße[4] und der Unreinigkeit und jeglicher Luft und dem Tode, damit sie nicht mehr sündigen. Deswegen hat Gott seinen Sohn gesandt, von dem ich das Evangelium verkündige und lehre, daß in ihm die Menschen p. 247 die Hoffnung haben, – der allein Mitleid hatte[5] mit der verirrten Welt, damit die Menschen nicht mehr unter dem Gericht seien[6], sondern Glauben haben und Gottesfurcht und Erkenntnis der sittlichen Würde und Liebe zur Wahrheit. Wenn ich nun lehre, was von Gott mir offenbart ist, was für Unrecht tue ich dann, Prokonsul? Als der Statthalter das gehört hatte, gab er Befehl, Paulus zu binden und in das Gefängnis abzuführen, bis er bei besserer Muße ihn gründlicher verhören könne[7].

Thekla aber gab in der Nacht ihr Armband, das sie sich abgenommen hatte, dem Türhüter, und als sich ihr die Tür auftat, ging sie fort in das Gefängnis. Dem Gefängniswärter schenkte sie einen silbernen Spiegel und konnte nun zu Paulus hineingehen, und sie setzte sich ihm zu Füßen und hörte[8] von den großen Taten Gottes[9]. Und Paulus fürchtete nichts, sondern wandelte im zuversichtlichen Verkehr mit Gott. Und ihr Glaube nahm zu, indem sie seine Fesseln küßte. p. 248 Als aber Thekla von ihren Hausgenossen und Thamyris vermißt wurde, lief man ihr nach wie einer Verlorenen durch alle Straßen, und einer der Mitsklaven des Türhüters verriet, daß sie nachts hinausgegangen sei. Und sie forschten den Türhüter aus, und er sagte ihnen:

---

1) vgl. AG. 14 15 u. a. Stellen. – 2) Ps. 94 1. – 3) 2. Mos. 20 5. – 4) vgl. 2. Clem. 17 1 (pa 77 12). – 5) vgl. Hebr. 4 15. – 6) vgl. Jak. 5 12. – 7) vgl. AG. 24 25. – 8) Lk. 10 39. – 9) AG. 2 11.

Sie ist zu dem fremden Manne ins Gefängnis gegangen. Und sie gingen hin, wie er ihnen gesagt hatte, und fanden sie gewissermaßen mitgefesselt durch ihre Liebe. Und sie gingen von dort hinaus, rissen die Volkshaufen mit sich fort und berichteten dem Statthalter, was geschehen war.

Und er ließ Paulus vor den Richtstuhl führen. Thekla aber wälzte sich auf der Stelle, wo Paulus sie lehrte, als er im Gefängnis saß. Der Statthalter ließ auch sie vor den Richtstuhl führen; sie aber ging voll Freude und mit Frohlocken. Bei der Wiedervor- p. 249 führung des Paulus aber schrie die Menge über die Maßen: Er ist ein Zauberer, hinweg mit ihm[1]! Gern aber hörte[2] der Statthalter Paulus über die heiligen Werke Christi. Und nachdem er Rat gehalten hatte, rief er Thekla und sprach: Warum verheiratest du dich nicht nach dem Gesetz der Ikonier mit Thamyris? Sie aber stand da und schaute unverwandt auf Paulus. Da sie nun nicht antwortete, so schrie Theoklia, ihre eigenen Mutter: Verbrenne die Zuchtlose, verbrenne die Unglücksbraut mitten im Theater, damit alle Weiber, die sich von diesem haben belehren lassen, Angst bekommen! Und der Statthalter hatte viel auszustehen[3] und ließ Paulus geißeln und zur Stadt hinauswerfen[4], Thekla aber verurteilte er zum Feuertode.

Und sofort stand der Statthalter auf und ging in das Theater. Und der ganze Volkshaufe zog hinaus zu dem hochnotpeinlichen Schauspiel. Thekla aber – wie ein Lamm in der Wüste umherspäht nach dem Hirten[5], so p. 250 suchte sie nach Paulus. Und indem sie ihre Blicke über die Volksmenge hinschweifen ließ[6], sah sie den Herrn sitzen[7] in der Gestalt des Paulus und sagte: Als ob ich nicht standhaft wäre, ist Paulus gekommen um

---

1) Lk. 23 18. – 2) vgl. Mc. 6 20. – 3) vgl. Mt. 27 19. – 4) vgl. AG. 13 50. 7 58. – 5) vgl. Mc. 6 34. – 6) vgl. Mart. Polyk. 9 2 (pa 120 7). – 7) vgl. AG. 7 55.

nach mir zu sehen. Und sie schaute auf ihn mit gespannter Aufmerksamkeit; er aber verschwand im Himmel. Die Jünglinge und die Jungfrauen aber brachten Holz und Stroh herzu, um Thekla zu verbrennen. Wie sie nun nackt hereingeführt wurde, weinte der Statthalter und bewunderte die Kraft, die in ihr war. Es schichteten aber die Henkersknechte das Holz und befahlen ihr, den Scheiterhaufen zu besteigen. Sie stieg auf das Holz, indem sie die Gestalt des Kreuzes darstellte. Die aber legten von unten Feuer an. Und obgleich ein mächtiges Feuer aufleuchtete[1] berührte das Feuer sie nicht. Denn Gott hatte Erbarmen mit ihr und ließ ein unterirdisches Getöse eintreten, und eine Wolke voll Wasser und Hagel überschattete[2] (das Theater) von obenher, und die ganze p. 251 Wolkenhülle ergoß sich, so daß viele in Gefahr gerieten und starben und das Feuer ausgelöscht, Thekla aber gerettet wurde.

Paulus weilte aber fastend mit Onesiphorus, seinem Weibe und seinen Kindern in einem offenen Grabgewölbe an dem Wege, auf dem man von Ikonium nach Daphne reist. Als aber mancher Tag verging, während sie fasteten, sprachen die Kinder zu Paulus: Wir haben Hunger. Und sie hatten nichts, wovon sie Brote kaufen konnten; denn Onesiphorus hatte das Irdische verlassen und war Paulus gefolgt mit seiner ganzen Familie. Paulus aber zog sein Obergewand aus und sprach: Gehe hin, mein Kind, verkaufe dies und kaufe[3] mehrere Brote und bringe sie her! Als der Knabe aber beim Einkaufen war, sah er seine Nachbarin Thekla und wurde bestürzt und sprach: Thekla, wohin gehst du? Sie antwortete: Ich bin hinter Paulus her, nachdem ich aus dem Feuer gerettet bin. Und der p. 252 Knabe sprach: Komm, ich führe dich hin zu ihm; denn er grämt sich um dich

---

1) Mart. Polyk. 15 1 (pa 122 16). – 2) vgl. Mt. 17 5. – 3) vgl. Lk. 22 36.

und betet und fastet schon sechs Tage. Als die aber zu dem Grabe trat, fand sie Paulus, wie er die Knie beugte und betete: Vater Christi, möge das Feuer Thekla nicht anrühren, sondern stehe du ihr bei, denn sie ist dein! Sie aber rief hinter ihm stehend: Vater, der du den Himmel und die Erde gemacht hast[1] du der Vater deines heiligen Knechts [Jesus Christus], ich preise dich, daß du mich aus dem Feuer gerettet hast, damit ich Paulus sehe! Und da Paulus aufstand, sah er sie und sprach: Gott, du Herzenskündiger[2] Vater unsers Herrn Jesu Christi[3], ich preise dich, daß du um was ich bat, beschleunigt hast und hast mich erhört! Und drinnen im Grabe war große Liebe, indem Paulus frohlockte p. 253 und Onesiphorus und alle. Sie hatten aber fünf Brote und Gemüse und Wasser, und sie waren fröhlich über die heiligen Werke Christi. Und Thekla sprach zu Paulus: Ich werde mich ringsum scheren und ich will dir folgen, wo du hingehst[4]. Er aber sprach: Die Zeit[5] ist böse, und du bist schön von Gestalt. Daß nur nicht eine andere Versuchung über dich komme, schlimmer als die erste[6], und du nicht aushältst [sondern mannstoll wirst]! Und Thekla sagte: Gib mir nur das Siegel[7] in Christo, und keine Versuchung wird mich betreten. Und Paulus antwortete: Thekla, habe Geduld, und du wirst das Wasser empfangen.

Und Paulus entließ den Onesiphorus mit seinem ganzen Haufen nach Ikonium, und so nahm er Thekla zu sich und kam nach Antiochia. Gleich bei ihrer Ankunft aber wurde ein Syrer namens Alexander, einer der Ersten der Antiochener, als er Thekla erblickte, von Liebe zu ihr ergriffen, und suchte Paulus durch Geld und Geschenke zu erbitten. Paulus aber sagte: Ich

---

1) AG. 4 24. 14 15. – 2) AG. 15 8. – 3) 2. Kor. 1 3. 11 31. – 4) Mt. 8 19. – 5) vgl. Eph. 5 16. – 6) vgl. 1. Kor. 10 13; Mt. 12 45. – 7) vgl. Clem. 7 6 (pa 72 22).

kenne die Frau, p. 254 von der du sprichst, als solche [die meine] nicht. Der aber, viel vermögend wie er war, umarmte sie eigenmächtig auf offener Straße. Sie aber hielt nicht still, sondern sah sich nach Paulus um. Und heftig schrie sie auf: Tue einer Fremden nicht Gewalt an, tue nicht Gewalt an der Magd Gottes! Unter den Ikoniern bin ich eine der Ersten, und weil ich den Thamyris nicht heiraten wollte, bin ich aus der Stadt verstoßen. Und sie ergriff Alexander und zerriß ihm das Obergewand und riß ihm den Kranz vom Kopf und gab ihn triumphierend der Verachtung preis. Der aber, teils in sie verliebt, teils voll Scham über das, was ihm widerfahren war, führte sie vor den Statthalter, und da sie gestand, daß sie das getan habe, verurteilte er sie zum Tierkampf, da Alexander Spiele veranstaltete. Die Weiber der Stadt aber schrien vor dem Richtstuhl: Ein übles p. 255 Gericht! Ein gottloses Gericht! Thekla aber bat den Statthalter, daß sie unberührt bliebe, bis sie mit den Tieren kämpfen müsse. Und eine reiche Frau namens Tryphäna, deren Tochter gestorben war, nahm sie unter ihre Obhut und fand an ihr Trost. Als nun der Umzug der Tiere stattfand, band man sie auf eine greuliche Löwin, und die Königin Tryphäna folgte ihr. Und die Löwin leckte, während Thekla oben darauf saß, ihre Füße, und die ganze Volksmenge war außer sich. Als ihre Schuld aber war in der Überschrift angegeben[1] Religionsfrevel. Die Weiber aber samt den Kindern schrien, indem sie von oben her ausriefen: O Gott, Greuel geschehen in dieser Stadt! Und nach dem Umzug nahm Tryphäna sie wieder in Empfang. p. 256 Ihre Tochter nämlich, ⟨die⟩ gestorben war, hatte im Traum zu ihr gesprochen: Mutter, die Fremde, die verlassene Thekla, sollst du an meiner Statt annehmen, damit sie für mich bete und

---

1) vgl. Mc. 15 26.

ich versetzt werde an den Ort der Gerechten[1]! Als nun nach dem Umzuge Tryphäna sie in Empfang nahm, war sie nicht nur traurig, weil es ihr für den folgenden Tag bevorstand, mit den Tieren zu kämpfen, sondern ⟨trauerte⟩ auch [leidenschaftlich] um ihre Tochter Falconilla und sprach: Thekla, mein zweites Kind, komm, bete für mein Kind, daß es lebe [in Ewigkeit]; denn das habe ich im Traum geschaut. Die aber erhob ohne zu zögern ihre Stimme und sprach: Du Gott der Himmel, Sohn des Höchsten, verleihe ihr nach ihrem Willen, daß ihre Tochter Falconilla leben möge in p. 257 Ewigkeit[2]! Und als Thekla so sprach, trauerte Tryphäna, da sie daran gedachte, daß solche Schönheit vor die Tiere geworfen werden sollte.

Als es Morgen geworden war, kam Alexander, um sie abzuholen, – er selbst nämlich veranstaltete die Tierkämpfe – und sagte: Der Statthalter hat seinen Sitz eingenommen und die Volksmenge ruft lärmend nach uns; heraus mit der Tierkämpferin, daß ich sie abführe! Tryphäna aber schrie auf, sodaß er floh, indem sie ausrief: Die Trauer um meine Falconilla kommt zum zweitenmal über mein Haus, und keiner ist, der hilft; weder ein Kind, denn es ist tot, noch ein Verwandter, denn ich bin eine Witwe. Gott Theklas, meines Kindes, stehe der Thekla bei! Und der Statthalter schickte Soldaten, um Thekla herführen zu lassen. Tryphäna aber trat nicht zurück, sondern ergriff sie selbst bei der Hand und führte sie hinaus mit den Worten: Meine Tochter Falconilla habe ich p. 258 zu Grabe geleitet; dich aber, Thekla, geleite ich zum Tierkampf. Und Thekla weinte bitterlich und seufzte zum Herrn: Herr Gott, dem ich vertraue, bei dem ich meine Zuflucht gesucht habe, der mich dem Feuer entrissen hat, belohne Tryphäna, die

---

1) Eine abweichende Anschauung 2. Clem. 8 3 (pa 72 32). – 2) vgl. Joh. 6 51. 58.

mit deiner Magd Mitleid hatte, und weil sie meine Unschuld behütet hat! Es entstand nun Getümmel[1] und Brüllen der Tiere und Geschrei des Volkes und der Weiber, die mit dabei saßen, indem die einen riefen: Führe die Religionsschänderin herein! – die andern: Daß doch die Stadt unterginge wegen dieses Frevels, töte uns alle, Statthalter; klägliches Schauspiel, schändliches Gericht! Thekla aber wurde den Händen der Tryphäna entrissen und entkleidet und p. 259 empfing einen Schurz und wurde in die Rennbahn geworfen. Und Löwen und Bären wurden auf sie losgelassen. Und eine grimmige Löwin lief herzu und legte sich ihr zu Füßen. Der Haufe der Weiber aber erhob ein großes Geschrei. Und es ging eine Bärin auf sie los; die Löwin aber lief ihr entgegen und zerriß die Bärin. Und wiederum ging ein Löwe auf sie los, der auf Menschen dressiert war und Alexander gehörte. Und die Löwin verbiß sich mit dem Löwen und kam mit ihm um. Lauter p. 260 aber klagten die Weiber, da auch die Löwin, die ihr beistand, verendet war. Da ließen sie viele Tiere herein, während sie dastand und die Hände ausgebreitet hatte und betete. Als sie aber ihr Gebet beendet hatte, wandte sie sich um und sah eine große Grube voll Wasser und sprach: Jetzt ist es Zeit, mich zu waschen. Und sie stürzte sich selbst hinein mit den Worten: Im Namen Jesu Christi taufe ich mich am letzten Tage. Als das die Weiber sahen und das ganze Volk, weinten sie und sagten: Stürze dich nicht ins Wasser! – so daß auch der Statthalter Tränen vergoß, weil soviel Schönheit die Robben fressen sollten. Sie also stürzte sich p. 261 ins Wasser im Namen Jesu Christi; die Robben aber sahen den Glanz eines Blitzes und schwammen tot an der Oberfläche. Und es war um sie eine Wolke von Feuer, so daß die Tiere sie weder anrühren noch sie in ihrer Nacktheit sehen konn-

---

1) vgl. Mart. Polyk. 8.

ten. Die Weiber aber wehklagten, als andere schrecklichere Tiere losgelassen wurden, und die einen warfen Grün, die andern Narde, wieder andere Kasienlorbeer und andere Amomum hinab, so daß dort eine Menge Spezereien waren. Alle losgelassenen Tiere aber waren wie von Schlaf befangen und rührten sie nicht an. Daher sagte Alexander zum Statthalter: Ich habe sehr wilde Stiere, an die wollen wir die Tierkämpferin binden! Verdrießlich gestattete es p. 262 der Statthalter: Tue was du willst[1]! Und man band sie mit den Füßen mitten zwischen die Stiere und legte unter deren Geschlechtsteile glühende Eisen, damit sie noch mehr gereizt sie töten sollten. Die nun sprangen zwar; aber die um sich sengende Flamme verbrannte die Stricke, und sie war, als ob sie nicht gebunden wäre. Tryphäna aber fiel in Ohnmacht, während sie bei der Arena [an der Eingangspforte] stand, so daß die Dienerinnen sagten: Sie ist gestorben, die Königin Tryphäna. Und der Statthalter hielt ein, und die ganze Stadt wurde bange. Und Alexander fiel dem Statthalter zu Füßen und rief: p. 263 Habe Erbarmen mit mir und mit der Stadt und gib die Tierkämpferin frei, damit nicht auch die Stadt mit ins Verderben gerate! Denn wenn dies der Kaiser hört, so wird er möglicherweise mit uns auch die Stadt verderben, weil seine Verwandte Tryphäna [die Königin] totgeblieben ist am Zirkustor.

Und der Statthalter ließ Thekla rufen mitten zwischen den Tieren heraus und sprach zu ihr: Wer bist du und was hat es mit dir auf sich, daß auch nicht eins von den Tieren dich anrührte? Sie antwortete: Ich bin des lebendigen Gottes Magd; was es aber mit mir auf sich hat, – an dem Gott Wohlgefallen hatte, an seinen Sohn[2] habe ich geglaubt. Um seinetwillen hat mich nicht eins von den Tieren angerührt. Denn der p. 264 al-

---

1) vgl. Joh. 19 6. – 2) vgl. Mt. 3 17.

lein ist das Ziel der Seligkeit und die Grundlage unsterblichen Lebens[1]. Ist er doch für Sturmgeplagte eine Zuflucht, für Betrübte Erquickung[2], für Verzweifelte Schutz, mit einem Wort: wer nicht an ihn glaubt, wird nicht leben, sondern totbleiben in Ewigkeit. Als der Prokonsul das hörte, ließ er Kleider herbeibringen und sprach: Ziehe die Gewänder an! Sie antwortete: Der mich bekleidet hat, als ich nackt unter den Tieren war, der wird mich am Tage des Gerichts mit dem Heil bekleiden. Und sie nahm die Gewänder und zog sie an.

Alsbald ließ der Statthalter eine Verfügung ergehen des Inhalts: Thekla, die Magd Gottes, die gottesfürchtige, gebe ich euch los. Die Frauen aber schrien alle mit lauter Stimme und lobten Gott[3] wie aus einem Munde: (Es ist) Ein Gott: der Thekla gerettet hat, – so daß von dem Schall die ganze Stadt erbebte p. 265 und Tryphäna, von der frohen Botschaft erreicht, mit der Volksmenge Thekla entgegenkam und sie umarmte und sprach: Jetzt glaube ich, daß die Toten erwachen! Jetzt glaube ich, daß mein Kind lebt[4]; komm herein, und all das Meine will ich dir vermachen! Thekla nun ging mit ihr hinein und ruhte sich in ihrem Hause acht Tage aus, sie unterrichtend im Worte Gottes, so daß auch von den Mägden mehrere zum Glauben kamen und in dem Hause große Freude war.

p. 266 Thekla aber sehnte sich nach Paulus und ließ ihn suchen, indem sie überall umherschickte. Und es wurde ihr mitgeteilt, er sei in Myra. Da nahm sie Diener und Mägde, gürtete sich und nähte ihr Gewand zu einem Oberkleid nach Männertracht, und sie kam in Myra an und fand Paulus, wie er das Wort Gottes verkündete, und trat zu ihm. Der aber erschrak, als er

1) vgl. 1. Tim. 6 16. – 2) 2. Thess. 1 7. – 3) Lk. 18 43; vgl. 19 37. – 4) vgl. Joh. 4 50.

sie sah und die Schar bei ihr, da er daran dachte, ob ihr (auch) nicht eine andere Versuchung nahe sei. Sie bemerkte es und sprach zu ihm: Ich habe das Bad genommen, Paulus; denn der mit dir zusammen gewirkt hat für das Evangelium, hat auch mit mir zusammen gewirkt[1], mich zu taufen. p. 267 Und Paulus ergriff sie bei der Hand und führte sie in das Haus des Hermias und ließ sich von ihr alles erzählen, so daß Paulus sich sehr verwunderte und die Zuhörer gestärkt wurden und für Tryphäna beteten. Und Thekla stand auf und sprach zu Paulus: Ich will nach Ikonium. Paulus antwortete: Gehe hin und lehre das Wort Gottes! Tryphäna nun sandte ihr viele Gewänder und Gold, so daß sie (davon) Paulus zurücklassen konnte zum Dienst an den Armen. p. 268 Sie selbst aber zog nach Ikonium und trat in das Haus des Onesiphorus und warf sich auf den Fußboden[2], wo Paulus gesessen und die Sprüche Gottes gelehrt hatte, und sie weinte und sprach: Mein Gott und Gott dieses Hauses, wo mir das Licht aufleuchtete, Christus Jesus, Gottes Sohn, mein Helfer im Gefängnis, mein Helfer vor den Statthaltern, mein Helfer im Feuer, mein Helfer unter den Tieren, du selbst bist Gott und dir sei Ehre in Ewigkeit, Amen.

p. 269 Und sie fand Thamyris tot, ihre Mutter aber noch am Leben; und sie rief ihre Mutter und sprach zu ihr: Theoklia, meine Mutter, kannst du glauben, daß ein Herr im Himmel lebt? Denn trägst du Verlangen, sei es nach Geld und Gut, der Herr wird es dir geben durch mich, sei es nach deinem Kinde, – siehe, ich stehe an deiner Seite.

Und als sie solches Zeugnis abgelegt hatte, begab sie sich nach Seleukia und erleuchtete viele durch das Wort Gottes; danach entschlief sie in einem sanften Schlaf.

---

1) vgl. Gal. 2 8. – 2) vgl. AG. 22 7.

3.
(Die Heilung des Wassersüchtigen in Myra.)
[Schmidt, AP. S. 52–58. Handb. S. 362.]

In Myra heilt Paulus den wassersüchtigen H e r m o k r a t e s »nicht
auf Lohn hin, sondern durch den Namen Jesu Christi«, worauf
dieser sich mit seiner Frau taufen läßt. Darüber ärgert sich sein
Sohn H e r m i p p u s, der schon auf die Erbschaft gerechnet hatte.
Er tut sich mit Altersgenossen zusammen zu einem Anschlage auf
das Leben des Paulus. Der hat inzwischen den jüngeren Sohn
des Hermokrates D i o n, der durch einen Fall zu Tode gekommen
ist (wie, wird nicht klar), auferweckt. Durch ein Traumgesicht
vor der drohenden Gefahr gewahrt, tritt er dem mit gezücktem
Schwerte auf ihn einstürmenden Hermippus mit ähnlichen Worten entgegen wie Jesus seinen Feinden im Garten Gethsemane.
Auf sein Gebet um Schutz erblindet Hermippus; das bringt ihn
zur Erkenntnis seiner Freveltat, und er hält nun seinerseits seine Genossen von ihrem Vorhaben zurück. Paulus steht ergriffen
und geht dann fort (wohin, läßt sich nicht ermitteln). Hermippus wird dann vor das Haus getragen, in dem Paulus lehrt. Dort
berührt er die Füße aller Hineingehenden und bittet um ihre
Fürsprache bei dem Apostel. Unter ihnen sind seine Eltern, die
für Dions Rettung Getreide und Geld bringen zur Verteilung an
die Witwen. Bestürzt, den Sohn in dieser elenden Lage zu sehen, verkaufen sie, wie es scheint, ihre Güter und verteilen den
Erlös unter die Witwen. Darauf betet Paulus mit ihnen um die
Heilung des Hermippus. In der Tat wird er sehend, und seine
Mutter nimmt ihn bei der Hand und führt ich hinein »zu den
Witwen und Paulus«, der bitterlich weint, (soweit sich erkennen
läßt), ergriffen durch das Bekenntnis des Hermippus von seiner
Bekehrung. (Der Schluß ist verstümmelt.)

4.

(Paulus in Sidon.)

[Schmidt AP. 58–62. Handb. S. 362.]

Auf dem Wege von Myra nach Sidon hat Paulus während einer
Rast bei einem »Tische der Dämonen« eine Auseinandersetzung
mit e i n e m G r e i s e, der an verschiedenen Beispielen zeigt, daß,
wer sich von den Göttern abwende, den Tod fände. Über den
Ausgang der Auseinandersetzung erfährt man nichts. Nach einer
größeren Lücke finden wir Paulus in Sidon wieder. Hier ist er offenbar sodomistischen Greueln ausgesetzt gewesen; denn er hält
den Sidoniern das Schicksal von Sodom und Gomorrha warnend
vor und fordert sie auf, um seiner Wunder willen zu glauben. Er
wird aber in den Tempel des Apollo d. i. des phönizischen Mel-
kart eingesperrt und mit köstlichen Speisen versehen. Wozu erfährt man nicht. Als er drei Tage gefastet hat und in der Nacht mit
seinen Gefährten inbrünstig um den Schutz Gottes gegen seine
Widersacher betet, stürzt die Hälfte des Tempels ein, in der das
Götzenbild steht. Auf die Kunde davon strömen alle Einwohner
zum Tempel zusammen und sehen, wie Paulus mit den Seinen
weint »über diese Versuchung, daß sie sein würden ein Schauspiel für alle«. Die Menge verlangt, daß sie ins Theater geführt
werden, wo dann, wie es scheint, ein Wunder geschieht, durch
das das Volk umgestimmt wird. Denn zum Schluß wird der Gott
gepriesen, der Paulus gesandt hat, und ein gewisser T h e u d a s
läßt sich taufen. Paulus aber begibt sich nach Tyrus.

5.

(Paulus in Tyrus.)

[Schmidt AP. S. 62–70. Handb. S. 363.]

In Tyrus tritt Paulus als Exorzist auf und hat mit zwei Männern
A m p h i o n und C h r y s i p p u s zu tun. Im folgenden scheint
er sich mit Juden über den Wert des Gesetzes zu streiten; mehrmals wird Moses genannt, es läßt sich der Satz entziffern, »daß
der Mensch nicht gerechtfertigt werde durch das Gesetz, sondern daß er gerechtfertigt werde durch die Werke der Gerechtigkeit.« Wo wir uns die Szene zu denken haben, deuten die
Worte an: »Du befindest dich im Angesichte von Jerusalem«. Da
im folgendem mehrmals der Name des Petrus erscheint, so darf
man auf eine Bearbeitung von AG. 15 im Geiste der AP. schließen. Es muß von einer Begegnung zwischen Paulus und Petrus
entsprechend der auf dem Apostelkonzil erzählt sein.

6.

(Paulus in Ephesus.)

[Nikephorus Kallisti, KG. II. 25; MPG 145, 822; vgl. Hippol.,
Komm. Zu Dan. III 29 GSA 1, 1, S. 176 f.]

Die aber »die Reisen des Paulus« erzählt haben, berichteten,
daß er auch noch sehr vieles andere erlitten und getan habe
schon (vorher)[1] wie auch damals, als er in Ephesus war. Während nämlich Hieronymus Stadtoberhaupt war, sei Paulus frei-
mütig hervorgetreten[2], und jener habe gesagt, das wäre ganz
gut, es sei jedoch für solche Reden nicht die rechte Zeit. Der

---

1) vgl. AG. 16 19 ff.; 1. Thess. 2 2. – 2) vgl. AG. 26 26.

Pöbel der Stadt aber, rasend vor Frechheit, habe Paulus mit
Fußschellen gefesselt und ihn ins Gefängnis eingeschlossen[1],
bis er den Löwen zum Fraß vorgeworfen würde. Eubula aber
mit Artemilla, Ehefrauen hochgestellter Epheser, die seine
Schülerinnen waren und nachts seine Gemeinschaft suchten,
haben die Gnade des göttlichen Bades begehrt. Durch eine au-
ßergewöhnliche göttliche Kraft und Engel, die Speere trugen
und das Dunkel der Nacht durch den Überfluß des inneren
Glanzes erhellten, von den eisernen Fußschellen befreit, habe
Paulus jene durch die göttliche Taufe zur Vollendung gebracht,
nachdem er an den Strand des Meeres gelangt sei, und ohne
daß einer von den Gefängniswärtern ihn bemerkt habe, sei er
wieder in den Kerker zurückgekommen, um den Löwen zum
Fraße aufbewahrt zu werden. Ein Löwe nun von riesenhafter
Größe und unwiderstehlicher Kraft, der gegen ihn losgelassen
wurde, stürmte heran und legte sich in der Rennbahn zu seinen Füßen nieder. Ob aber auch viele andere Tiere gegen ihn
losgelassen wurden, war es keinem möglich, den heiligen Leib
zu berühren, der gestützt und aufrecht gehalten wurde durch
das Gebet. Während sich dies in solcher Weise abspielte, brach
auf einmal mit gewaltigem Brausen ein ungeheures Hagelwet-
ter los und zerschmetterte vielen Männern die Köpfe, nicht
zum wenigsten aber auch den Tieren, auch selbst dem Hieronymus streifte eine vorspringende (Schlosse) das Ohr, und
infolgedessen wandte er sich mit seinem Gefolge zu dem Gott
des Paulus und empfing die heilsame[2] Taufe. Der Löwe aber
ergriff die Flucht und brach durch in die Berge, und Paulus
fuhr von dort zu Schiff nach Makedonien und Griechenland[3].

---

1) vgl. AG. 16 24. – 2) vgl. Tit. 2 11. – 3) vgl. AG. 20 1 f. Spuren einer Predigt des Apostels in Athen hat man bei Johann von Salisbury (um 1156)

(Dann aber, als er Makedonien durchzogen hatte, kam er wieder nach Troas und Milet und wurde von dort nach Jerusalem entsandt.)

7.
(Paulus im Metallbergwerk.)
[Schmidt AP. 70–72. Handb. S. 363.]

Bevor Paulus nach Philippi kommt (s.d. folg. Stück), ist er als Gefangener in einem Metallbergwerk, vielleicht bei Korinth oder auf einer andern Station seiner Reise von dort nach Philippi (etwa in Thessalonich). Er scheint dazu verurteilt zu sein, weil er die Tochter eines gewissen Longinus Phrontina zur Ehelosigkeit bekehrt haben dürfte, die deswegen verurteilt wäre, vom Felsen herabgestürzt zu werden. Longinus will ihn dafür mit seiner Tochter zugleich herabstürzen lassen. Paulus weiß das; aber er arbeitet zwei Tage fastend in großer Freudigkeit mit den Gefangenen. Als am dritten Tage Phrontina gebracht wird, scheint er tatsächlich mit ihr herabgestürzt, aber am Leben geblieben zu sein, während sie den Tod gefunden

---

gefunden; s. Handb. S. 365f. Ein Zitat aus den Paulusakten liefert vermutlich Clemens von Alexandrien (VI 5 43, S. 453; vgl. v. Dobschütz, Das Kerygma Petri: TU 11, 1, 1893, S. 124, 126): **Nehmet auch die griechischen Bücher zur Hand: erkennt, wie die Sibylle einen Gott und was künftig sein wird, offenbart; und nehmt den Hystaspes vor und lest, und ihr werdet finden, daß hier noch weit fernsehender und deutlicher vom Sohne Gottes geschrieben steht; und wie gegen den Christus viele Könige Aufruhr machen werden, aus Haß gegen ihn und die, welche seinen Namen tragen, und seine Gläubigen; und von seinem Erdulden und seiner Zukunft .... Die ganze Welt und was darinnen ist, wessen ist es? Ist es nicht Gottes?**

hat. Paulus nimmt die Tote auf seine Arme, kniet nieder in den Schmutz und ruft sie durch sein Gebet ins Leben zurück, um sie ihrem Vater wieder zuzuführen. Daraufhin wird der Gott, der Phrontina das Leben wiedergegeben hat, von der Menge als der alleinige Gott, der Himmel und Erde geschaffen hat, anerkannt. Paulus aber bricht nach Philippi auf.

8.
(Der Briefwechsel mit den Korinthern.)
[Schmidt AP. 73–82. Handb. S. 363. 388 ff.; Harnack s. Einl. 3 b.]

.... Es waren nämlich in großer Betrübnis die Korinther wegen Paulus, daß er würde aus der Welt gehen, ohne daß es Zeit ist. Denn es waren Männer hinausgegangen nach Korinth, Simon und Kleobius, indem sie sagten: Es gebe keine Auferstehung des Fleisches, sondern die des Geistes, und daß der Körper des Menschen nicht sei das Gebilde Gottes, und auch von der Welt, daß Gott sie nicht geschaffen habe, und daß Gott nicht kenne die Welt, und daß Jesus Christus nicht gekreuzigt sei, sondern Schein gewesen sei, und daß er nicht geboren sei aus Maria noch aus dem Samen Davids. Mit einem Wort vieles war es, was sie haben verkündet (?) in Korinth, in dem sie betrogen viele andere, und betrogen sich selber. Deswegen, als die Korinther gehört hatten, daß Paulus in Philippi wäre, schickten sie einen Brief an Paulus nach Makedonien durch Threptus und Eutychus, die Diakone. Der Brief aber war von dieser Gestalt.

[Es beginnt das Schreiben der Korinther
an den Apostel Paulus.]

[1] Stephanus und seine Mitpresbyter Daphnus und Eubulus und Theophilus und Zeno an Paulus, ⟨den Bruder⟩ im Herrn, – Gruß!

[2] Es sind (hier) in Korinth zwei Individuen angekommen, namens Simon und Kleobius; die verkehren etlicher Glauben durch verderbliche Worte, [3] über die du erkennen sollst. [4] Denn niemals haben wir solches weder von dir noch von den andern Aposteln gehört; [5] aber was wir von dir oder jenen empfangen haben, das bewahren wir. [6] Da nun der Herr Erbarmen mit uns zeigt, daß wir, während du noch im Fleische bist, [solches] noch einmal von dir hören sollen, [7] so komme [entweder] zu uns [oder schreibe uns]! [8] Wir glauben nämlich, wie es der Theonoe offenbart ist, daß dich der Herr befreit hat aus der Hand des Bösen. [(Sonst) bitten wir dich, uns wiederzuschreiben.] [9] Was sie sagen und lehren ist aber folgendes: [10] man dürfe nicht, behaupten sie, sich auf die Propheten berufen, [11] und Gott sei nicht allmächtig, [12] und es gäbe keine Auferstehung des Fleisches, [13] und der Mensch sei nicht ein Geschöpf Gottes, [14] Christus sei weder im Fleische gekommen noch von Maria geboren, [15] und die Welt sei nicht Gottes, sondern der Engel. [16] Deswegen, Bruder, befleißige dich in jeder Weise, zu uns zu kommen, damit die korinthische Gemeinde ohne Ärgernis bleibe und die Torheit jener offenbar werde. Lebe wohl im Herrn!

[1] Es [nahmen und] brachten die Diakone das Schreiben in die Stadt Philippi, Threptus und Eutychus, [2] so daß Paulus es erhielt, der im Gefängnis war wegen der Stratonike, des Apol-

---

[1] 1. Kor. 1 16. 16 15-17. 2. Tim. 4 21; Lk. 1 3: AG. 1 1. – [2] 2. Tim. 2 18. – [5] vgl. 1. Kor. 11 2. – [6] vgl. Phil 1 24. – [16] 2. Tim. 4 9.

lophanes Weib; und er trauerte [so sehr, daß er der Banden ver-
gaß] und rief aus: ³Besser wäre es für mich, daß ich gestorben
und bei dem Herrn wäre, als daß ich im Fleische bin und solche
Reden höre, so daß Betrübnis über Betrübnis kommt! ⁴Und
nicht mögen, während ich um der Menschen willen Fesseln er-
trage, die Ränke des Satans anlaufen! ⁵Und so fertigte Paulus
unter vielen Leiden die Antwort auf den Brief aus.

[Es beginnt die Antwort des Paulus an die Korinther.]
¹Paulus, der Gefangene Jesu Christi, an die Brüder in Korinth –
Gruß!

²Da ich in vielen Drangsalen war, so wundere ich mich nicht,
wenn so schnell die Meinungen des Bösen Boden gewinnen.
³Denn mein Herr Jesus Christus wird schnell kommen, da er
nicht länger das Unrecht derer tragen kann, die seine Worte
verfälschen. ⁴Ich habe euch ja im Anfang überliefert, was ich
von unsern Vorgängern, den heiligen Aposteln, empfangen hatte, die allezeit mit dem Herrn Jesus Christus zusammengewe-
sen waren, ⁵nämlich, daß unser Herr Jesus Christus von [der
Jungfrau] Maria aus dem Samen Davids geboren ist, indem der
[heilige] Geist aus dem Himmel vom Vater in sie herabgesandt
war, ⁶damit er eintrete in diese Welt und alles Fleisch durch
sein Fleisch erlöse und damit er uns im Fleisch von den Toten
auferwecke, wie er auch selbst sich als Urbild (dessen) uns dargestellt hat. ⁷Und weil der Mensch von seinem Vater geschaffen
ist, ⁸deswegen wurde er auch, als er verloren gegangen war,

---

³ Phil. 1 23. 2 27. – ⁵ 2. Kor. 2 4.

¹ Eph. 3 1; Philm. 9. – ² vgl. 2. Kor. 2 4. 1 8 f. Gal. 1 6. – ⁴ 1. Kor. 15 3. AG.
1 21. – ⁵ vgl. Röm. 1 3. – ⁶ vgl. 1. Tim. 1 15; 2. Clem. 9 5 (pa 73 13). – ⁸ vgl. 1. Tim.
2 13; Lk. 19 10. Röm. 8 15. 23. 9 4; Gal. 4 5; Eph. 1 4.

gesucht, auf daß er lebendig gemacht würde durch die Annahme der Kindschaft. [9] Denn der allmächtige Gott, der Himmel
und Erde gemacht hat, sandte zuerst die Propheten den Juden,
daß sie ihren Sünden entrissen würden; [10] er hatte nämlich beschlossen, das Haus Israel zu retten, deshalb sandte er einen
Teil vom Geiste Christi in die Propheten, welche die wahre Gottesverehrung verkündeten zu vielen Zeiten. [11] Aber da der Fürst,
der ungerecht war, selbst Gott sein wollte, legte er Hand an sie
und tötete sie, und so fesselte er alles Fleisch der Menschen [an
seinen Willen] ⟨durch die Begierden⟩ [, und die Vollendung der
Welt trieb dem Gericht entgegen]. [12] Aber Gott, der Allmächtige
[weil er gerecht ist, erbarmte sich], da er sein Geschöpf nicht
verstoßen wollte, [vom Himmel her [13] und] sandte den heiligen
Geist in Maria [in Galiläa], [14] [die von ganzem Herzen glaubte,
und sie empfing im Leibe den heiligen Geist, damit in die Welt
Jesus einträte,] [15] damit der Böse, durch dasselbe Fleisch, durch
das er sein Wesen trieb, besiegt, überführt wurde [, daß er nicht
Gott sei]. [16] Denn durch seinen Leib hat Jesus Christus alles
Fleisch gerettet [und zum ewigen Leben geführt durch den
Glauben], [17] indem er den Tempel der Gerechtigkeit darstellte
in seinem Leibe, [18] durch den wir erlöst sind. [19] Die also jenen
zustimmen, sind nicht Kinder der Gerechtigkeit, sondern des
Zorns, da sie die Weisheit Gottes verschmähen, indem sie, fern
vom Glauben, behaupten, Himmel und Erde und [alles,] was
in ihnen ist, seien nicht Werke des Vaters. [20] [Sie selbst sind
also Kinder des Zorns,] denn sie haben den Glauben der ver-
fluchten Schlange. [21] Diese stoßet ab von euch und vor ihrer

---

[9] vgl. 2. Clem. 17 1 (pa 77 12). – [11] 2. Thess. 2 4. 2. Tim. 2 26; vgl. Hirt des Hermas,
Gleichnis VI 2 1 (pa 198 18). – [12] vgl. Hirt des Hermas, Gebot IV 3 5 (pa 169
24). – [14] vgl. Lk. 1 45. – [19] Eph. 2 3.

Lehre fliehet! [22] [Denn ihr seid nicht Söhne des Ungehorsams, sondern der geliebten Kirche. [23] Deswegen ist die Zeit der Auferstehung gepredigt worden.]

[24] Die aber sagen, es gäbe keine Auferstehung des Fleisches, für die wird es keine Auferstehung geben, [25] weil sie nicht geglaubt haben, daß der Tote auferstanden ist. [26] Ja, ihr Korinther, sie wissen nicht Bescheid mit dem Säen vom Weizen oder anderen Getreidesamen, wie sie nackt in die Erde geworfen werden und, wenn sie sich aufgelöst haben, stehen sie wieder auf nach dem Willen Gottes in dem nämlichen Leibe und bekleidet. [27] Und nicht allein, was gesäet ist, läßt er aufgehen, sondern es vielfältig segnend. [28] Und wenn man nicht nur von den Samenkörnern des Gleichnis hernehmen darf, [sondern von edleren Leibern,] [29] so wißt ihr ja, daß Jona, des Amathus Sohn, da er den Niniviten nicht predigen wollte, [sondern geflohen war,] von einem Walfisch verschluckt ist, [30] und nach drei Tagen und drei Nächten hat Gott endlich das Gebet des Jona aus der tiefsten Hölle erhört und nichts von ihm ist beschädigt, weder ein Haar noch ein Augenlid. [31] Um wieviel mehr [(gilt das) euch, ihr Kleingläubigen!] die ihr an Christus geglaubt habt, wird er euch auferwecken, wie er selbst auferstanden ist. [32] Und wenn ein auf die [toten] Gebeine des Propheten Elisa [von den Kindern Israel] geworfener [Toter] [von den Toten] auferstand [in seinem Leibe], wieviel mehr werdet ihr, die ihr auf den Körper und die Gebeine und den Geist des Herrn euch gestürzt habt, an jenem Tage auferstehen mit unversehrtem Leibe!

[34] Wenn ihr nun etwas anderes aufnehmt, so soll mir nie-

---

[22] vgl. Eph. 2 2; 2. Clem. 14 1 (pa 75 23). – [25] b Sanhedr. 90 a. – [26] 1. Kor. 15 37; vgl. Joh. 12 24 f. – [29] vgl. Mt. 12 40. – [31] Mt. 6 30. Röm. 6 4. – [32] 2. Kön. 13 21. – [34] Gal. 6 17.

mand beschwerlich fallen, [35] denn ich habe diese Fesseln an mir, daß ich Christus gewinne, und trage seine Wundenmale, daß ich gelange zur Auferstehung von den Toten. [36] Und wer immer nach dieser Regel, die durch die seligen Propheten und das heilige Evangelium empfangen hat, sich richtet, wird Lohn erhalten, und wenn er von den Toten aufersteht, das ewige Leben erlangen. [37] Wer aber hiervon abweicht – Feuer gibt's für ihn und für die, welche (früher) darin vorangegangen sind, [38] die da sind [Menschen ohne Gott,] Otterngezücht; [39] deren erwehrt euch in der Kraft des Herrn, [40] und es wird mit euch sein Friede [, Gnade und Liebe]. Amen. [Hier endet der dritte Brief an die Korinther.][1)]

9.
(Die Weissagung der Myrte.)
[Schmidt AP. S. 82 f. Handb. S. 363 f.]

An einem Ort, dessen Name nicht erhalten ist (Milet?) hält Paulus eine Ansprache an einen Kreis von Anhängern, die der

---

[35] vgl. AG. 16 24; Phil. 3 8. Gal. 6 17. Phil. 3 11. – [36] Gal. 6 16. 1. Kor. 3 14. – [37] vgl. Mt. 3 12. – [38] Mt. 3 7. – [39] vgl. 2. Kor. 6 17. – [40] vgl. Gal. 6 16; 1. Tim. 1 2; 2. Tim. 1 2.

---

1) In der sehr großen Lücke zwischen dem Briefwechsel und dem Martyrium müßten die Worte ihren Platz finden, die Origenes in den AP. gelesen haben will (vgl. aber Einl. 1). Das eine findet sich *de princ.* I 2 3 GSA 22 S. 30: Daher scheint mir auch jenes Wort richtig gesagt, das in den ›Taten des Paulus‹ geschrieben steht: **Dieser ist das Wort, ein lebendiges Wesen.** Das zweite, das unmittelbar vor dem Mart. Pli. gestanden haben müßte, liest man im Komm. zu Joh. XX 12 GSA 10 S. 342: Wenn es aber jemandem genehm ist, das in den ›Taten des Paulus‹ aufgezeichnete Wort als vom Heiland selbst gesprochen anzunehmen: **Wiederum (von oben her?) soll ich gekreuzigt werden.**

Abschiedsrede des Apostels an die Vorsteher der ephesischen Gemeinde (AG. 20 17 ff.) entsprechen könnte. Er sagt: Die Gnade des Herrn wird wandeln mit mir, damit ich vollende alle Verwaltung, die kommen wird über mich, in Geduld. Sie aber waren betrübt und fasteten. Kleobius aber wurde im Geiste und sprach zu ihnen: Brüder, der ... läßt vollenden Paulus alle Verwaltung und darnach läßt er ihn gehen hinauf [nach Jerusalem?]; von (?) hier aber soll er .... in großer Unterweisung und Erkenntnis und Aussaat des Wortes, daß man ihn beneidet, damit er gehe aus dieser Welt. Als aber hörten die Brüder und Paulus dieses, da erhoben sie ihre Stimme, indem sie sagten ... (Lücke) ... Aber es kam auf Myrte der Geist, so daß sie ihnen sagte: Brüder ..... und schauet auf dieses Zeichen, indem ihr ..... Paulus nämlich, der Diener des Herrn, wird erretten viele in Rom, und er wird nähren viele durch das Wort, so daß nicht ist Zahl an ihnen, und er sich offenbart mehr als alle Gläubigen. Darauf wird ...... des Herrn Jesu kommen ...... eine große Gnade ist ..... in Rom. Und dies ist die Weise, wie der Geist redete zu Myrte. Ein jeder aß das Brot, und sie waren in Freude gemäß der Sitte des Fastens ....

10.
Martyrium des heiligen Apostels Paulus.)
[Aa 1, p. 104–117; vgl. Schmidt AP. S. 85–90.]

Es erwarteten aber den Paulus in Rom Lukas, der aus Gallien, und Titus, der aus Dalmatien[1)] gekommen war. Als Paulus die sah, freute er sich, so daß er außerhalb Roms eine Scheune mie-

---

1) vgl. 2. Tim. 4 10.

tete, in der er mit den Brüdern das Wort der Wahrheit lehrte. Er wurde aber berühmt, und viele Seelen wurden dem Herrn hinzugetan[1], so daß man in ganz Rom davon sprach und eine zahlreiche Menge aus dem Hause des Kaisers[2] bei ihm war, die glaubten, und große Freude herrschte.

Ein gewisser Patroklus aber, ein Mundschenk des Kaisers, der zu spät in die Scheune gekommen war und p. 106 wegen des Volksandranges[3] nicht zu Paulus hineingelangen konnte, saß auf einer hohen Fensterbrüstung und hörte ihm zu, wie er das Wort Gottes lehrte. Da aber der arge Teufel eifersüchtig war auf die Liebe der Brüder, so fiel Patroklus von der Fensterbrüstung herab und starb[4], sodaß es eiligst dem Nero angesagt werden mußte. Paulus aber, der es durch den Geist erfahren hatte, sprach zu seiner Umgebung: Ihr Männer und Brüder[5], es hat der Böse Raum gewonnen, daß er euch versuche; gehet hinaus, und ihr werdet einen Knaben finden, der von oben herabgefallen ist und schon in den letzten Zügen liegt. Hebet ihn auf und bringet ihn hierher zu mir! Die nun gingen fort und brachten ihn. Als aber die Leute ihn sahen, wurden sie bestürzt. Paulus sprach zu ihnen: Jetzt, Brüder, soll sich euer Glaube zeigen. Kommt alle, laßt uns unter Tränen schreien zu unserm Herrn Jesus Christus, damit dieser Knabe lebe und wir unbehelligt bleiben! Als aber alle ein Wehklagen erhoben, da schöpfte der Knabe wieder Atem; und sie setzten ihn auf ein Lasttier und entließen ihn lebend mit den andern zusammen, die aus dem Hause des Kaisers waren.

Als aber Nero von dem Tode des Patroklus gehört hatte, wurde er sehr traurig, und da er gerade aus dem Bade heraus-

---

1) AG. 2 41. – 2) Phil. 4 22. – 3) vgl. Mc. 2 4. – 4) vgl. AG. 20 9 ff. – 5) AG. 15 7.

kam, befahl er, daß ein anderer für den Wein angestellt werde. Es meldeten ihm aber seine Diener: Kaiser, Patroklus lebt und steht am p. 108 Schenktisch. Und als der Kaiser hörte, daß Patroklus lebe, erschrak er und wollte nicht eintreten. Nachdem er aber eingetreten war, sah er Patroklus und rief ganz außer sich: Patroklus, du lebst? Der antwortete: (Ja,) ich lebe, Kaiser. Jener sagte: Wer ist's, der dich lebendig gemacht hat[1)]? Der Knabe, hingerissen von der Gesinnung des Glaubens, sprach: Christus Jesus, der König der Weltzeiten[2)]. Der Kaiser fragte bestürzt: Der also soll König sein über die Weltzeiten und alle Königreiche zerstören? Spricht zu ihm Patroklus: Ja, alle Königreiche unter dem Himmel vernichtet er, und er allein wird in Ewigkeit bleiben, und es wird kein Königreich geben, das ihm entrinnen möchte. Der aber schlug ihn[3)] ins Angesicht und rief: Patroklus, auch du kämpfst für jenen König? Dieser antwortete: Ja, mein Herr und Kaiser, hat er mich doch vom Tode auferweckt. Und Barsabas Justus der Plattfuß und Urion der Kappadokier und Festus der Galater, die Großen des p. 110 Nero, sprachen: Auch wir streiten[4)] für ihn, den König der Weltzeiten. Der aber ließ sie gefangen setzen, nachdem er sie schrecklich gefoltert hatte, sie, die er über die Maßen liebte, und gab Befehl, die Soldaten des großen Königs zu suchen und erließ ein Edikt des Inhalts, daß alle, die als Christen und Streiter Christi[5)] ausfindig gemacht würden, hingerichtet werden sollten.

Und unter der Menge wird auch Paulus gebunden herbeigeführt; auf ihn richteten sich die Augen aller Mitgefangenen, so daß der Kaiser merkte, dieser müsse der Befehlshaber der Heere sein. Und er sprach zu ihm: Mann des großen Königs,

1) vgl. Joh. 5 12. 15. – 2) 1. Tim. 1 17. – 3) vgl. Joh. 18 22; AG. 23 2. – 4) vgl. 1. Tim. 1 18; 2. Tim. 2 4. – 5) vgl. 2. Tim. 2 3.

aber mein Gefangener, was ist dir eingefallen, heimlich einzudringen in das römische Reich und Soldaten anzuwerben aus meinem Herrschaftsgebiet? Paulus aber, voll heiligen Geistes[1] sagte in Aller Gegenwart: Kaiser, nicht allein aus deinem Herrschaftsgebiet werben wir Soldaten an, sondern aus aller Welt[2]. Denn das ist uns befohlen, keinen auszuschließen, der für meinen König streiten will. Wenn das auch dich gut dünkt, bei ihm Kriegsdienste zu nehmen, ⟨so wird dich's nicht gereuen. Übrigens glaube nicht, daß⟩ der Reichtum oder was in diesem Leben glänzt, dich retten wird, sondern wenn du dich unterwirfst und ihn bittest, wirst du gerettet werden. Denn er wird an einem p. 112 Tage die Welt im Feuer vernichten.

Als aber der Kaiser das gehört hatte, gab er den Befehl, alle Gefangenen mit Feuer zu verbrennen, Paulus aber zu enthaupten gemäß dem Gesetz der Römer. Paulus aber verschwieg das Wort nicht, sondern teilte es dem Präfekten Longus und dem Centurio Cestus mit.

In Rom war also Nero auf Betreiben des Bösen (am Wüten), indem viele Christen ohne Aburteilung hingerichtet wurden, so daß die Römer gegen den Palast hin standen und schrien: Es ist genug, Kaiser; diese Menschen sind ja unser; du vernichtest die Kraft der Römer! Da ließ er ab, hierdurch überzeugt ⟨nachdem er befohlen hatte, eine Verfügung zu erlassen,⟩ daß niemand einen Christen anrühren solle, bis man seinen Fall untersucht habe. Da wurde ihm Paulus vorgeführt nach dem Edikt, und er blieb dabei, dieser solle enthauptet werden. Paulus aber sprach: Kaiser, nicht für kurze Zeit nur lebe ich meinem Könige; und wenn du mich enthaupten läßt, werde ich folgendes tun: ich werde auferstehen und dir erscheinen, daß (du erkennst:) ich

---

1) AG. 4 8. – 2) Lk. 2 1.

bin nicht gestorben[1], sondern lebe meinem Herrn[2] Christus Jesus, p. 114 der da kommt, den Erdkreis zu richten[3].

Longus und Cestus aber sagen zu Paulus: Woher habt ihr diesen König, daß ihr ihm glaubt, ohne eure Gesinnung ändern zu wollen bis zum Tode? Paulus teilte ihnen das Wort mit und sprach: Ihr Männer, die ihr in dieser Unwissenheit und diesem Irrtum befangen seid, tut euch um und laßt euch retten von dem Feuer, das über den ganzen Erdkreis[4] kommt! Denn wir kämpfen nicht, wie i h r vermutet, für einen König, der von der Erde kommt[5], sondern der vom Himmel ist, für den lebendigen Gott, der um der Ungerechtigkeiten[6] willen, die in dieser Welt geschehen sind, als Richter kommt. Und selig ist d e r Mensch, der ihm glauben und leben wird in Ewigkeit[7], wenn er kommen wird verbrennend zur Reinigung den Erdkreis. Die nun baten ihn und sprachen: Wir flehen dich an, hilf uns, und wir geben dich frei! Er aber antwortete ⟨lächelnden Angesichts⟩: Ich bin nicht ein Fahnenflüchtiger Christi, sondern ein gesetzestreuer Soldat des lebendigen Gottes. Wenn ich wüßte, daß ich tot bliebe, so würde ich es tun, Longus und Cestus; da ich aber Gott lebe[8] und mich selbst lieb habe, so gehe ich zum Herrn, damit ich mit ihm (wieder) komme p. 115 in der Herrlichkeit seines Vaters[9]. Sprechen sie zu ihm: Wie sollen wir denn leben, nachdem du enthauptet bist? Während sie noch diese Worte wechseln, schickt Nero einen gewissen Parthenius und Pheretas, um zu sehen, ob Paulus schon enthauptet sei. Und sie fanden ihn noch am Leben. Der aber rief sie zu sich und sprach: Glaubet dem lebendigen Gott, der mich wie auch alle, die ihm

---

1) vgl. Mc. 5 39. – 2) Röm. 14 8. – 3) vgl. AG. 17 31. – 4) Mt. 24 14; AG 11 28. – 5) vgl. Joh. 18 36. – 6) vgl. Röm. 1 18. – 7) vgl. Joh. 11 25 f. – 8) Röm. 6 10. – 9) vgl. Mt. 16 27.

glauben, von den Toten auferweckt! Sie aber sprachen: Wir gehen jetzt zu Nero; wenn du aber gestorben und auferstanden bist, dann wollen wir deinem Gott glauben. Als Longus und Cestus aber des weiteren um (ihre) Rettung baten[1], spricht er zu ihnen: Kommet eilends in der Morgenfrühe hierher zu meinem Grabe, so werdet ihr zwei Männer finden im Gebet, Titus und Lukas; die werden euch das Siegel im Herrn geben.

Da stellte sich Paulus gegen Osten und erhob die Hände zum Himmel und betete lange; und nachdem er im Gebet mit den Vätern auf Hebräisch sich unterredet hatte, neigte er den Hals, ohne noch weiter zu reden. Als aber der Henker ihm den Kopf abschlug, spritzte Milch auf die Kleider des Soldaten. Der Soldat aber und alle, die dabei standen, wunderten sich bei diesem Anblick und priesen Gott, der Paulus p. 116 solche Herrlichkeit gegeben hatte. Und sie gingen fort und berichteten dem Kaiser, was geschehen war.

Als der (davon) gehört hatte und sich sehr wunderte und nicht wußte, was er sagen sollte, kam Paulus um die neunte Stunde, während bei dem Kaiser viele Philosophen und der Centurio standen ⟨und trat⟩ vor alle hin und sprach: Kaiser, da bin ich Paulus, der Streiter Gottes, ich bin nicht gestorben, sondern ich lebe in meinem Gott. Dir aber wird viel Übles und schwere Strafe widerfahren, du Elender, dafür daß du der Gerechten Blut ungerechterweise vergossen hast, – nicht lange nach diesen Tagen[2]! Und nachdem Paulus dies gesagt hatte, ging er von ihm. Als Nero aber (das) gehört hatte, befahl er äußerst bestürzt, daß die Gefangenen losgegeben würden, Patroklus sowohl wie Barsabas mit seinen Genossen.

Und wie Paulus angeordnet hatte, machten sich Longus

---

1) vgl. AG 16 30. – 2) AG. 1 5.

und der Centurio Cestus in der Morgenfrühe auf und kamen voll Furcht zum Grabe des Paulus. Als sie aber hinzutraten, sahen sie zwei Männer im Gebet und mitten unter ihnen Paulus, so daß sie beim Anblick des unglaublichen Wunders vor Schrecken außer sich gerieten, während Titus und Lukas, von menschlicher Furcht gepeinigt, als sie Longus und Cestus auf sich zukommen sahen, sich zur Flucht wandten, p. 117 wobei aber die Verfolger ihnen zuriefen: Wir verfolgen euch nicht, um euch zu töten, wie ihr wähnt, ihr seligen Männer Gottes, sondern um zu leben, damit ihr uns tut, wie uns Paulus verheißen hat, den wir eben mitten unter euch stehen sahen im Gebet. Und als Titus und Lukas das von ihnen gehört hatten, gaben sie ihnen mit großer Freude das Siegel im Herrn, indem sie den Gott und Vater unsers Herrn Jesu Christi priesen[1], dem Ehre sei in alle Ewigkeit. Amen[2].

---

1) Röm. 15 6. – 2) 1. Tim. 1 17.

Petrusakten

a) Auszüge aus den Pseudo-Clementinen (II)
(H. Waitz; Übersetzungen von H. Veil.)

1. Stellung innerhalb der Pseudo-Clementinen. Als gesichertes Ergebnis der quellenkritischen Erforschung der ps.-clem. Literatur darf gelten, daß in ihr, d. h. in der gemeinsamen Grundschrift der Homilien (= H) und Rekognitionen (= R), neben einer Quellenschrift judenchristlich-gnostischen Charakters, den ›Verkündigungen des Petrus‹ (= K Π), eine zweite Quellenschrift katholisch-antignostischen Charakters benutzt worden ist, die ihres Inhaltes wegen als ›Taten des Petrus‹ (*praxeis Petru* = Π Π) zu bezeichnen ist. Sie beginnt H II 1 bzw. R II 1 und erzählt in erbaulicher Weise die Bekämpfung des mit dämonischen Kräften ausgerüsteten Magiers Simon (vgl. AG. 8 9 ff.) durch den in Gottes Kraft wirkenden Apostel Petrus in den palästinensisch-phönikischen Küstenstädten von Cäsarea bis Antiochia.

Während Simon, in dessen Begleitung anfangs dreißig Schüler auftreten, die Bevölkerung dieser Städte (Cäsarea, Tyrus, Sidon, Berytus, Byblus, Tripolis, Laodicea und Antiochia) durch seine Reden und Künste für sich zu gewinnen sucht, aber bei der Kunde vom Herannahen des Petrus die Stätte sei-

ner Wirksamkeit regelmäßig fluchtartig verläßt, folgt ihm Petrus
mit zwölf Genossen auf dem Fuße nach, bekehrt durch seine
Predigttätigkeit wie durch wunderbare Heilungen die Massen
und errichtet so überall christliche Gemeinden, für die er einen
Bischof und eine Anzahl von Presbytern und Diakonen einsetzt.
Auch von Antiochia aus flieht Simon vor Petrus, um schließlich – worauf die Erzählung andeutend hinweist – von ihm im
letzten Entscheidungskampf in Rom überwunden zu werden.

In eigenartiger Weise fällt diese Erzählung aus dem Rahmen des eigentlichen Clemensromans heraus. Abgesehen vom
Schluß, wo beide Erzählungen miteinander verknüpft sind,
spielt Simon im Clemensroman keine Rolle, während er in den
Π Π als Gegenspieler des Petrus auftritt. Dieser dagegen hat
dort eine ganz andere Aufgabe als in der Simonlegende. Lediglich als Seelsorger an Clemens und seiner Familie ist er tätig,
wobei er von seinen zwölf Jüngern überall im Stich gelassen ist
und seine missionierende und gemeindeorganisierende Aufgabe völlig übersieht, die er in den Π Π hat. Simon-Petruslegende
und Clemensroman sind zwei verschiedenartige Bestandteile,
die erst nachträglich miteinander verbunden und zum Teil ineinander verwoben worden sind. Auch in das Gefüge der K Π
passen diese Π Π nicht. Sind jene eine systematische Abhand-
lung mysteriösen Charakters, so bieten diese eine erbauliche
Erzählung. Sind jene ausgesprochen antikatholisch und anti-
paulinisch, voll judaistischer und gnostischer Lehranschauun-
gen, so vertreten diese mit der Bekämpfung des Archihäretikers
Simon und mit der Verherrlichung des Apostelfürsten Petrus
eine antignostisch-katholische Tendenz und versetzen uns mit
ihrer Gemeindeorganisation in die Blütezeit der werdenden katholischen Kirche. K Π und Π Π sind zwei Quellenschriften der
Ps.-Clem., die von Haus aus nicht nur nichts miteinander gemein

haben, sondern ihrem Inhalt, ihrer Form wie ihrem Grundcha-
rakter nach in Widerspruch zueinander stehen. v. Dobschütz in
ThLZ 22, 1904, Sp. 586 und Bousset in GGA 1905, S. 445 wollen freilich in ihnen keine literarisch fixierte Quelle erkennen
und reden nur von der Herübernahme eines traditionellen Stoffes. Hätte jedoch der Verfasser der Ps.-Clem. die Simon-Petruslegende nicht schriftlich fixiert vor sich gehabt, sondern sie nur
aus der Überlieferung geschöpft, so hätte er sie in ganz anderer
Weise in sein Werk hineinarbeiten müssen, als er es tut. Das
Auftreten des Petrus an dem Schauplatz des Clemensromans
(Orthosia, Antaradus, Balaneä, Paltus und Gabala vgl. H XII 1.
XIII 1. R VII 1. 25) hätte er ebenso schildern müssen wie sein
Auftreten an dem Schauplatz der Simon-Petruslegende (Cäsarea, Sidon, Berytus, Tripolis, Laodicea, Antiochia). Der höchst
auffällige Unterschied, der sich hier auftut (s. o.), erklärt sich
nur unter der Voraussetzung, daß ihm die Simon-Petruslegende schriftlich fixiert vorlag. Auf eine solche schriftliche Vorlage
weist auch, was er in dem seinem Werk vorausgeschickten Brief
des Clemens an Jakobus über die Einsetzung des Clemens in
sein Bischofsamt ausführt. Diese Darstellung ist nichts anderes
als eine Überarbeitung des Berichtes über die Einsetzung des
Zakchäus als Bischof von Cäsarea in H III 60–72 vgl. R III 63 ff.
(vgl. Waitz, Die Ps.-Clem. 1904, S. 65 ff.) und beweist, daß der
Verfasser dieses Briefes, der derselbe ist wie der des Clemensromans, nicht aus der mündlichen Überlieferung, sondern aus
einer schriftlichen Quelle geschöpft hat.

2. Verhältnis zu den übrigen Petrusakten. Ihrem Inhalt
und ihrer Anschauungswelt, wie auch zahlreichen Einzelzü-
gen nach gehören die ps.-clem. Petrusakten in die Kategorie
apokrypher AGG. und stehen insbesondere in einem nahen

Verwandtschaftsverhältnis sowohl zu den von C. Schmidt herausgegebenen koptischen Petrusakten als auch zu den sog.
Actus Vercellenses (s. u. 167 ff.), insbesondere zu dem hier be-
handelten Kampf des Petrus mit dem Magier Simon in Rom
und zu der Neugründung der römischen Gemeinde durch Petrus. Das Hauptthema ist dasselbe: der Kampf des Petrus mit
Simon zum Zweck der Aufrichtung des Christentums in der
Heidenwelt. Das Bild des Petrus ist das gleiche. Hier wie dort
ist es seine Aufgabe, das Volk durch Predigten und Wundertaten zu belehren, wobei er gewöhnlich Massenerfolge erzielt
(vgl. R III 64. X 70 und Petrusakten c. 9). Hier wie dort heilt
er allerlei Kranke, Gichtbrüchige, Blinde, Lahme, Besessene,
wobei manchmal ein wunderbares Licht erscheint (s. H VII
5. 10. VIII 8; R IX 38; X 70 und Petrusakten c. 11. 21; vgl.
Apokr. S. 392). Doch unterscheiden sich die Wundertaten der
ps.-clem. Π Π vorteilhaft von denen, die in den andern Petrusakten berichtet werden, vor allem dadurch, daß sie nicht wie
diese den Charakter des Mirakellosen an sich tragen. Auch das
Bild seines Widersachers Simon trägt im wesentlichen in den
Π Π dieselben Züge wie in den anderen Petrusakten. Er erscheint in gleicher Weise als Pseudomessias, der sich die große
Kraft Gottes oder auch der Stehende nennt (s. H II 22 und
Petrusakten c. 4. 8. 10 u. ö.), und als Magier, der sich auf die
verschiedenartigsten Zauberkünste, auch Fliegkünste, versteht,
aber trotz allem schließlich von Petrus überwunden und von
den erregten Volksmassen vertrieben wird (vgl. R II 9. III 48.
63; H IV 2; R IX 66 und Petrusakten c. 4. 14. 32). Allerdings ist
der Schauplatz der Handlung ein anderer. In den ps.-clem. Π Π
spielt sie in Palästina (Cäsarea), Phönikien und Syrien; in den
koptischen Petrusakten in Jerusalem; in den *Actus Vercellenses* in
Rom. Aber wie jene sowohl nach Judäa zurück-, als auch nach

Rom vorausweisen (s. R III 63), so verraten diese, daß sie einen früheren Aufenthalt des Simon in Judäa und Cäsarea kennen (s. Petrusakten c. 5. 9. 17). Insbesondere kennen beiderlei
Petrusakten eine göttliche Verehrung Simons in Rom (s. R III
63 und Petrusakten). Ob freilich wie ps.-clem. Π Π und die
übrigen ursprünglich ein literarisches Ganzes gebildet haben,
muß dahingestellt bleiben. Die Übereinstimmungen und die
Verschiedenheiten, die zwischen ihnen bestehen, lassen sich
am besten dadurch erklären, daß sie aus einer gemeinsamen
Überlieferung geflossen sind, die sich in ihrer ursprünglichen
Gestalt in den ps.-clem. Π Π erhalten hat. Aber wie dem auch
sei, so dürfte daran nicht zu zweifeln sein, daß die Π Π ein literarisches Dasein geführt haben. Die Tatsache ihrer literarischen
Unbezeugtheit läßt sich, wie Veil richtig sagt, dadurch leicht
erklären, daß sie, bald nach ihrer Entstehung in ein größeres
und beliebtes Erzählungswerk (Clemensroman) aufgenommen, in diesem wie in einem Flusse untergingen und ihren
eigenen Namen verloren.

3. Die ntl. Zitate der Π Π verraten eine umfangreichere Kenntnis des ntl. Kanons als die der K Π, lassen aber deutlich erkennen, daß die Kanonbildung noch nicht zum Abschluß
gekommen ist. Auch zeigt sich durchweg eine freie Stellung
gegenüber dem ntl. Text, aus der ersichtlich wird, wie auch die
Textgestaltung noch völlig im Flusse ist.

Unter den Evangelien wird Mt. bzw. ein dem Mt. verwandtes Evang. (Nazaräerevang.?) bevorzugt. Nur bei Mt. steht das
Bild von der Stadt, die auf der Höhe (Mt.: Berg) erbaut ist (s.
H III 67 und Mt. 5 14), und das Bild von den Perlen, die man
nicht vor die Säue werfen soll (s. R II 3 und Mt. 7 6). Und wenn
auch H VII 4 von einem »Spruch der gottesfürchtigen Juden«,

d. h. von einem Wort aus dem A. T. redet, so ist doch nicht Tob. 4 15, sondern Mt. 7 12 (vgl. Lk. 6 31) als Fundort zu betrachten, obschon der Wortlaut auch von dem der Synoptiker erheblich abweicht. Auf Mt. 7 14 weist das Gleichnis von dem breiten und schmalen Weg in H VII 7 und auf Mt. 9 37 die Bitte um Arbeiter für die Ernte in R IV 4 hin. Mit Mt. 10 11 stimmt das Zitat in R II 3 überein, wenn hier von einer Stadt und nicht wie bei Lk. 10 7 von einem Hause die Rede ist. Wenn jedoch an dieser Stelle gesagt wird, daß die Apostel bei dem, der es wert ist, speisen wollen, so setzt dies einen Text voraus, wie er Lk. 10 7 steht. Ebenso liegt auch der Geschichte vom kananäischen Weibe in H II 19 eine Erzählung von Mt. 15 21-28 zugrunde. Sie allein und nicht die Parallele Mc. 7 24-30 weiß etwas von der Fürbitte der Jünger für das kananäische Weib, wie sie auch im Wortlaut mehr als Mc. mit H II 19 übereinstimmt. Doch finden sich auch Ausdrücke wie »Syrophönikierin« und »Töchterlein«, die nur bei Mc. stehen. Eigenartig ist die legendarische Ausschmückung und Verwertung dieser Geschichte durch den Verfasser der Π II. Eine Anspielung auf ein Wort, das sich nur bei Mt. findet, enthält das Gebet des Petrus bei der Ordination des Zakchäus in H III 72 (vgl. Mt. 16 19) und seine Rede bei derselben Gelegenheit in H III 70 (vgl. Mt. 23 2). Auch das Gleichnis von den anvertrauten Pfunden in H III 61 und 65 wird im ganzen nach Mt. 25 26 bzw. 25 21 angeführt, erinnert jedoch im einzelnen an Lk. (vgl. den Singular »Geld« und Lk. 19 23). Mehr lukanische Wortprägung trägt auch der Spruch von dem Arbeiter, der seines Lohnes wert ist (vgl. H III 71 und Lk. 10 7; Mt. 10 10 spricht von Nahrung statt von Lohn) und das Gleichnis von dem treuen und bösen Knecht (vgl. H III 60 und 64 und Lk. 12 42, wo der Mt. 24 45 fehlende Ausdruck »Dienerschaft« steht, während andere Ausdrücke wie »Trinker« und »Heuchler« sich nur bei

Mt. 24 49. 51 finden und die »Huren« bei Mt. und Lk. fehlen. Hat
der Verfasser der Π Π Mt. aus Lk. ergänzt und frei gestaltet
oder an Stelle des Mt. ein ihm verwandtes Evang., etwa das
Nazaräerevang., benutzt, das bei dem Gleichnis vom Schalks-
knecht im Unterschied von Mt. ebenfalls die »Huren« (und
Flötenspielerinnen) hinzufügt? Nur Lk. 19 1 ff. nennt den Zakchäus, der in den Π Π als Bischof von Cäsarea eine Rolle spielt,
wie auch der Bericht von seiner Rettung durch den Herrn (vgl.
H III 63) auf Lk. 19 9 zurückweist. Wenn er jedoch H III 65
und 70 als Jünger Jesu und Augenzeuge seiner Wirksamkeit
hingestellt wird, so tritt hier ein ähnlicher legendarischer Zug
hervor wie bei der Geschichte von Justa, der Syrophönikierin,
dem kananäischen Weibe. Jedenfalls hat der Verfasser der Π Π
neben Mt. bzw. NE. auch Lk. und wahrscheinlich auch Mc. ge-
kannt, dagegen fehlt jede Anspielung auf johanneische Schriften, insbesondere Joh. Ob in dem Ausdruck »heilige Stadt« in
H III 62 eine Erinnerung an Offb. 3 12 und 21 10 vorliegt, muß
bezweifelt werden. Auf die AG. geht zurück, was die Π Π von
Simon, der großen Kraft Gottes (H II 22 vgl. AG. 8 10), und von
dem Hauptmann Cornelius (H XX 13 vgl. AG. 10 1) anführen.
Doch zeigt sich auch hier, wie sie mit ihrem Stoff willkürlich
umgehen und legendarisch ausbeuten. Auf AG. 15 20 weist auch
die Vorschrift in H VII 4 und 8, sich von Ersticktem und Blut
zu enthalten, während die Mahnung in H VII 4, sich vom Tisch
des Dämonen fernzuhalten, an 1. Kor. 10 21 und die Bezeichnung der Taufe als des rettenden Wassers der Wiedergeburt
(H VII 8) an 1. Petr. 3 21 erinnert. Die Frau des Petrus, die nach
R IX 38 den Apostel auf seinen Reisen begleitet hat, ist nicht
nur 1. Kor. 9 5, sondern auch sonst in der altchristlichen Literatur bezeugt und beweist darum für Bekanntschaft mit den paulinischen Briefen nichts. Von den Pastoralbriefen hat der Ver-

fasser des Π Π jedenfalls keine Kenntnis gehabt. Sonst würde
er es nicht versäumt haben, sie bei seinen Ausführungen über
die gegenseitigen Pflichten eines christlichen Bischofs und einer christlichen Gemeinde zu benutzen. Die Anspielungen, die
Petrus bei der Ordination des Zakchäus in R III 66 an 2. Tim. 3
14 f. und Tit. 2 7 macht, fehlen in dem Parallelbericht der H und
sind auf Rechnung des Verfassers der R und nicht der Π Π zu
setzen.

4. Abfassungszeit und -ort. Als Heimat der Π Π kann nur Syrien und dessen Hauptstadt Antiochia in Betracht kommen.
Der Verfasser kennt offenbar aus eigener Anschauung die ganze Reiseroute von Cäsarea nach Antiochia. Er führt die Städte,
auch die kleineren, so an, wie sie aufeinander folgen. Insbesondere weiß er in Antiochia Bescheid, wo die Erzählung zu Ende
kommt. Er kennt diese Stadt nicht nur als Sitz eines Statthalters, sondern auch eines Bischofs. Und wenn er R X 71 erzählt,
daß hier ein gewisser Theophilus die Basilika seines Hauses
zum Versammlungsort der neuen Christengemeinde und zur
Errichtung einer Kathedra für Petrus hergibt, so dürfte sich
hierin eine Huldigung für den bekannten Bischof Theophilus
von Antiochia kundgeben, der als 6. Nachfolger des Petrus auf
dem Bischofssitz von Antiochia galt. Denn an den Lk. 1 3 und
AG. 1 1 erwähnten Theophilus ist nicht zu denken, weil es von
diesem an den betr. Stellen nicht noch auch sonst bekannt ist,
daß er gerade zu Antiochia Beziehungen hatte. Nach Syrien
weist auch die Textgestalt des Aposteldekrets AG. 15 20, die es
ritualgesetzlich auffaßt, sowie die Benutzung des mit Mt. nahe
verwandten Nazaräerevang., falls eine solche angenommen
werden darf.

Da die Π Π einerseits die Schriften Justins, insbesondere

dessen Bemerkung von der göttlichen Verehrung Simons in
Rom (vgl. R III 63) kennen und benutzt haben, andererseits
selbst in den Clemensroman aufgenommen worden sind, muß
ihre Entstehung in den Zeitraum zwischen 150 und 230 fallen. In dieser Zeit, und zwar mehr an das Ende als an den
Anfang dieses Zeitraums, führen die allgemeinen Verhältnisse, die die Π Π voraussetzen, der Kampf mit Heidentum und
Häresie, der noch hin- und herwogt, wenn er sich auch schon
dem Siege des Christentums und der Kirche zuneigt, die Aus-
gestaltung des monarchischen Episkopats, dem Presbyter und
Diakone als kirchliche Beamte zur Seite stehen; die Bezeichnung der Versammlungsräume der Christen, für welche anfangs die Basiliken vornehmer Privathäuser benutzt wurden,
als »Kirchen«, die nach Clemens von Alex. VII 5 erst seit dieser Zeit gebräuchlich wurde (R X 71); der Umfang und die
Textgestalt der in den Π Π benutzten ntl. Schriften. Steht die
Beziehung auf den Theophilus von Antiochia fest, der hier
169–177 den Bischofssitz inne hatte und kurz vor oder bald
nach 180 gestorben ist, so kann als Abfassungszeit frühestens
das Ende des 2. Jhs. angenommen werden. In das Jahr 193, in
dem nach dem Sturz des Kaisers Commodus die Reichsein-
heit aufgehoben wurde und der Herrschaft mehrerer sich ge-
genseitig bekriegender Kaiser Platz gemacht hatte, wird Veil
durch eine Anspielung auf politische Zeitverhältnisse in H III
62 geführt, während mich die Erwähnung eines kaiserlichen
Edikts gegen die Zauberer (H XX 13) in die Zeit Caracallas
(211–217) führte, der seit Claudius und Vitellius als erster
Kaiser wieder strenge Vorschriften gegen die Zauberer erließ.
In dieser Zeit, in den ersten Jahrzehnten des 3. Jhs., wird ein
in Antiochia lebender Kleriker die Π Π zur Verherrlichung
seines heimatlichen Bischofssitzes und seines vermeintlichen

Begründers und ersten Inhabers, des großen Heidenapostels Petrus, geschrieben haben.

5. Geschichtliche Bedeutung haben die Π Π vor allem für die Zeit, in der sie entstanden sind. Sie zeigen, wie das Christentum sich am Anfang des 3. Jhs. in Westsyrien siegreich ausbreitete und gemeindemäßig organisierte. Auch in das innere Leben des Christentums gewähren sie manchen interessanten Einblick. Ob sie daneben auch ältere Überlieferungen in sich bergen? Vielleicht liegen solche schon in den hebräischen Namen und Beinamen der zwölf Genossen des Petrus vor (H II 1; R II 1; III 68). Eine zuverlässige geschichtliche Erinnerung mag auch der Schilderung einer Missionstätigkeit des Petrus außerhalb Palästinas zugrundeliegen. Daß er in Cäsarea und in Antiochia gelebt und gewirkt hat, ist Tatsache. Daß er in dieser Gegend, die Paulus als Missionsgebiet (vgl. Gal. 2 7) gemieden hat, auch missionierend tätig gewesen ist, dürfte vielleicht in der Π Π seinen legendenhaften Niederschlag gefunden haben.

Die pseudo-clementinischen Petrusakten

1. Simons Vorleben. H II 1. Als der Tag, der zur Verhandlung mit Simon (in Cäsarea) bestimmt war, anbrach, befand sich Petrus im Gespräch mit seinen zwölf Genossen; es waren das erstens Zakchäus (Sakkai), der vormalige Zöllner, und Sophonias (Zephanja), sein Bruder, Josephus (Joseph) und sein Jugendgefährte Michaias (Micha), ferner die Zwillinge Thomas (R: Nikodemus) und Elieser dann die Priester Aeneas (Phineas?) und Lazarus (Eleazer); ferner auch Elissäus (Elisa) und

Benjamin, des Saphoras Sohn; ebenso auch die Baumeister Rubilus und Zacharias (Sacharja). Anwesend waren außer diesen die Jamnier Ananias (Hanani) und Angaeus (Haggai), dazu die Gefährten Niketas und Aquila.

R II 3. Und Petrus sprach: Es scheint mir angezeigt und notwendig zu sein, über das, was bevorsteht, d. h. über Simon, uns zuvor zu besprechen. Ich möchte nämlich wissen, welcher Art seine Sitten und seine Handlungen sind. Wer sie kennt, soll nicht säumen, mir darüber zu berichten. Denn es ist von Wert, sich zum voraus damit bekanntzumachen. Denn wenn wir die Weisung haben, wo wir in eine Stadt kommen, zuvor uns zu erkundigen, wer es in ihr wert ist, daß wir bei ihm speisen[1], wie vielmehr gehört es sich, kennen zu lernen, wer und welcher Art derjenige ist, dem wir die Worte der Unsterblichkeit anvertrauen sollen. Denn wir müssen recht sehr darauf bedacht sein, daß wir unsere Perlen nicht vor die Säue werfen[2].

H II 19. Darauf nahm Zakchäus das Wort und sprach: Es lebt unter uns eine gewisse Justa aus Syrophönikien, eine Kananiterin[3], deren Töchterlein mit schwerer Krankheit behaftet war und die zu unserm Herrn mit Schreien und Bitten trat, er solle ihr Töchterlein gesund machen. Aber er, auch von seinen Jüngern darum gebeten, sagte: Es geht nicht an, die Heiden zu heilen, die wegen der Verschiedenheit ihrer Nahrungsweise und Handlungen den Hunden gleichen, während der Reichstisch den Söhnen Israels bestimmt ist. Da sie nun das hörte und an demselben Tisch, wenn auch nur wie ein Hund, von den abfallenden Brosamen Anteil haben wollte, veränderte sie wenigstens, was ihr möglich war, indem sie dieselbe Lebensweise annahm wie die Reichssöhne, und erreichte so die von

---

1) vgl. Mt. 10 11. – 2) vgl. Mt. 7 6. – 3) vgl. Mt. 15 22 ff.: Mc. 7 24 ff.

ihr gewünschte Heilung der Tochter ... 20. Als dieselbe nun die gesetzliche Lebensweise angenommen hatte, wurde sie von ihrem eigenen Manne, der uns abhold war, mit der geheilten Tochter aus dem eigenen Hause gejagt. Treu aber den übernommenen Verpflichtungen, dazu wohlhabend, blieb sie ohne Gemahl; ihre Tochter aber verband sie mit einem Manne, der dem wahren Glauben anhing und dabei arm war. Dann aber nahm sie, weil sie infolge dieser Vermählung auch die Tochter verloren hatte, zwei Knaben (Niketas und Aquila), die sie gekauft und aufgezogen hatte, an Sohnesstatt an. Diese sind mit dem Zauberer Simon von Kindheit an aufgewachsen und so mit allem, was ihn betrifft, bekannt. Denn die Freundschaft zwischen ihnen war so innig, daß sie alles, woran er ihnen Anteil gönnte, mit ihm gemeinschaftlich betrieben. 21. Als sie mit mir zusammengetroffen waren und durch mich an dem Worte der Wahrheit Anteil erhalten hatten, bereuten sie ihre früheren Umtriebe und verurteilten geschwind den Simon, dessen Vertraute sie in allem gewesen waren. Ich habe sie, als du hierher gekommen, mit ihrer Pflegemutter dir zugeführt, und seitdem sind sie mit dir zusammen, um die Lehren der Wahrheit zu genießen. Darauf befahl Petrus dem Niketas und Aquila, ihm alles auf Simon Bezügliche genau mitzuteilen.

22. Darauf berichtete Aquila: Der Vater dieses Simon heißt Antonius, seine Mutter Rahel; er ist geborener Samariter aus dem Dorf Gitthä, das von der Hauptstadt 6 Schoinen (= 9 Meilen) entfernt ist. Nachdem er während eines Aufenthalts in der ägyptischen Alexandria sich in griechischer Bildung vollkommen geschult und es zu einem großen Können und Wissen in der Magie gebracht hat, will er als eine oberste Kraft[1] eben

---

1) vgl. AG. 8 10.

des Gottes, der die Welt geschaffen hat, angesehen werden. Gelegentlich spielt er sich auch als Christus auf und nennt sich den »Stehenden«. Diese Bezeichnung hat er angenommen, weil er ewig bestehen werde und keinen Verderbenskeim zu leiblichem Verfall in sich trage. Er leugnet auch, daß der Gott, der die Welt geschaffen, der höchste Gott sei, und glaubt nicht, daß die Toten auferstehen werden …. Den Inhalt des Gesetzes deutet er nach eigner Willkür um. Von einem künftigen Gericht spricht er zwar, macht sich aber nicht darauf gefaßt …

23. Daß er aber Unterweisung in der Gottesfurcht überkam, ist folgendermaßen geschehen: Es ist ein gewisser Johannes als Hemerobaptist aufgetreten, der [nach dem Gesetz der Paare] Vorläufer unsers Herrn Jesus war. Und wie der Herr zwölf Apostel[1] gehabt hat, welche die Zahl der zwölf Sonnenmonate führen, ebenso hat jener einen Stab von dreißig Männern um sich gehabt, deren Zahl der Berechnung des Mondmonats entspricht. Ihnen zugerechnet wurde e i n Weib namens Helena (R: Luna), damit auch das sinnvoll eingerichtet wäre. Denn da das Weib nur die Hälfte eines Mannes ausmacht, so machte sie die Zahl 30 unvollständig, wie es auch bei dem Monde ist, dessen Umlauf (in 29 Tagen 12 Stunden) die Dauer eines Monats nicht ganz voll macht. Unter jenen dreißig nun galt dem Johannes als erster und vorzüglichster Simon, der aber dann durch folgenden Umstand verhindert wurde, nach dem Tode des Johannes[2] eine führende Stellung einzunehmen. 24. Die Hinrichtung des Johannes fiel in die Zeit, als Simon zum Studium der Magie außer Landes nach Ägypten gereist war. Und da war es ein gewisser Dositheus, der aus Herrschbegier die Leitung der Schule an sich nahm, indem er die falsche Nach-

---

1) vgl. Mt. 10 1 f. – 2) vgl. Mt. 14 3 ff. u. Par.

richt von Simons Tod verbreitete. Als dieser nun nicht lange
danach zurückkam, forderte er jene Stelle, obwohl er sie als
ihm zukommend heftig begehrte, doch dem Dositheus bei seinem persönlichen Zusammentreffen mit ihm nicht ab, da er
wußte, daß, der ihm in der Führung zuvorgekommen war, sich
nicht gegen seinen Willen ihrer berauben ließ. Vielmehr gab
er sich mit verstellter Freundschaft einige Zeit mit der zweiten Stelle unter Dositheus zufrieden. Als er aber nicht viele
Tage später mit den 30 Mitschülern zusammen war, fing er an,
den Dositheus heimlich zu verdächtigen, als überliefere er die
Lehren nicht unverfälscht, und zwar tue er das nicht so sehr
aus Mißgunst als aus Unwissenheit. Da nun dieser merkte, daß
Simons wohlberechnete Verdächtigung seine Geltung bei der
Menge untergrub, so daß man ihn nicht mehr für den »Stehenden« hielt, so schlug er eines Tages, als er den Simon zur gewohnten Zusammenkunft antraf, im Zorn nach ihm mit einem
Stock. Aber der Stock schien durch den Leib Simons hindurch-
zugehen, als wäre er Rauch. Entsetzt darüber rief Dositheus im
zu: Wenn du der Stehende bist, so will ich dir huldigen. Und
als Simon sagte: Ich bin es, da fiel Dositheus in der Erkenntnis,
daß er es selbst nicht sei, nieder und huldigte ihm; und indem
er sich nun zu dem Stab der 29 zählte, räumte er dem Simon
seinen bisherigen Rang ein; und so ist Dositheus einige Tage
darauf, nachdem jener zum »Stehen«, er selbst aber zu Fall gekommen war, verstorben.

H II 25. Simon aber zieht nun in Begleitung der Helena um-
her und setzt bis heute, wie du siehst, die Leute in Aufregung.
Die Helena selbst aber will er aus den obersten Himmeln zur
Welt gebracht haben, (deren) Herrin sie sei, als allmütterliche
Wesenheit und Weisheit. ⟨R II 12. Ich selbst erinnere mich, ge-
sehen zu haben, daß sie einmal in einem Turm sich befand,

während eine große Volksmenge zusammengeströmt war, sie zu schauen, und rings den Turm umstand, durch alle Fenster des Turmes zu allem Volk sich herunterzuneigen und herauszuschauen schien.⟩ Um ihretwillen, behauptet er, haben sich (im trojanischen Kriege) die Hellenen und Barbaren bekämpft, wobei sie freilich nur mit einem Abbild der Wirklichkeit sich brüsteten. Die wahre (Helena) nämlich weilte damals beim obersten Gott. Und indem er noch mehr solcher Erdichtungen der hellenischen Sage in einleuchtender Weise umdeutet, täuscht er viele, besonders da er viele erstaunliche Wundertaten verrichtet, so daß auch wir getäuscht worden wären, wenn wir nicht gewußt hätten, daß er sie durch Magie verrichtet. Aber nachdem wir zu Anfang seine Mitarbeiter gewesen waren, solange er mit solchem Tun den Anhängern der Gottesfurcht nicht zu nahe trat, haben wir uns jetzt, wo er in vollem Aberwitz die Gottesfürchtigen zu täuschen den Versuch gemacht hat, von ihm getrennt. H II 26. Er hatte nämlich auch durch Mord sich zu beflecken begonnen, wie er selbst noch als Freund uns den Freunden mitgeteilt hat, er verwahre im Innern seines Hauses, wo er selbst schlafe, die Seele eines Knäbchens zur Beihilfe bei Vorstellungen mittels geheimer Beschwörungen, nachdem er sie von ihrem Körper geschieden …, den Knaben aber auf einem Bilde abkonterfeit habe. R II 13. Auf die Frage, wie es dieser Seele möglich sei, seine Befehle auszuführen, antwortete er: Ihr müßt wissen, daß eine Menschenseele, wenn sie den sie verfinsternden Körper ausgezogen hat, dem Range nach gleich hinter Gott steht. Alsbald besitzt sie dann noch ein Vorauswissen, weshalb sie zum Zweck der Nekromantie (= Totenbefragung) herbeigerufen wird ……

H II 32. (34.) R II 9. Nun fragte Petrus, welcher Art denn die Wundertaten seien, die Simon verrichte. Da berichteten sie ihm, er könne sich unsichtbar und wieder nach Belieben sichtbar machen, bei etwaiger Flucht durch Berge hindurchdringen und Felsen wie Kot durchschreiten, von einem Bergesgipfel sich ohne Schaden herabstürzen, eigene Fessel sprengen, seine Häscher aber in Fesseln schlagen, Riegel öffnen, durch die Luft fliegen, sich ins Feuer werfen, ohne zu verbrennen, sich in eine Schlange, Schaf oder Ziege verwandeln, Standbilder lebendig machen und zum Gehen bringen, Bäume und Sträucher aus der Erde hervorzaubern, aus Steinen Brot machen, kleinen Knaben einen Bart sprossen lassen, sein Gesicht zur Unkenntlichkeit verändern, zweierlei Gesichter annehmen, Gold machen, bei Gastmählern allerlei Gestalten erscheinen, die Hausgeräte von selbst zum Dienst sich herbeibewegen lassen. Als z. B. seine Mutter Rahel ihn aufs Feld zum Kornschneiden habe gehen lassen, da habe er nur seine Sichel angesehen und ihr befohlen, an seiner Statt das Korn zu schneiden; und da habe sie zehnmal mehr Korn geschnitten als die andern. Und sie selbst versicherten, selbst vieles derartige als Augenzeugen mitangesehen zu haben.

2. Das Streitgespräch zwischen Petrus und Simon zu Cäsarea. H II 35. III 29f.; R I 20f. Währenddem trat Zakchäus mit der Meldung zu uns: Simon verschiebt das Streitgespräch auf den morgigen Tag; denn der heutige fällt auf seinen alle zehn Tage wiederkehrenden Sabbat. Petrus erwiderte: Sage dem Simon: Bring es zur Ausführung, wie du willst, und rechne darauf, daß wir bereit sind, wann es dir beliebt, in Gott wohlgefälliger Absicht dir entgegenzutreten. Anderntags meldet Zakchäus: Nunmehr, Petrus, ist es Zeit, daß du dich zum Streitgespräch stellst! Denn im Hof hat sich schon eine große Menge angesammelt, die auf dich wartet; und in ihrer Mitte steht, wie ein Feldherr, umgeben von seinen Speerträgern, Si-

mon. Darauf sprach Petrus: Laßt uns aufstehen und beten, damit Gott nach seinem unablässigen Erbarmen mir in meinem Feldzug zum besten der von ihm geschaffenen Menschen seinen Beistand leiht! Darauf betete er und ging dann hinaus in den großen, unter freiem Himmel liegenden Hofraum, wo viele Neugierige sich eingefunden hatten, da die bevorstehende Entscheidung den Wunsch, ihn zu hören, gesteigert hatte. (Unter diese) trat er nun; und als er all das Volk in großer Stille auf ihn blicken und den Magier Simon in der Mitte stehen sah, hub er also zu reden an. (Es folgen nun Ausführungen, in denen Petrus 1. Simons Behauptungen über den höchsten Gott und 2. seine Leugnung der Auferstehung der Toten bekämpft. Vgl. H III 2; XVIII 12; R III 40–43. Zum Beweis für die Unsterblichkeit der Seele weist schließlich Petrus auf das Bild des von Simon für seine nekromantischen Zwecke ermordeten Knaben hin.) R III 44. Wenn du es nicht weißt, so geh jetzt in dein Haus! Betrittst du das innerste Gemach, so wirst du dort ein mit Purpur überdecktes Bild finden, das die Züge eines ermordeten Knaben trägt. Frage diesen, so wird er dich, sei es durch ein Wort, sei es durch den Augenschein belehren. Denn was brauchst du erst von ihm zu erfahren, ob die Seele unsterblich ist, da du seine Seele in Person vor dir stehen siehst? Denn wäre sie es nicht, so könnte sie dir nicht erscheinen. Weißt du nicht, was für ein Bild ich meine, so wollen wir augenblicklich von hier mit noch zehn andern von den hier anwesenden Männern nach deinem Hause gehen.

45. Als Simon dieses hörte, ließ sein schlechtes Gewissen ihn erbleichen, und weil er fürchtete, daß sein Haus durchsucht würde, (falls er leugnete,) oder daß Petrus in seiner Erwiderung ihn noch handgreiflicher bloßstellte und so allgemein bekannt würde, wer er war, so antwortete er: Petrus, ich beschwöre dich

bei dem guten Gott, der in dir ist, überwinde die Bosheit, die
in mir ist, und laß dir meine Reue gefallen, so sollst du einen Gehilfen deiner Verkündigung an mir haben. Bin ich doch
jetzt durch eigene Erfahrung zur Erkenntnis gekommen, daß
du ein Prophet des wahren Gottes bist und darum allein die
Geheimnisse und Heimlichkeiten der Menschen kennst ... Als
aber Petrus darauf nicht eingeht, 46. fängt Simon zu schmähen
an: ...... Nun will ich dir aber die Macht meiner Göttlichkeit
zeigen, damit du stracks niederfällst und mich anbetest! 47. Ich
bin, der von jeher und ohne Anfang ist: die oberste Kraft. Ich
bin aber in den Mutterleib der Rahel eingegangen und von
ihr als Mensch geboren, um von Menschen gesehen werden zu
können. Ich bin es, der die Luft durchflogen hat und, dem Feuer zugesellt, mit ihm ein Körper geworden ist. Standbilder habe
ich sich bewegen lassen; Unbeseeltes habe ich beseelt; aus Steinen Brot gemacht; ich bin von Berg zu Berg geflogen, (durch
Berge) hindurchgegangen, von Engeln getragen zur Erde herabgestiegen. Solches habe ich nicht nur getan, sondern kann es
noch jetzt tun, um jedermann tatsächlich zu beweisen, daß ich
der in Ewigkeit stehende Sohn Gottes bin. Und ebenso werde
ich machen, daß auch, die an mich glauben, für immer bestehen. Deine Worte aber sind alle nichtig, und du kannst auch
keine wahrhafte Tat aufzeigen, so wenig wie jener Magier, der
dich ausgesandt hat, der nicht einmal sich selbst von der Kreu-
zesstrafe freimachen konnte.

48. Auf diese Rede des Simon erwiderte Petrus: Spiele keine
Rolle, die dir nicht zukommt! Denn daß du nur ein Magier bist,
hast du durch deine eigenen Taten bekannt und zu erkennen
gegeben. Daß aber unser Meister, der Gottes- und Menschensohn, gut ist, ist mit Händen zu greifen. Daß er aber wahrhaft
Sohn Gottes ist, ist denen verkündigt oder wird noch verkün-

digt werden, die es erfahren sollen. Daß aber du ein Magier bist, das wird, wenn du es nicht selbst eingestehen willst, an den Tag gebracht werden, indem wir mit dieser ganzen Schar nach deinem Hause gehen. Dieser Drohung des Petrus gegenüber verlegte sich Simon auf Lästerungen und Schmähungen, um durch Erregung von Lärm und allgemeiner Verwirrung seine Überführung zu verhindern, den Petrus aber durch seine Lästerungen zum Abzug und dadurch in den Verdacht zu bringen, als gäbe er sich überwunden. Allein Petrus hielt stand und erhob noch heftigere Anklagen.

49. Darauf warf das unwillig gewordene Volk den Simon aus der Halle und trieb ihn zum Haus hinaus. Nur ein einziger seiner Begleiter folgte ihm.

3. Ein Nachspiel. R III 63. Andern Tages erschien frühmorgens einer, der zu den Jüngern Simons gehört hatte, vor Petrus und rief: Ich beschwöre dich, Petrus, nimm mich Unglücklichen, von dem Magier Simon Betrogenen auf, dem ich wegen der Wunder, die ich ihn vollbringen sah, wie einem himmlischen Gott anhing. Freilich, als ich deine Reden anhörte, da begann er mir wie ein Mensch und zwar als ein schlechter zu erscheinen. Trotzdem bin ich ihm, als er von hier wegging, als der einzige gefolgt, weil ich seine Gottlosigkeit noch nicht bis auf den Grund erkannt hatte. Als er mich nun (allein) ihm folgen sah, pries er mich glücklich und nahm mich in seine Behausung. (Dort) sprach er um Mitternacht zu mir: Wenn du bis zum Ende bei mir ausharren willst, so werde ich dich besser als alle Menschen machen. Nachdem ich ihm das versprochen, forderte er mich auf, meine Treue eidlich zu erhärten; und als er das erlangt hatte, befahl er mir sein blutiges und fluchwürdiges Geheimnis (den ermordeten Knaben) auf meine Schultern zu nehmen und ihm zu folgen. Als wir zum Meere gekommen wa-

ren, nahm er mir meine Last vom Nacken und bestieg damit ein dort zufällig liegendes Fahrzeug. Als er es gleich darauf wieder verließ, brachte er nichts wieder zurück. Sicherlich hatte er sie ins Meer geworfen. Er drang aber mit Bitten in mich, ich sollte mit ihm ziehen, sein Ziel sei Rom, wo man ein solches Gefallen an ihm finden werde, daß er für einen Gott angesehen und von Staatswegen mit göttlichen Ehren überhäuft würde. Beliebt es dir dann, hierher zurückzukehren, sagte er, so werde ich dich mit Reichtum beladen und auf mehrere Ämter gestützt heimschicken. Weil ich aber an ihm nichts, was dieser Verheißung entsprach, sondern nur einen Magier und Betrüger fand, gab ich ihm darauf zur Antwort: Entschuldige, ich bin fußleidend und vermag darum Cäsarea nicht zu verlassen; außerdem habe ich Weib und kleine Kinder, die ich nicht im Stiche lassen kann. Darauf nannte er mich einen Feigling und machte sich auf den Weg nach Dora mit den Worten: Wenn du vernehmen wirst, wie groß mein Ruhm in der Hauptstadt Rom sein wird, wird es dich reuen. Danach schickte er sich seinen Aussagen nach zur Reise nach Rom an. Ich aber kehrte alsbald hierher zurück und bitte dich, mir meine Reue gefallen zu lassen, da ich von ihm betrogen worden bin. 64. Petrus heißt den Bittsteller bei ihm bleiben und gibt auch der inzwischen erschienenen Volksmenge von dem Vorgefallenen Kunde und läßt jenen selbst seine mit Simon gemachten Erfahrungen erzählen.

65. 69. Dann kündigt er den Versammelten seine Absicht an, dem Simon, der vorhabe, die Ohren der zum Heile berufenen Heiden in Beschlag zu nehmen, nachzufolgen und entgegenzuwirken. Zuvor aber gedenke er, im Interesse der in Cäsarea für die Wahrheit gewonnenen Heiden, noch einige Zeit (drei Monate, nach H III 73 zehn Tage) daselbst zu verweilen und ihnen den Zakchäus als Bischof zu hinterlassen. Inzwischen sollen sei-

ne zwölf Jünger den Spuren Simons nachgehen, um sein Tun und Treiben zu beobachten und die Heiden auf sein Kommen vorzubereiten. R III 66. Darauf weiht er durch Handauflegung, Gebet und Ansprache den Zakchäus zum Bischof von Cäsarea und bestellte neben ihm zwölf Presbyter und vier Diakone. 67. Dann fordert er das Volk auf, sich bei Zakchäus zur Taufe anzumelden und auf diese während der nächsten drei Monate durch Fasten und einen musterhaften Lebenswandel vorzubereiten. 72. So konnten denn, als drei Monate verflossen waren, an einem Festtag (Ostern?) über 10000 getauft werden.

4. Die Einsetzung des Zakchäus zum Bischof von Cäsarea. H III 59. Auf die Kunde über die Ankunft des Simon in Tyrus berief Petrus in der darauffolgenden Nacht die Schar seiner Zuhörer zu einer Versammlung und legte ihnen dar, daß er ihm folgen müsse. 60. Da es nun einen zu bestimmen gilt, der hier meinen Platz ausfüllt, so wollen wir alle einmütig Gott bitten, daß er den Tüchtigsten unter uns bezeichne, der auf Christi Stuhl sich setzen und seine Gemeinde fromm verwalten soll! ... Durch Gottes Ratschluß wird der Mensch als selig bezeichnet[1], den sein Herr über die Dienerschaft seiner Mitknechte setzen wird, um ihnen die Kost zu ihrer Zeit zu geben, falls er nicht in seinem Herzen denkt und spricht: Mein Herr verzieht zu kommen, und seine Mitknechte zu schlagen anfängt und mit Hurern und Trinkern ißt und trinkt. Kommt der Herr jenes Knechtes zu einer Stunde, wo er es nicht erwartet, und an einem Tage, den er nicht kennt, so wird er ihn in Stücke hauen und ihm sein ungläubiges Teil bei den Heuchlern geben. 61. Wollte aber einer von den hier Stehenden, der imstande wäre, dem Unverstand der Leute zu

---

1) Mt. 24 45-51: Lk. 12 42-46.

steuern, aus selbstischer Sorge für seine Ruhe sich dem entziehen, der erwarte selbst, (die Anrede) zu vernehmen[1]: Du böser und fauler Knecht, du hättest mein Geld zu den Wechslern bringen sollen, dann hätte ich das Meine geholt, wenn ich kam. Werfet den unnützen Knecht hinaus in die Finsternis draußen! Und mit Recht. Denn deine Pflicht ist es, Mensch, will er sagen, meine Worte zu Wechslern (d.h. in Umlauf) zu bringen und sie als Geldeswert zu erachten. Die Menge der Gläubigen aber muß einem einzelnen gehorchen, damit sie auf diese Weise ewig bleiben können. Denn die daraus sich schließlich gestaltende einheitliche Regierung verschafft in Nachbildung der Alleinherrschaft (Gottes) denen, die sich ihr fügen, mittels guter Ordnung den Genuß des Friedens, während sie bei einem Zustand, wo alle herrschen und sich nicht einem einzigen fügen wollen, und bei Spaltung sogar gänzlichen Untergang zu gewärtigen haben. 62. Darüber müssen ferner die vor unseren Augen sich abspielenden Ereignisse belehren, wie jetzt unaufhörliche Kriege stattfinden, weil viele Könige (d.h. Kaiser) auf Erden sind. Ist doch für jeden die Herrschaft des andern ein Anlaß zum Kriege. Gäbe es aber über allem nur ein Oberhaupt, so hat der keinen Grund zum Kriege und hält also immerdar Frieden. So setzt auch Gott für diejenigen, die des ewigen Lebens würdig erachtet werden, dereinst einen König über alles ein, damit unter seiner Alleinherrschaft ein unerschütterlicher Friede herrsche. Darum müssen alle einem einzigen als Wegweiser folgen, in dem sie das Abbild Gottes verehren, der Wegweiser aber muß den Weg wohl kennen, der zur heiligen Stadt führt[2]. 63. Welch andern aber sollte ich von den Anwesenden dazu erwählen als den Zakchäus, bei dem

---

1) Mt. 25 26 ff.: Lk. 19 22 ff. – 2) Offb. 3 12; 21 10.

auch unser Herr eingekehrt ist und gerastet hat, weil er ihn für wert erachtete, gerettet zu werden[1]!

Und mit diesen Worten legte er dem vor ihm stehenden Zakchäus die Hand auf und nötigte ihn, sich auf seinen Stuhl zu setzen. Dieser aber fiel ihm zu Füßen und bat ihn, ihm die Herrschaft zu erlassen, mit der Versicherung: Alles, was der Herrscher tun muß, will ich tun; nur vergönne mir, auf den Namen eines solchen zu verzichten. Denn ich fürchte mich, ihn anzunehmen, weil er bitteren Neid und Gefahr in sich birgt.
64. Und Petrus sprach: Wenn du dich davor fürchtest, so sollst du nicht Herrscher, sondern Bestellter (eingesetzt) heißen, ein Name, den der Herr erlaubt hat, wenn er sagt: Selig der Mensch, den sein Herr über die Dienerschaft seiner Mitknechte setzen wird[2]. Willst du aber überhaupt nicht dafür angesehen werden, das Verwaltungsamt zu führen, so verkennst du meines Erachtens, daß das anerkannte Amt des Vorsitzenden gar vieles dazu tun kann, die Menge in Scheu zu halten. Ihm als dem mit seinem Amt Betrauten gehorchen alle, weil sie in ihrem Gewissen eine starke Nötigung dazu haben. Und ist dir nicht wohl bewußt, daß du nicht wie die Völkergebieter zu befehlen hast, sondern als Knecht, der ihnen aufwartet, als Vater, der für sie sorgt, als Arzt, der sie besucht, als Hirte, der sie behütet, kurz als einer, der in jeder Weise sich ihr Wohl angelegen sein läßt? ....
65. Bedenke auch noch das andere, daß, je mühevoller und gefährlicher es ist, Christus' Gemeinde zu leiten, um so größer der Lohn, aber auch um so größer die Strafe für den ist, der es vermag und sich dessen verweigert hat. So wünsche ich denn, daß du, den ich als den Unterrichtetsten von den Anwesenden kenne, das schöne Wissen, das dir vom Herrn vertraut ist, wu-

---

1) vgl. Lk. 19 5 ff. – 2) Mt. 24 45 f.; Lk. 12 42 f

chern lassest, damit du Wohl, du guter und getreuer Knecht[1]
zu hören bekommst ... 66. Deine Sache ist es, zu befehlen, was
nottut; Sache der Brüder, sich zu fügen und nicht ungehorsam
zu sein. Fügen sie sich, so werden sie zum Heil gelangen; sind
sie ungehorsam, so werden sie von Christus bestraft werden,
weil der Vorsitzende an Christus' Platz gesetzt ist. Darum fällt
Ehre oder Verunglimpfung des Vorsitzenden auf Christus, von
Christus aber auf Gott. Das habe ich gesagt, damit die Brüder
die Gefahr wohl erkennen, die ein Ungehorsam gegen dich für
sie nach sich zieht. Denn wer deinem Befehl ungehorsam ist, ist
Christus ungehorsam; wer aber Christus ungehorsam geworden ist[2], erregt den Zorn Gottes. 67. Die Gemeinde als eine auf
der Höhe gebaute Stadt[3] muß also eine gottgefällige Ordnung
und treffliche Verwaltung haben. Vor allem muß der Bischof als
maßgebender Redeführer Gehör finden. Die Presbyter sollen
sich darum bemühen, daß seine Befehle ausgeführt werden.
Die Diakone sollen umhergehen, die Brüder auf Leib und Seele
hin sich ansehen und dem Bischof wieder Bericht erstatten. Die
andern Brüder insgesamt sollen sich Unrecht gefallen lassen.
Wollen sie sich aber über erlittenes Unrecht Recht sprechen
lassen, so mögen sie sich vor den Presbytern vergleichen. Den
Vergleich aber sollen die Presbyter dem Bischof hinterbringen.
68. Diese sollen nicht nur junge Leute zeitig ehelich verbinden,
sondern auch die schon bejahrten, damit nicht ungestilltes Verlangen durch Hurerei oder Ehebrecherei die Gemeinde verpe-
ste. Denn das Vergehen des Ehebruchs ist Gott vor jeder andern
Sünde verhaßt, weil es nicht nur dem Sünder selbst, sondern
auch denen, die mit ihm schmausen und wetteifern, verderblich
ist. Gleicht es doch der Tollwut, da es die Eigenschaft hat, die

---

.1) Mt. 25 21; Lk. 19 17. – 2) vgl. Lk. 10 16. – 3) vgl. Mt. 5 14.

Raserei weiter zu verbreiten ..... 69. Übrigens werdet ihr alle,
wenn ihr eure Brüder liebt, ihnen nichts nehmen, ihnen vielmehr an dem, was ihr besitzt, Anteil geben. Denn Hungernde
sollt ihr speisen, Dürstende tränken, Nackte kleiden, Kranke besuchen, Gefangene nach Kräften unterstützen, Fremde bereitwillig in eure Hütten aufnehmen[1], niemand hassen[2]. Wie ihr
aber eure Gottesfurcht beweisen sollt, wird, da ihr verständig
seid, euch euer eigener Verstand lehren. Vor allem kommt, wenn
ich es euch noch sagen soll, recht häufig zusammen, womöglich
stündlich, jedenfalls aber an den üblichen Versammlungstagen!
Denn tut ihr das, so befindet ihr euch innerhalb der Mauern
einer Freistatt. Ist doch der Anfang des Verderbens, Reih und
Glied zu verlassen. So halte sich also niemand aus kleinlicher
Gesinnung gegen einen Bruder von den Zusammenkünften
fern ..... 70. Ferner höret auf euern Bischof und werdet nicht
müde, ihm alle Ehre zu erweisen! Denn wisset, daß sie, wenn
sie ihm gezollt wird, Christus zufällt, von Christus aber auf Gott
zurückfällt und dem, der sie darbringt, vielfältig vergolten wird.
So sollt ihr denn den Stuhl des Christus in Ehren halten, wie
ihr ja auch angewiesen seid[3], den Sitz des Moses in Ehren zu
halten, auch wenn die Vorsitzenden für Sünder angesehen werden! Und damit ist für euch genug gesagt. Dem Zakchäus selbst
zu sagen, wie er ein tadelloses Leben zu führen habe, halte ich
für überflüssig, da er ja ein bewährter Schüler meines eignen
Lehrers ist. 71. Indessen einiges, meine Brüder, gibt es, was ihr
nicht erst euch sagen zu lassen braucht, sondern was ihr von
euch selbst als das Richtige erkennen müßt. Wenn Zakchäus
sich ganz und gar der Arbeit für euch widmet, wie kann er, der
doch einen Magen, aber für sich selbst keine Zeit (zum Erwerb

---

1) vgl. Mt. 25 35 ff. – 2) vgl. Did. 2 7. – 3) Mt. 23 2 f.

seines Lebensunterhaltes) hat, sich den nötigen Lebensunterhalt erwerben? Ist es da nicht das Richtige, daß ihr insgesamt
für seine Lebensbedürfnisse sorgt, ohne darauf bedacht zu
sein, daß er euch darum anspricht? Denn das hieße betteln. Er
aber wird lieber Hungers sterben als sich dazu verstehen. Und
werdet ihr nicht straffällig sein, wenn ihr nicht bedacht habt,
daß der Arbeiter seines Lohnes wert ist[1]? Und keiner sage: So
soll dann das umsonst empfangene Wort verkauft werden? Das
sei ferne! Denn wenn einer, der zu leben hat, Lohn annähme,
der verkauft allerdings das Wort; wenn aber einer, der nichts
hat, seinen Lebensunterhalt annimmt, tut er nichts Unrechtes,
wie ihn auch der Herr bei Gastmählern und unter Freunden zu
der Zeit annahm, als er, der später alles besitzen sollte, nichts
besaß. Demgemäß haltet auch Presbyter, Katecheten, brauchbare Diakone, Witwen mit gutem Lebenswandel, Waisen als der
Gemeinde Kinder in Ehren! Und wenn zu einem nötigen Zweck
Mittel beschafft werden müssen, so steuert sie alle miteinander
zusammen! Erweiset eure Frömmigkeit gegeneinander und, wo
es euer Wohl gilt, scheut keine Beschwerde!

72. Nach diesen Worten legte er die Hand auf Zakchäus und
sprach: Gebieter und Herr des Alls, Vater und Gott, behüte
du den Hirten mit der Herde! Du bist die Veranlassung, du
die Kraft. Wir sind es, denen geholfen werden muß. Du bist
der Helfer, der Arzt, der Retter, der Schutzwall, das Leben, die
Hoffnung, die Zuflucht, die Freude, die Erwartung, die Ruhe.
In einem Wort: Du bist uns alles. Verhilf uns zum ewigen Besitze des Heils; befreie, behüte! Du vermagst alles; denn du
bist der Fürst der Fürsten, der Herr der Herren, der Gebieter
der Könige. Gib du dem Vorsitzenden die Macht zu lösen, was

---

1) vgl. Lk. 10 7: Mt. 10 10.

er zu lösen, und zu binden, was er zu binden hat[1]. Verleih du Weisheit, bewahr du durch ihn als dein Werkzeug die Gemeinde deines Christus wie eine schöne Braut. Denn dein ist ewige Herrlichkeit (und) Lobpreis dem Vater und dem Sohne und dem Heiligen Geist in alle Ewigkeit. Amen.

5. Petrus folgt dem Simon nach Tyrus. R IV 1; H IV 2–4. Petrus verabschiedet sich von der Gemeinde in Cäsarea, um dem Simon nachzureisen. Er gelangt zuerst zu der kleinen Stadt Dora, am nächsten Tage nach Ptolemais, wo er zehn Tage verweilt und eine Anzahl Heiden bekehrt, dann nach Tyrus, wo Simon längere Zeit verweilt und die Einwohner durch allerlei Gaukeleien in Staunen und Schrecken gesetzt hatte, indem er z. B. mitten auf dem Marktplatz geheimnisvolle Gestalten oder Gespenster erscheinen, Bildsäulen sich in Gang setzen, allerlei Schatten angeblich Verstorbener vor ihm wandeln ließ, anfängliche Gegner aber zur Teilnahme an einem Opfermahl überredete und dadurch seelisch und leiblich krank machte. So hatte er es dahin gebracht, von vielen Syrern für einen Gott angesehen zu werden. Als er aber des Petrus Ankunft erfuhr, verließ er Tyrus und reiste nach Sidon.

H VII 1. Als aber des Petrus Ankunft in Tyrus bekannt geworden war, strömten die Leute aus der Stadt und Umgegend, namentlich die Kranken, zu ihm und riefen ihm zu: Möge Gott sich durch dich unser erbarmen, durch dich uns heilen! Da trat Petrus, um von allen gesehen zu werden, auf einen hohen Stein, begrüßte sie nach frommem Brauch und begann also: (Es folgt nun 2 ff. ein Hinweis auf den Verführer Simon und eine Aufforderung zur Sinnesänderung.) 4. .. Es besteht aber das Gott Wohlgefällige darin, zu ihm zu beten, ihn als den, der

---

1) Mt. 16 19.

alles nach einem gerechten Gesetze gibt, zu bitten, dem Tische der Dämonen fernzubleiben[1], kein totes (ersticktes) Fleisch zu kosten, kein Blut anzurühren, von jeder Befleckung sich reinzuwaschen[2]. Das übrige laßt euch allen wie die gottesfürchtigen Juden in einem einzigen Spruche gesagt sein – zeiget euch darin, so viel ihr auch seid, eines Sinnes! –: Was ein jeder für sich selbst Gutes wünscht, dasselbe erkenne er auch seinem Nächsten zu![3] ..... 5. Nachdem sie binnen weniger Tage von Petrus solche Unterweisung empfangen hatten und geheilt worden waren, ließen sie sich taufen. Die anderen saßen während seiner sonstigen Wundertaten alle mitten auf den öffentlichen Plätzen in Sack und Asche beisammen und taten Buße für ihre früheren Sünden. Und als die Sidonier das vernahmen, taten sie das gleiche und schickten eine Bittgesandtschaft an Petrus, weil sie selber wegen der Krankheiten nicht zu ihm kommen konnten. Nachdem nun Petrus eine kurze Reihe von Tagen in Tyrus verweilt und alle seine Bewohner unterwiesen und von allerlei Leiden befreit hatte, richtete er die Gemeinde ein und bestellte ihr aus der Zahl der ihm nachfolgenden Presbyter einen Bischof und brach dann nach Sidon auf. Als aber Simon seine Ankunft vernahm, entlief er alsbald mit seinen Gefährten nach Berytus.

6. Petrus in Sidon. H VII 6. Als Petrus in Sidon einzog, brachte man viele in Betten vor ihn. Er aber sprach zu ihnen: Glaubet doch nicht, daß ich, ein sterblicher Mensch, der selbst vielerlei Leiden unterworfen werden kann, etwas zu eurer Heilung zu tun vermag. Wohl aber will ich gern euch die Art und Weise zeigen, wie ihr gerettet werden könnt ..... 7. Dazu gebe ich euch zwei Wege[4] bekannt, indem ich einerseits zeige, auf

---

1) vgl. 1. Kor. 10 21. – 2) vgl. AG. 15 20. 29. – 3) vgl. Tob. 4 15; Mt. 7 12; Lk. 6 31. – 4) vgl. Mt. 7 13 f.

welchem Wege man ins Verderben gerät, und andrerseits, auf welchem man unter Gottes Führung zum Heile gelangt. Der Weg derer, die zugrunde gehen, ist zwar breit und sehr eben, aber er führt mit seiner Mühelosigkeit ins Verderben. Hingegen ist der Weg derer, die gerettet werden, eng und rauh; aber er führt zuletzt nach mühevoller Wanderung zum Heile. Diesen beiden Wegen stehen vor Unglaube und Glaube. Unter dem Geleite des Unglaubens wandern diejenigen, die den Lüsten den Vorzug gegeben haben und derentwegen nicht einmal darauf bedacht gewesen sind, dem, was frommt, nachzusinnen . . . . .

8. Die von Gott bestimmte Religion aber ist diese, daß man nur ihn verehrt und allein dem Propheten der Wahrheit glaubt, zur Vergebung der Sünden sich taufen läßt[1] und so vermittels der reinsten Erleuchtung durch das rettende Wasser für Gott wieder geboren wird[2], sich vom Tisch der Dämonen[3], vom Opferfleisch, Totem, Ersticktem, durch ein Tier Gefangenem, vom Blut[4] fernhält, nicht unrein lebt, nach einem Beischlaf badet, daß die Weiber die monatliche Reinigung beobachten, alle zusammen aber keusch, wohltätig sind, kein Unrecht tun, von dem allmächtigen Gott ewiges Leben erwarten und darum beständig bitten und beten.

Nachdem durch solche Ansprachen des Petrus auch in Sidon binnen weniger Tage viele bußfertig und gläubig und geheilt worden waren, richtete er eine Gemeinde ein, bestellte einen der ihn begleitenden Presbyter zum Bischof und verließ dann Sidon.

7. Petrus in Berytus. H VII 9. Als er darauf Berytus eben betrat, geschah ein Erdbeben, und es kamen die Leute zu

---

1) Mc. 1 4. – 2) vgl. 1. Petr. 3 21. – 3) vgl. 1. Kor. 10 21. – 4) vgl. 3. Mos. 17 10–17; AG. 15 29.

Petrus und riefen: Hilf, denn wir sind in Angst, daß wir ganz und gar zugrunde gehen! Simon aber mit seinen Gefährten erdreistete sich, gegen Petrus gewendet, den Leuten zuzurufen: Fliehet, ihr Männer, von diesem Manne; er ist ein Zauberer, glaubt es, und er hat uns dieses Erdbeben verursacht und die Krankheiten erregt, um euch damit in Schrecken zu setzen, als wäre er selbst ein Gott! Und noch manche derartigen Lügen brachte Simon und seine Genossen über Petrus vor in dem Sinne, daß er übermenschliche Kräfte besitze. Petrus aber sprach, als ihm die Menge ruhig Gehör gab, lächelnd mit eindrucksvollem Freimut die kurzen Worte: Ihr Männer, ich gebe zu, daß ich, so Gott will, die Behauptungen dieser Leute wahrmachen kann, und bin auch, falls ihr nicht auf meine Worte hört, bereit, eure ganze Stadt umzustürzen. 10. Als nun die Menge in Angst geriet und sich verschwor, alles, was er befehlen werde, zu tun, sagte Petrus: Keiner von euch soll mehr mit diesen Gauklern verkehren oder sich mit ihnen einlassen! Kaum hatte die Menge den Befehl vernommen, so ergriff sie unverzüglich Knüttel und verfolgte sie damit, bis sie sie ganz aus der Stadt hinausgetrieben hatten ...... 12. Als er (Petrus) so gesprochen, stürzten sich alle kniefällig ihm zu Füßen. Da hob er die Hände zum Himmel empor, um zu Gott zu beten, und heilte sie alle allein durchs Gebet.

8. P e t r u s i n B y b l u s. Nachdem er nun mehrere Tage bei den Bewohnern von Berytus verweilt und ihrer viele mit der Verehrung des einen Gottes vertraut und getauft hatte, bestellte er ihnen von den ihn begleitenden Presbytern einen Bischof und reiste dann nach Byblus. Hier angekommen, erfuhr er, daß Simon nicht einen Tag lang auf sie gewartet habe, sondern alsbald nach Tripolis abgereist sei. Darum blieb Petrus nur wenige Tage (bei den Bewohnern von Byblus), heilte nicht wenige und

unterrichtete sie in den Schriften. Dann reiste er auf den Spuren Simons nach Tripolis, entschlossen, ihn lieber zu verfolgen als ihm zu weichen.

9. **Petrus in Tripolis.** H VIII 1–8 (vgl. R IV 1–7). In Tripolis zogen mit ihm auch Lernbegierige aus Tyrus, Sidon, Berytus, Byblus und den Nachbarorten, in beträchtlicher Anzahl ein, während aus der Stadt (Tripolis) selbst große Volksmassen sich (zu Petrus) drängten, begierig, ihn kennenzulernen. Hier empfingen ihn die Brüder, die früher auf Kundschaft ausgesandt waren, und führten ihn in das Haus des Maroones. Die Menge aber derer, die ihm von auswärts nachgefolgt waren, fand zur großen Freude des Petrus bei den übrigen Bewohnern von Tripolis gastfreundliche Aufnahme.

In der Frühe des nächsten Morgens wurde ihm gemeldet, daß Simon, der den Petrus vor seiner Ankunft vieler Schlechtigkeiten zu überführen versprochen hatte, nach seiner Ankunft nächtlicherweile nach Syrien abgereist sei. Gleichzeitig erfuhr er, daß die Volksmenge, der er am Abend zuvor für den übernächsten Tag einen Vortrag über Gottesverehrung in Aussicht gestellt habe, aus Begierde, ihn zu hören, sich bereits in Gruppen vor dem Tor seiner Herberge eingefunden habe. Verwundert über diesen Eifer, erinnerte er die Brüder an das Wort des Herrn: Die Ernte ist reich, der Arbeiter aber sind wenige[1]. Während er noch sprach, drang das Volk wie ein Wasserstrom in das Gemach, wo er sich befand, so daß Petrus zu Maroones sagte: Wo hast du einen Raum, der diese Menge zu fassen vermag? Da führte sein Gastgeber ihn in einen unter freiem Himmel liegenden Gartenraum, wo dann Petrus auf das Fußgestell einer Bildsäule trat, die Versammelten nach frommem Brauch

---

1) Mt. 9 37.

(d. h. mit dem Friedensgruß) begrüßte, aus einigen Besessenen Dämonen austrieb, andere langwierig Erkrankte schon allein durch sein Versprechen, für sie zu beten, heilte und dann über die wahre Verehrung Gottes zu sprechen anfing ......

H XI 36. Hierauf sandte Petrus seine Vorläufer nach Antiochia in Syrien mit dem Befehle, dort zunächst auf ihn zu warten. Nach ihrer Abreise bestellte er, nachdem er eine große Menge bekehrt, ihre Krankheiten, Leiden und Dämonen ausgetrieben, sie selbst in den Quellen am Meere getauft und (das Brot der) Eucharistie gebrochen hatte, seinen bereits in allen Stücken gereiften Gastwirt Maroones zum Bischof, bestimmte zwölf Presbyter, ernannte Diakone, ordnete die Verhältnisse der Witwen, besprach die dem Wohl der Allgemeinheit und zum Frommen der Gemeinde dienende Ordnung und empfahl ihnen, dem Maroones Gehorsam zu leisten. Darauf verabschiedete er sich, da schon drei Monate abgelaufen waren, von den Bewohnern des phönikischen Tripolis und schlug mit seinen Begleitern den Weg nach dem syrischen Antiochia ein, wobei ihm alle das Ehrengeleit gaben.

10. Petrus in Laodicea. R IX 38. Als hier Petrus eines Abends mit seinen Gefährten in seine Herberge, einem einfachen Stall, heimkehren will, tritt ihm ein reicher Bürger samt seiner Gattin entgegen mit der Bitte, in seinem Palast Quartier zu nehmen. Als Petrus nicht darauf eingehen will, stürzt die erwachsene Tochter des Hauses, die seit vielen Jahren von einem unsauberen Geist besessen und an Ketten geschlossen in einem verriegelten Gemach hatte eingesperrt werden müssen, zum höchsten Erstaunen ihrer Eltern mit zerrissenen Ketten, aber von ihrer Geisteskrankheit geheilt, aus dem Palaste, wirft sich dem Apostel zu Füßen und fleht ihn an, den Tag ihrer Genesung, die sie ihm verdanke, durch sein Verbleiben in ihrem

Hause erst recht froh zu machen. So nahm er denn mit seinen Gefährten und seiner Frau[1] in dem Palast Wohnung. H XX 23 (R X 60). Nachdem Petrus drei Tage in Laodicea getauft und geheilt hatte, rief er die Menge der Gläubigen zusammen, bestellte für sie einen Bischof und Presbyter und eilte dann nach Antiochia.

11. Petrus in Antiochia. H XX 13 (R X 55). Hier hatte Simon durch allerlei Wundertaten die Masse der Bevölkerung für sich gewonnen und gleichzeitig gegen Petrus, dessen Kommen zu erwarten war, durch allerlei Verdächtigungen aufgebracht, so daß die dorthin vorausgesandten Genossen des Petrus heimlich Rat hielten, wie der bei seiner Ankunft drohenden Gefahr zu begegnen sei. Währenddem kam der Hauptmann Cornelius von Cäsarea[2], den einst der Herr von einem Dämonen geheilt hatte, vom Kaiser an den Statthalter Syriens abgesandt, nach Antiochia. Dieser wurde von ihnen heimlich herbeigerufen und von der Ursache ihrer Verzagtheit unterrichtet, und als er um Hilfe gebeten wurde, versprach er aufs bereitwilligste, den Simon zu vertreiben: Ich, so sprach er, werde durch meine vielen Freunde das Gerücht verbreiten, daß ich gekommen bin, ihn festzunehmen, nachdem der Kaiser nach Ausrottung vieler Zauberer mich gesandt hat, um ihn auf dieselbe Weise wie die andern zu bestrafen. Und die von euch mit ihm zusammenkommen, mögen ihm, als ob sie es irgendwo heimlich gehört, hinterbringen, daß ich abgesandt bin, ihn gefangen zu nehmen. Vielleicht wird er dann aus Furcht die Flucht ergreifen! Vielleicht werde auch Simon reumütig seine Angriffe und Verleumdungen gegen Petrus zurücknehmen. Dieser Plan kam zur Ausführung und hatte Erfolg. Denn der geängstigte Magier

---

1) vgl. 1. Kor. 9 5. – 2) vgl. AG. 10 1.

verstand sich dazu, vor der versammelten Volksmenge in Antiochia folgendes Schuldbekenntnis auszusprechen R X 66: Schon allzulang erträgt mich Unglückseligen die göttliche Langmut. Ist doch, was ihr an mir bewundert habt, nicht mit Hilfe der Wahrheit, sondern mittels der Lügen und dämonischer Künste zur Vernichtung eures Glaubens und zu meiner eigenen Verdammnis ausgeführt worden. Ich erkenne, daß ich gegen Petrus lauter Lügen vorgebracht habe. Ist er doch niemals ein Zauberer oder Mörder gewesen, sondern von Gott zu euer aller Heil ausgesandt, so daß ihr, falls ihr von jetzt ab ihm noch Verachtung entgegenbringen solltet, den plötzlichen Untergang eurer Stadt mit Sicherheit erwarten könnt. Warum ich euch dieses Geständnis ablege? Ich bin in dieser Nacht von einem Engel Gottes (Cornelius!) hart angefaßt und wegen meiner Feindseligkeit gegen ihn aufs härteste gegeißelt worden. Darum bitte ich euch, mich aus euren Augen zu verstoßen, falls ich noch einmal von jetzt ab meinen Mund gegen Petrus auftun sollte. Spricht doch aus meinem Mund nur jener unsaubere, dem Heile der Menschheit feindselige Dämon, damit ihr nicht durch Petrus zum Leben gelangt. Denn welche Kunsttaten konnte die Kunst der Magier durch mich an den Tag legen? Ich habe Hunde aus Erz zum Bellen und Standbilder zum Gehen gebracht, menschliche Gestalten sich verändern und plötzlich erscheinen lassen. Ihr hättet darum die Magie verfluchen sollen, weil sie, während ich euch ein nichtiges Schaustück zum Gaffen vor Augen stellte, eure Seelen in teuflische Schlingen verstrickte, damit ihr dem Petrus keinen Glauben schenken solltet, der im Namen dessen, der ihn gesandt hat, Dämonen austreibt, Blinde sehen, Lahme gehen und Tote lebendig macht.

67. Dieses scheinbar reumütige Bekenntnis Simons bewirkte bei der Bevölkerung Antiochias einen Umschwung zugunsten

des zu erwartenden Petrus und zuungunsten des Simon, den man nunmehr verwünschte. 68. Als nun Simon bei seinen bisherigen Freunden und Vertrauten umherging und aufs neue und leidenschaftlicher als zuvor gegen Petrus sein Ränkespiel begann, da spuckten ihm alle ins Gesicht, und man jagte ihn zur Stadt hinaus mit dem Zuruf: Du wirst selbst an deinem Tode schuld sein, wenn du es dir noch einmal einfallen lässest, hierher zu kommen und ein Wort gegen Petrus verlauten zu lassen! Tags darauf, nachdem so für eine friedliche Wirksamkeit des Apostels in Antiochia Raum geschaffen war, erschien Petrus selbst in der Stadt, feierlich von der bußfertigen Bevölkerung empfangen, die es tief bereuten, den Verdächtigungen seiner Predigt durch Simon Gehör gegeben zu haben. 69. Als er angesichts dieser Haltung und der vielen Kranken, die von ihm Heilung erwarteten, ihre Bereitwilligkeit zum Glauben erkannte, pries er Gott und ließ die Menge der Kranken vor sich bringen und sprach 70: Ich bin nur einer euresgleichen, und nicht von mir dürft ihr Heil erhoffen, sondern nur von dem, der, vom Himmel herabsteigend, seinen Gläubigen vollkommene Heilung für Seele und Leib in Aussicht gestellt hat. Bekennet vor diesem ganzen Volke, daß ihr von ganzem Herzen an den Herrn Jesus Christus glaubet, damit auch sie alle sich dessen bewußt werden, daß sie nur von ihm gerettet werden können! Als nun die ganze Schar der Kranken aus einem Munde rief: Der von Petrus verkündigte Gott ist der wahre Gott, da ließ Gottes Gnade plötzlich inmitten der Menge einen unermeßlichen Lichtschein aufleuchten[1], währenddem die Gichtbrüchigen, gesund geworden, zu Petrus hinliefen und sich ihm zu Füßen warfen, die Blinden über ihr wieder gewonnenes Gesicht,

---

1) vgl. Petrusakten 21.

die Lahmen über ihren wiederhergestellten Gang, die Siechen über die ihnen wiedergeschenkte Gesundheit sich freuten und frohlockten. Selbst einige, die ohne Besinnung und Stimme in den letzten Zügen gelegen hatten, kamen wieder zu Kräften; und alle Mondsüchtigen und Besessenen wurden von ihrem Leiden befreit. 71. Und so gewaltig erwies an diesem Tag der Heilige Geist seine gnadenreiche Kraft, daß alle, von den Jüngsten bis zu den Ältesten, einstimmig sich zum Herrn bekannten und daß binnen einer Woche mehr als zehntausend Menschen an Gott gläubig wurden und getauft werden konnten. Der erste Mann der Stadt aber, Theophilus, weihte voll feuriger Begeisterung die große Basilika seines Palastes zur Versammlungsstätte der Gemeinde, darin wurde von dem ganzen Volke dem Apostel Petrus ein Lehrstuhl (Kathedra) errichtet und hier versammelte sich alltäglich die ganze Menge, um das Wort zu vernehmen, und schenkte der heilbringenden Lehre, die durch Krankenheilung ihre Bestätigung fand, Glauben. 72. Auch hier in Antiochia bestimmte Petrus (vermutlich bevor er es wieder verließ, um aufs neue den Spuren des nach Judäa entflohenen und von da nach Rom strebenden Simon zu folgen) einen seiner Begleiter zum Bischof und andere zu Presbytern.

b) Actus Vercellenses
(G. Ficker.)

Einleitung. – 1. Neuere Funde und Arbeiten. Seit dem Erscheinen der Übersetzung der Petrusakten sind einige Bruchstücke des griechischen Textes gefunden worden; sie bestätigen die von dem griechisch erhaltenen Martyrium gewonnene Erkenntnis, daß die lateinische Übersetzung des *cod. Vercellensis* im allgemeinen zuverlässig ist, wenn es auch an Mißverständnissen, Willkürlichkeiten und Ungenauigkeiten nicht fehlt. Auch die Beobachtung wird bestätigt, daß der lateinische Übersetzer wohl mitunter den Sinn durch Zusatz einiger Worte verdeutlichen will, aber doch mehr das Bestreben zeigt, zu kürzen als zu erweitern.

Am wichtigsten ist wohl das Blatt einer Pergamenths. aus dem frühen 4. Jh., das in Oxyrhynchus gefunden wurde. (OP 6, 1908, Nr. 849, p. 6–12; auf Tafel 1 ist die zweite Seite des Blattes, die 168. der Hs., in Lichtdruck wiedergegeben.) Es enthält aus ca. 25 f. die Sätze Apokr. S. 413 44–414 11. Am Anfang ist der Text in Unordnung und unmöglich zu heilen, aber sonst bietet er einige Verbesserungen. Da die beiden Seiten des Blattes die alte Seitenzählung der Hs. geben, so haben die Herausgeber mit Grund vermuten können, daß sie keinen andern Inhalt hatte als die *Actus Vercellenses*, also einen von den Erlebnissen des Petrus in Jerusalem handelnden Teil nicht bot. Es scheint mir sehr beachtenswert, daß wir die älteste Hs. der Petrusakten, von der wir Kunde haben, in Ägypten treffen. Man erinnert sich der engen Beziehungen zwischen Alexandria und Rom; man muß aber auch auf manchen Zug in den Petrusakten achten, der auf Ägypten weist (vgl. Handb. S. 453); gewiß ist dies für die Frage nach der Entstehung der Akten nicht ohne Bedeutung.

Eine weitere Bereicherung unserer Kenntnis des griechischen Textes brachte die Ausgabe der ursprünglichen Form der Vita des Bischofs Abercius von Hieropolis (*S. Abercii Vita* ed. Th. Nissen, 1912; dazu Supplementum: Die Grabschrift des Aberkios, ihre Überlieferung und ihr Text, von W. Lüdtke und Th. Nissen, 1910). Sie hat es erst ermöglicht, die Beziehungen zwischen den *Actus Vercell.* und der Vita, auf die schon Th. Zahn in den Forschungen zur Geschichte des ntl. Kanons 5, 1893, S. 60 hingewiesen hatte, umfassend herauszuarbeiten. (Vgl. Th. Nissen, Die Petrusakten und ein bardesanitischer Dialog in der Aberkiosvita, I, in ZNW 9, 1908, S. 190–203.) Nahezu wörtlich sind in die Vita herübergenommen Stellen unserer Übersetzung c. 2 (ed. Nissen p. 11 12–12 9), c. 7 (p. 19 9–20 2), c. 20 (p. 13 7-10, 13 16–14 18), c. 21 (p. 20 12–23 10). Es hat auch den Anschein, als hätte die Vita an manchen Stellen den ursprünglichen Text der *Actus* reiner und vollständiger bewahrt als die lateinische Übersetzung. Da es sich auch um Sätze handelt, auf die schon immer die Annahme von dem gnostischen Ursprung der *Actus* gegründet worden ist, ist diese Beobachtung von besonderer Wichtigkeit. Wenn die Vita auch erst nach der Regierungszeit Julians des Abtrünnigen verfaßt worden ist, so bleibt sie doch immer ein frühes und bedeutendes Zeugnis. In meiner Übersetzung habe ich von diesem griechischen Stücken Nutzen zu ziehen versucht.

Ein weiterer Fund betrifft den Inhalt der Petrusakten. Augustin erwähnt in seiner Schrift *Contra Adimantum Manichaei discipulum* XVII 5 (MPL 42, 161), daß die Manichäer in apokryphen Schriften, deren Titel er leider nicht angibt, außer einer, auch noch in unseren griechischen Thomasakten (c. 6. 8) zu lesenden, Erzählung über den Apostel Thomas (XVII 2, MPL 42, 158) lasen, daß die Tochter des Petrus selbst auf das Gebet des Vaters hin gelähmt worden und daß die Tochter eines Gärtners auf die Bitte des Petrus selbst gestorben sei: »Es war ihnen dienlich, daß die eine durch die Lähmung hinfällig wurde und die andere starb.« Die Erzählung von der paralytischen Petrustochter war seit langem bekannt; als besonderes Stück wurde sie von C. Schmidt in koptischer Sprache mit der Unterschrift

›Die Praxis (Tat) des Petrus‹ entdeckt und herausgegeben. Er brachte diesen Text mit den *Actus Vercell.* in Zusammenhang und vermutete, daß sie zu dem ersten, von den Taten des Petrus in Jerusalem handelnden Teile der Petrusakten gehöre, deren 2. Teil die *Actus Vercellenses* wäre (Apokr. S. 391–393; Handb. S. 400–404). Über die Gärtnerstochter ist uns erst durch eine Entdeckung D. de Bruynes in dem *cod. Burchardi* der Universitätsbibliothek zu Würzburg aus dem 8. Jh. etwas Näheres bekannt geworden. Dort (RB 25 p. 151 f.) heißt es in einem ›Schreiben des Titus, des Schülers des Paulus‹:

Sieh ein und nimm dir zu Herzen die Erzählungen der vorliegenden Schrift.

Ein Gärtner hatte eine jungfräuliche Tochter; da sie ihres Vaters einzige war, bat er, daß für sie von Petrus (Gott) angerufen werde; als er die Bitte ausgesprochen hatte, erwidert ihm der Apostel, daß der Herr geben werde, was ihrer Seele zuträglich sei. Sogleich lag das Mädchen tot da. O über den würdigen und Gott(es Willen) immer entsprechenden Gewinn, der Frechheit des Fleisches zu entfliehen und den Übermut des Blutes zu töten! Aber jener Greis war ungläubig und wußte nicht, was die himmlische Gnade wert sei, er verstand nämlich nicht die göttlichen Wohltaten, und flehte den Petrus an, daß ihm seine einzige Tochter auferweckt würde. Sobald sie aber aufgeweckt war, übrigens nicht viele Tage danach wie heute (unverständlich; die Zeitbestimmung kann auch zum folgenden Satze gezogen werden; »wie heute« bleibt aber auch da unverständlich), da brach der Sklave (wörtlich: der gebundene Mann) eines Gläubigen (oder: ein gläubiger Sklave; es könnte schließlich auch heißen: ein verzauberter christlicher Mann) in das Haus jenes Greises ein, (dort) zu wohnen und verdarb das Mädchen und beide wurden nirgends mehr gesehen.

Wenn diese Erzählung zu ›Petrusakten‹ gehörte, so ist die Form, in der sie sich befand, noch nicht gefunden. Petrusakten, die sicher manichäisch sind, haben wir nicht mehr. Wäre die Erzählung mit den *Actus Vercellenses* in Zusammenhang zu bringen, so müßte man schließen, daß die vorhandenen *Actus Vercellenses* durch Verstümmelungen entstanden sind. Es ist aber nicht wahrscheinlich, daß sie zu ihnen gehörte; denn was über die Tendenz der Erzählung von der Petrustochter Handb. 400 f. ausgeführt worden ist, gilt auch von ihr; die *Actus Vercellenses* zeigen deutlich eine enkratitische Tendenz; unsere Erzählung will nur den Satz belegen, daß das, was wir als Übel ansehen, oft nur scheinbar ein solches ist und oft nur dazu dient, größeres Unglück zu verhüten. Es scheint mir unmöglich, sie um dieses ihres Grundgedankens willen zeitlich und örtlich festzulegen. Auf eine ähnliche oder dieselbe Erzählung scheint übrigens eine Notiz Bezug zu nehmen, die de Bruyne aus der Hs. Cambrai 254, 13. Jh., veröffentlicht hat (a. a. O. p. 153): Unter der Überschrift, daß man nicht zu sehr über die Toten trauern dürfe, heißt es: Petrus sagte zu einem, der maßlos über den Tod seiner Tochter trauerte: So vielen Anfechtungen des Teufels, so vielen Kämpfen mit dem Körper, so vielem Unheil von der Welt ist sie entgangen, und du vergießest Tränen, als ob du nicht wüßtest, was du (damit) für einen Schaden bei dir anrichtest.

Von neueren Arbeiten möchte ich besonders hinweisen auf die folgenden:

In der *Revue d'histoire ecclésiastique* (Löwen) 9, 1908, p. 233–254, 465–490; 10, 1909, 5–29, 245–277; 11, 1910, 5–28, 223–256, 447–470, 675–692; 12, 1911, 209–230, 437–450 hat J. Flamion, *Les actes apocryphes de Pierre* in umfassender, sorgfältiger und fördernder Weise die Quellen, literarischen

Angaben, Probleme bearbeitet. In ZKG 32, 1911, S. 161–185, 352–377, 497–530 hat C. Erbes in sehr scharfsinniger und gelehrter Untersuchung »Ursprung und Umfang der Petrusakten« erforscht und namentlich die Gründe für ihre Entstehung in Rom trefflich hervorgehoben. – Mehr und mehr hat sich die neuere Forschung um die Kreuzgebete (c. 37 ff.) bemüht und außerchristliche Bestandteile in ihnen nachzuweisen versucht, so R. Reitzenstein, Poimandres, 1904, S. 242–244; W. Bousset, Platons Weltseele und das Kreuz Christi, ZNW 14, 1913, S. 273–285. Neuerdings hat G. P. Wetter in FRL, N. F. 13, 1921, S. 124 ff. auf ihren liturgischen Charakter hingewiesen und damit fruchtbare Anregung gegeben. Die merkwürdigen Ausführungen in c. 39 über die Verbindung des Menschen mit der Gottheit, die am höchsten im Schweigen sich vollzieht, finden mehr und mehr Beachtung und kommen modernen Stimmungen entgegen; vgl. O. Casel, *de philosophorum Graecorum silentio mystico*, 1919 (RVV 16, 2); L. Violet Hodgkin, Schweigender Dienst, der Pfad des Staunens. Mit einem Geleitwort von R. Otto, 1921. – Endlich ist von großer Wichtigkeit die Untersuchung von H. Waitz, Die Pseudoclementinen, Homilien und Rekognitionen TU, N. F. 10, 4, 1904. Einen vortrefflichen kurzen Überblick über den gegenwärtigen Stand der Forschung über die Petrusakten bietet derselbe Verfasser RE 23, 1913, S. 96–98.

2. Charakter. Petrusakten, d. h. Erzählungen von Leben, Taten und Sterben des Apostels Petrus sind uns besonders in dem als *Actus Vercellenses* bekannten Texte erhalten; es ist anzunehmen, daß ihr Inhalt mit dem von Petrusakten, wie sie in literarischen Quellen genannt werden, aber verloren sind, mehr oder weniger zusammenstimmt.

Die *Actus Vercellenses* setzte mit ihrer Erzählung dort ein, wo die kanonische AG. aufhört. Schon aus diesem Grunde ist es die natürlichste Annahme, daß sie gedacht sind als deren Ergänzung; das, was in der kanonischen AG. vermißt wurde, nämlich die Erzählung vom Ausgange der Apostel Paulus und Petrus, sollte in ihnen gegeben werden. (An dieser Auffassung kann nicht irremachen, daß sich zwischen der Erzählung der AG. und der der *Actus Vercellenses* mancherlei Widersprüche bemerkbar machen; sie gehen auf die von dem Verfasser der *Actus Vercellenses* verarbeiteten Quelle zurück; wenn er sie bemerkt hat, so brauchte er sie doch nicht zu beseitigen. Es gibt manche altchristliche Schrift, in der sich unbegreifliche Widersprüche finden.) Darum gehörte ursprünglich auch das Martyrium des Paulus zu ihnen, und zwar das unter dem Namen Linus martyrium bekannte; der nach Petrus erste Bischof von Rom, Linus, sollte es verfaßt haben, wie dieser ja auch als Verfasser des von den *Actus Vercellenses* gebotenen Martyriums des Petrus bezeichnet wurde. In der einzigen Hs., die die *Actus Vercellenses* erhalten hat (Pergamenths. CVIII 1 der Kapitelbibliothek von Vercelli aus dem 7. Jh.), ist das Martyrium Pauli doch wohl nur deswegen weggelassen worden, weil es zu dem übrigen Inhalt der Hs., den ps.-clem. Rekognitionen, nicht zu passen schien. Anderseits ist die ursprüngliche Zugehörigkeit auch des Martyriums Pauli vielleicht der Grund, weshalb Orig. zwei Worte, die sich, wenn auch nicht wörtlich, in den *Actus Vercellenses* finden (c. 35. 38), als aus Paulusakten (s. dort S. 124 A. 1) genommen bezeichnet.

Die *Actus Vercellenses* haben das Eigentümliche, daß sie die beiden Apostel Petrus und Paulus nicht zusammen in Rom tätig sein und zusammen den Märtyrertod dort erleiden lassen;

vielmehr kommt Petrus erst nach der Abreise des Paulus nach Rom, führt den Kampf gegen den Magier Simon allein und erleidet den Märtyrertod, ehe Paulus zurückgekehrt ist. Auch wird nicht der Kaiser Nero als der Urheber der Kreuzigung Petri bezeichnet, sondern der Präfekt Agrippa (c. 41); und es ist auch nicht das Christentum der wahre Grund für seine Beseitigung, sondern seine Predigt von der Enthaltsamkeit, die Konkubinen und Gattinnen veranlaßte, sich der geschlechtlichen Gemeinschaft zu entziehen. Römische Tradition, die uns schon am Ende des 2. Jhs. in Rom begegnet, ist es, daß Petrus und Paulus gemeinsam in Rom gelehrt (gemeinsam den Magier Simon bekämpft) und gemeinsam den Zeugentod (unter und durch Nero) erlitten haben. So erzählt es auch der sog. »Marcellustext« der *passio Petri et Pauli* (Aa 1, 118ff.).

Für die *Actus Vercellenses* ist es ferner charakteristisch, daß der Gegner des Petrus Simon nicht etwa als Maske für Paulus, auch nicht als der Anfänger der Häresie schlechthin, sondern als Goët und Pseudomessias, als Sohn des Satan, als Vertreter der Anschauung, daß Christus ein bloßer Mensch gewesen sei, geschildert wird; Petrus dagegen als Jünger des Sohnes Gottes (Vertreter der Gottheit Christi), aber auch selber wieder als Goët, der sich von Simon nur dadurch unterscheidet, daß er ihn in allem überbietet, namentlich bei den Totenerweckungen, oder ihn bei seinen Flugkünsten zu Falle bringt. Von der Gottheit werden Krafterweisungen erwartet (vgl. 1. Kor. 4 20); und da Petrus sich als der Stärkere erweist, ist sein Gott der wahre. Bei der Charakterisierung des Petrus wird seine Verleugnung stark in den Vordergrund geschoben, um die Möglichkeit der Buße der Abgefallenen zu begründen; es sieht so aus, als wäre das Modell für seine Person Luk. 22 32.

3. Über **Zeit und Ort der Abfassung** des griechischen Originals der *Actus Vercellenses*, von dem nur ein Teil erhalten ist, sind die Anschauungen verschieden. Nur darin scheint sich jetzt eine Einheitlichkeit zu ergeben, daß man sie nicht vor der ersten Hälfte des 3. Jhs. verfaßt sein läßt. Die starke Verbreitung des Christentums in den oberen Kreisen, die sie voraussetzen, ferner die starke Hervorhebung der Verleugnung Petri zur Begründung der Möglichkeit der Buße lassen es, zumal wenn man an Rom als Abfassungsort denkt, geraten erscheinen, möglichst an die Mitte des 3. Jhs. heranzugehen. Darüber hinauszugehen, wäre verwehrt, wenn der Dichter Commodian, bei dem sich Benützung der *Actus* zu finden scheint, um 250 geschrieben hätte und wenn sich eine Notiz des Christenfeindes Porphyrius (?) auf die *Actus* bezöge; aber neuerdings wird Commodian in das 4. Jh. gesetzt, und die Bezugnahme des Porphyrius auf die *Actus* ist höchst unsicher.

Als Abfassungsort wird jetzt von den meisten Rom angenommen. Ich glaube nicht, daß das richtig ist. Es scheinen mir die Verhältnisse einer kleinen, hoch und nicht weit vom Meere gelegenen Stadt im Osten, die schon überwiegend christlich war, auf Rom übertragen zu sein. Auch die starke Hervorhebung der Verleugnung Petri, die noch in der Erzählung von der Flucht vor dem Tode zum Ausdruck kommt, scheint mir gegen Rom zu sprechen. Ich möchte darum an meiner früheren Vermutung, die *Actus* gehörten nach Kleinasien, genauer nach Bithynien, festhalten. Die monarchianische Kontroverse, die in den dogmatischen Gegensatz Petrus – Simon hineinzuspielen scheint, kam von Kleinasien nach Rom. Läßt man dies gelten, so kann man die Abfassung an den Anfang des 3. Jhs. hinaufrücken.

Die Verschiedenheit der Ansichten über Zeit und Ort gehen zum Teil darauf zurück, daß die Q u e l l e n, die der Verfasser verarbeitet hat, sich noch nicht genau feststellen und abgrenzen lassen. Daß er nicht nur mündliche Traditionen, sondern auch schriftliche Quellen verarbeitet hat, scheint mir außer Zweifel zu sein. Eine der wichtigsten, die er als ›Taten des Petrus‹ bezeichnet, hat Waitz herausgestellt (s. 132 ff.). Am Anfange des 3. Jhs. ist sie entstanden und eine der Grundlagen der ps.-clem. Rekognitionen und Homilien. Es ist sehr wahrscheinlich, daß der zu ihr gehörige Abschluß, der von dem Endkampf Petrus' mit Simon in Rom handelt, den entsprechenden Teilen der *Actus Vercellenses* zugrundeliegt. Die berühmten Kreuzgebete in c. 37 ff. sind auch nicht eigene Schöpfungen des Verfassers, sondern jedenfalls Gebeten entnommen, die im Gottesdienste von Gemeinden, bei der Abendmahlsfeier gebräuchlich waren. Es scheint aber, als ob nicht nur diese Stücke dem gottesdienstlichen Leben entnommen seien. Es ist nicht möglich, die Entlehnungen des Verfassers und seine eigenen Schöpfungen genau zu umgrenzen; öfter hat es den Anschein, als hätte er ein ihm von der Vergangenheit überliefertes Wort oder einen Bibelspruch benutzt, um sich durch ihn Tatsachen bilden zu lassen. Da somit verschiedenartige Quellen für den Verfasser in Frage kommen, so ist auch die Frage, ob die *Actus Vercellenses* katholischen oder gnostischen Charakter tragen, nicht rein zu beantworten. Mir ist es namentlich im Hinblick auf die Kreuzgebete, die Lichterscheinungen, die Predigt von der Enthaltsamkeit immer deutlicher geworden, daß wenigstens eine der Quellen gnostischen Kreisen entstamme, und da gerade diese Partien sehr starke Parallelen bilden zu Anschauungen, die wir in Ägypten belegen können, so darf jedenfalls die Frage aufgeworfen werden, ob nicht etwa für das Martyrium Petri auf den Gnostiker Basilides, der sich auf Glaukias, den Dolmetscher des Petrus berief, zurückzugreifen sei.

4. Geschichtlicher Wert. – Nach der Erzählung der *Actus Vercellenses* hat der Aufenthalt des Petrus in Rom nur kurze Zeit gedauert, nicht ein Jahr; denn er stirbt, ehe Paulus zurückgekommen ist (c. 40), und Paulus sollte nicht länger als ein Jahr fortbleiben (c. 1); vgl. die Nachricht des Heiden (Porphyrius?) bei Makarius Magnes, in der ein urkundliches Zeugnis für den Aufenthalt des Petrus in Rom (Harnack ThLZ 1902, 604 f. u. ö.; Schmidt in TU N. F. 9, 1903, 167 ff.) jedoch schwerlich zu sehen ist. Geschichtlichen Wert können die *Actus Vercellenses* jedenfalls nur für die Zeit ihrer Entstehung und für die der Entstehung ihrer Quellen in Anspruch nehmen. Das Zusammentreffen mit der syrischen Didask. in der Angabe, daß der Antrag Simons, ihm die Gabe Gottes um Geld zu überweisen, nicht in Samaria (AG. 8), sondern in Jerusalem erfolgt sei (c. 23 mit Didask. S. 120 23), aus direkter Benutzung der *Actus Vercellenses* durch die Didask. zu erklären, trage ich Bedenken; ihr Bericht über den verfehlten Flug des Simon S. 121 lautet ähnlich wie die Schilderung in c. 32 der *Actus Vercellenses*, aber doch abweichend: Satan ließ einen mit Namen Kleobius aus dem Volke ausgehen und führte ihn dem Simon zu und wiederum noch andere hinter ihnen. Die Anhänger Simons folgten mir, Petrus, nach und kamen, das Wort zu verderben. Und als er nach Rom (gekommen) war, verwirrte er die Kirche sehr und brachte viele zum Abfall; und er gab sich aus als einen, der fliegen könnte, und nahm die Volksmassen (für sich ein), indem er sie durch die Kraft seiner Zauberkunststücke aufregte. Und eines Tages ging ich aus und sah ihn in der Luft fliegen, da stand ich still und sprach: Durch die Kraft des Namens Jesu schneide ich deine Kräfte ab! Da fiel er nieder und zerbrach sich die Knöchel an seinen Füßen. Darauf wandten sich viele von ihm ab, andere aber, die seiner würdig waren,

harrten bei ihm aus, und so war zuerst jene seine Häresie gegründet worden. –

Die folgende Übersetzung hat den griechischen Text, soweit er erhalten ist, zugrunde gelegt, aber überall die lateinische Übersetzung berücksichtigt. Von einer Wiedergabe der
in koptischer Sprache erhaltenen Erzählung von der paralytischen Tochter des Petrus glaubte ich absehen zu dürfen, da ihr
Charakter deutlich aus der oben wiedergegebenen Erzählung
von der Gärtnerstochter ersichtlich ist und die Zugehörigkeit
der beiden Erzählungen zu den *Actus Vercellenses* begründeten
Zweifeln unterliegt. Die abweichenden Lesarten der *Vita Abercii*
sind in der untersten Querspalte zu c. 2. 7. 20. 21 mit VA ver-
merkt.

[Der Handel des Petrus mit Simon.]
[Aa 1, p. 45–103.]

1.
(Paulus' Abschied von Rom.)

Als Paulus sich in Rom aufhielt und viele im Glauben stärkte,
traf es sich auch, daß eine Frau mit Namen Candida, die Gattin
des Quartus von den Wachen, Paulus hörte und seinen Reden
Beachtung schenkte und gläubig wurde. Und als sie nun ihrerseits ihren Gemahl unterwiesen hatte und er gläubig geworden war, überredete Quartus den Paulus, die Stadt zu verlassen
(und zu gehen) wohin er wolle. Zu ihm sagte Paulus: Wenn es
Gottes Wille ist, wird er es mir selbst offenbaren. Und Paulus
fastete drei Tage lang und bat den Herrn um das, was für ihn
passend wäre, und sah infolgedessen eine Vision, (nämlich)

den Herrn, der zu ihm sagte: Paulus, steh auf und sei den Spaniern in deinem Leibe[1] ein Arzt! Infolgedessen berichtete er den Brüdern, was Gott (ihm) vorgeschrieben hätte, und ohne irgend sich zu bedenken, war er schon auf dem Punkte, aus der Stadt abzureisen. Als sich aber Paulus anschickte, (die Stadt) zu verlassen, ward ein großes Weinen in der ganzen Bruderschaft, deswegen, weil sie glaubten, sie würden Paulus nicht mehr sehen[2], so daß sie sogar ihre Kleider zerrissen, weil sie zudem vor Augen hatten, daß Paulus öfter mit den Lehrern der Juden zusammengeraten war[3] und sie (mit derartigen Worten) abgeführt hatte: Christus nämlich, an den eure Väter die Hand gelegt haben[4], schaffte ihren Sabbat ab und ihr Fasten und ihre Feiertage und ihre Beschneidung und schaffte ab die Menschenlehre[5] p. 46 und die übrigen Überlieferungen. Es beschworen aber die Brüder Paulus bei der Ankunft unsers Herrn Jesu Christi, er möchte nicht länger als ein Jahr wegbleiben, indem sie sagten: Wir kennen deine Liebe zu deinen Brüdern; vergiß uns nicht, wenn du (nach Spanien) gekommen bist, und laß uns nicht allein wie Kinder und Mutter[6]. Und als sie lange unter Tränen ihn anflehten, erscholl ein Ton vom Himmel und eine sehr laute Stimme, die sprach: Paulus, der Diener Gottes, ist erwählt zum Dienst für die Zeit seines Lebens; in den Händen Neros, des gottlosen und schlechten Menschen, wird er vor euren Augen vollendet werden. Es bemächtigte sich aber große Furcht noch viel mehr der Brüder wegen der Stimme, die vom Himmel gekommen war, und viel mehr wurden sie (im Glauben) gestärkt.

Sie brachten aber dem Paulus Brot und Wasser zum Opfer

---

1) vgl. Phil. 1 24? – 2) vgl. AG. 20 25. 38. – 3) Tit. 1 9. 13. – 4) vgl. AG. 2 23 u. ö. – 5) vgl. Kol. 2 8. 16. 22 (Jes. 1 13). – 6) vgl. Joh. 14 18.

dar, damit er das Gebet (darüber) spreche und es jedem aus-
teile. Unter den Anwesenden befand sich auch eine Frau, mit
Namen Rusina, die darum auch ihrerseits das Dankopfer aus
den Händen des Paulus entgegennehmen wollte. Als sie heran-
trat, sagte Paulus vom Geiste Gottes erfüllt zu ihr: Rusina, nicht
als eine Würdige trittst du an den Altar Gottes heran, da du von
der Seite nicht eines Gemahls, sondern eines Hurers dich erhoben hast, und du versuchst es, Gottes Dankopfer zu empfangen.
Siehe nämlich der Satan wird dein Herz zertreten und dich
bloßstellen vor den Augen aller, die an den Herrn glauben,
damit sie sehen und glauben und wissen, daß sie an den lebendigen Gott, den Herzenskündiger[1], geglaubt haben. Wenn du
aber deine Tat bereust, ist er treu[2], daß er deine Sünden til-
gen (und dich) von dieser Sünde befreien kann. Wenn du aber
nicht Buße tust, so wird dich, während du noch im Leibe bist,
das verzehrende Feuer und die äußere Finsternis[3] aufnehmen
in alle Ewigkeit. Und sofort brach Rusina auf der linken Seite
vom Kopf bis zu den Fußzehen gelähmt zusammen. Auch reden konnte sie nicht mehr; denn ihre Zunge war gebunden. Als
dies aber die Altgläubigen und Neubekehrten sahen, schlugen
sie an ihre Brust, indem sie an ihre früheren Sünden dachten,
jammerten und sagten: Wir wissen nicht, ob uns Gott die früheren Sünden[4], die wir begangen haben, vergibt. Da gebot
Paulus Schweigen und sagte: Ihr Männer (und) Brüder, die ihr
jetzt an Christus zu glauben begonnen habt, wenn ihr nicht in
p. 47 eurem früheren Wandel und in euren väterlichen Überlieferungen[5] verharrt und euch enthaltet von allem Betrug und
Jähzorn, von aller Grausamkeit und Hurerei und Befleckung

---

1) vgl. AG. 1 24. 15 8. – 2) vgl. 1. Joh. 1 9. – 3) vgl. Mt. 3 12; 25 30. Mc.
9 44. – 4) vgl. Eph. 4 22. – 5) vgl. 1. Petr. 1 18.

und von Hochmut und Eifersucht, Hoffart und Feindseligkeit[1], wird euch Jesus der lebendige Gott[2] nachlassen, was ihr in Unwissenheit[3] getan habt. Deswegen, ihr Knechte Gottes, waffnet euch jeder seinen inwendigen Menschen[4] (, damit ihr habt) Frieden, Gleichmut, Milde, Glaube, Liebe, Wissen, Weisheit, Liebe zu der Bruderschaft, Gastfreundschaft, Mitleid, Enthaltsamkeit, Keuschheit, Güte, Gerechtigkeit[5]. Dann werdet ihr in Ewigkeit zu eurem Führer haben den Erstgeborenen der gesamten Kreatur und die Kraft[6] in Frieden mit unserm Herrn[7]. Als sie dies aber von Paulus gehört hatten, baten sie ihn, er möchte für sie beten. Paulus aber erhob seine Stimme und sagte: Ewiger Gott, Gott der Himmel, Gott von unaussprechlichem Wesen, der du alles durch dein Wort befestigt hast[8], der du ein an den ganzen Weltlauf angebundenes Band deiner Gnade eingefügt hast, Vater deines heiligen Sohnes Jesu Christi, wir bitten dich miteinander durch deinen Sohn Jesus Christus, die Seelen zu stärken, die einst ungläubig waren, jetzt aber gläubig (sind)[9]. Damals war ich ein (Gottes)lästerer[10], jetzt aber werde ich gelästert; damals war ich ein Verfolger, jetzt aber erleide ich Verfolgung von anderen; damals war ich ein Feind Christi, jetzt bitte ich, ein Freund sein zu dürfen. Denn ich vertraue auf seine Versprechung und sein Mitleid; (denn) ich glaube, daß ich gläubig bin, und Vergebung für meine früheren Vergehen erhalten habe. Deswegen ermahne ich auch euch ihr Brüder,

---

1) vgl. Gal. 5 19-21 (Kol. 3 8; Eph. 4 31. 5 3). – 2) Jesus ... Gott: *der Gott aller Dinge durch seinen heiligen Sohn* VA. – 3) vgl. AG. 17 30; Eph. 4 18. – 4) vgl. Eph. 3 16. – 5) vgl. Gal. 5 22. 23 (Röm. 12; Eph. 4; Kol. 3 12-16). – 6) vgl. Hebr. 2 10; Kol. 1 15; 1. Kor. 1 24. – 7) Dann ... Herrn: *und ihr werdet gnädig und versöhnlich den menschenliebenden Gott haben und zu eurem Führer den E. d. g. K. und Kraft Jesum Christum, unsern Herrn* VA. – 8) vgl. Ps. 33 6. – 9) vgl. Joh. 20 27. – 10) vgl. 1. Tim. 1 13

an den Herrn den Vater den allmächtigen zu glauben und alle
eure Hoffnung zu setzen[1] auf unsern Herrn Jesus Christus seinen Sohn. Wenn ihr an ihn glaubt, wird auch niemand euch
reißen[2] können aus seiner Verheißung. In gleicher Weise beu-
get eure Knie und empfehlet dem Herrn mich, der ich mich
anschicke[3] zu einem andern Volke zu reisen, daß seine Gnade
vor mir hergehe und meine Reise wohl gestalte, damit sie (die
Gnade) seine heiligen Gefäße und die Gläubigen aufnehmen[4]
und sie, mir, der ich das Wort des Herrn (ihnen) verkündete,
Dank sagend, (im Glauben) gut gegründet werden können. Die
Brüder aber weinten lange und flehten zu Gott (zusammen)
mit Paulus und sagten: Du, o Herr Jesus Christus, sei mit Paulus
und führe uns ihn heil wieder zurück, denn wir kennen unsere
Schwachheit, die in uns noch bis jetzt ist.

Flehentlich aber bat ein großer Haufe von Weibern kniefällig. p. 48 den seligen Paulus, und sie küßten seine Füße und
führten ihn hinab nach dem Hafen. Aber Dionysius und Balbus
aus Asien, römische Ritter, glänzende Männer, und ein Senator
mit Namen Demetrius hängte sich dem Paulus an die rechte
Hand und sagte: Paulus, ich möchte aus der Stadt fliehen, wenn
ich nicht Staatsbeamter wäre, um dich nicht zu verlassen zu
brauchen. Ebenso (sagten) vom Hause des Cäsar[5] Kleobius
und Iphitus und Lysimachus und Aristeus, und zwei Matronen
Berenike und Philostrate mit dem Presbyter Narcissus, nachdem sie ihn an den Hafen geleitet hatten. Da aber der Sturm
vom Meere drohte, schickte er die Brüder nach Rom zurück,
(um sagen zu lassen,) es möchte wer wollte herabkommen und
Paulus hören, bis er abführe. Als die Brüder das gehört hatten,

---

1) vgl. 1. Petr. 1 13. – 2) vgl. Joh. 10 28 f. – 3) vgl. AG. 20 32. – 4) vgl. AG.
9 15; Röm. 9 23. – 5) Phil. 4 22.

stiegen sie in die Stadt hinauf. Sie teilten es den Brüdern, die in der Stadt geblieben waren, mit und sogleich verbreitete sich das Gerücht. Und da kamen die einen zu Pferde, andere aber zu Fuß, andere auf dem Tiber zum Hafen hinab und wurden durch (seinen) Glauben sehr gestärkt drei Tage lang und am vierten Tage bis zur fünften Stunde. Sie beteten wechselweise mit Paulus, boten ihm ihre Gabe dar, und legten alles, was nötig war, in das Schiff und übergaben ihm zwei gläubige Jünglinge, daß sie mit ihm führen, und sagten ihm im Herrn Lebewohl und kehrten nach Rom zurück.

2.

(Des Magiers Simon Ankunft in Rom; Abfall fast der ganzen Christengemeinde zu ihm; des Apostels Petrus Sendung nach Rom; seine Ankunft, Wiederaufrichtung der römischen Christengemeinde und sein siegreicher Kampf gegen Simon.)

Nach wenigen Tagen aber entstand mitten in der Gemeinde eine große Unruhe, da (einige) sagten, sie hätten wunderbare Dinge durch einen Menschen, der Simon hieß, (geschehen) sehen, und er sei in Aricia. Sie fügten hinzu, daß er sage, er sei die große Kraft Gottes[1], und ohne Gott tue er nichts. Ist er denn Christus[2]? Aber wir glauben an den, den uns Paulus verkündigt hat. Denn durch ihn haben wir Tote auferwecken und (manche) von mannigfachen Krankheiten befreien sehen. Diese (die große Kraft) sucht Kämpfe; wir wissen es; denn (bis jetzt) ist unter uns auch nicht die kleinste Erregung vorgekom-

---

1) AG. 8 10; vgl. Joh. 15 5. – 2) Joh. 4 29.

men. Vielleicht aber ist er schon nach Rom gekommen. Denn
am gestrigen Tage wurde er mit lauten Zurufen (darum) gebeten, indem man ihm sagte: Du bist in Italien Gott, du der
Heiland der Römer, eile so schnell als möglich nach Rom! Jener aber redete das Volk an und sagte mit dünner Stimme:
Ihr werdet mich am morgenden Tage um die siebente Stunde
über das Tor der Stadt fliegen sehen, in demselben Gewande,
in dem ihr mich jetzt mit euch sprechen sehet. Darum ihr Brüder, wenn es euch recht ist, wollen wir gehen p. 49 und mit
allem Fleiß den Ausgang der Sache erwarten. Daraufhin liefen
sie insgesamt zusammen und kamen an das Tor. Als es aber
sieben Uhr wurde, siehe da erschien plötzlich eine Staubwolke
am Himmel in der Ferne, wie ein mit Feuerschein von weitem
aufleuchtender Rauch. Und nachdem sie an das Tor gekommen
war, verschwand sie plötzlich. Und darauf erschien sie mitten
im Volk stehend, und sie staunten sie insgesamt an und sie erkannten, daß er es wäre, den sie tags zuvor gesehn hätten. Und
außerordentlich wurden die Brüder untereinander verstört, zumal da Paulus nicht in Rom war, und auch nicht Timotheus[1]
und Barnabas, da sie von Paulus nach Makedonien geschickt
worden waren, und da keiner vorhanden war, der uns stärken
konnte, zumal diejenigen, die erst kürzlich (im Glauben) unterwiesen worden waren. Und während Simons Ansehen sich
immer mehr hob, bei denen er wirkte, und einige von ihnen
in ihren täglichen Gesprächen den Paulus einen Zauberer
nannten, andere einen Gaukler, da wurden von der so großen
Menge, die im Glauben gegründet worden war, alle abspenstig
gemacht, außer dem Presbyter Narcissus und zwei Frauen im
Hospiz der Bithynier und vier anderen, welche das Haus nicht

---

1) vgl. AG. 19 22?; Phil. 2 19-22; Hebr. 13 23.

mehr verlassen konnten; und sie lagen, eingeschlossen, Tag und Nacht dem Gebet ob und baten den Herrn, es möchte Paulus so schnell wie möglich zurückkehren oder irgendein anderer (kommen), der seine Knechte besuche, da der Teufel sie durch seine Schlechtigkeit abspenstig gemacht hatte.

Während sie aber trauerten und fasteten, unterwies schon Gott für die Zukunft den Petrus in Jerusalem. Nachdem die zwölf Jahre, die ihm der Herr vorgeschrieben hatte, erfüllt waren, zeigte ihm Christus folgendes Gesicht, indem er zu ihm sagte: Petrus, Simon, den du aus Judäa vertrieben hast, nachdem du ihn als Magier erwiesen, ist euch wiederum zuvorgekommen (und zwar) in Rom. Und in Kürze sollst du wissen: alle nämlich, welche an mich glaubten, hat durch seine Schlauheit und Energie Satanas abspenstig gemacht, dessen Kraft er zu sein beweist. Aber verziehe nicht! Reise am morgenden Tage (nach Cäsarea), und dort wirst du ein Schiff bereit finden, das nach Italien fährt. Und innerhalb weniger Tage will ich dir meine Gnade zeigen, die dich vor allen auszeichnen soll. Petrus aber erzählte, durch dies Gesicht gemahnt, es den Brüdern ohne Verzug und sagte: Ich muß nach Rom hinaufgehen, um den Feind und Gegner des Herrn und p. 50 unserer Brüder niederzukämpfen. Und er ging hinab nach Cäsarea und stieg sofort in das Schiff, nachdem schon die Treppe weggenommen war und ohne daß noch (für ihn) Lebensmittel eingeladen worden waren. Der Steuermann aber, mit Namen Theon, blickte auf Petrus und sagte: Alles, was wir haben, gehört dir. Denn was hätten wir denn für Gnade[1], wenn wir einen Menschen, der uns gleich ist, in unsicherer Lage (wohl) aufnähmen, aber nicht alles, was wir haben, mit dir teilten? Aber möchten wir nur glücklich fahren.

---

1) vgl. Lk. 6 32.

Petrus aber dankte ihm für seine Darbringung; er aber fastete im Schiff, traurigen Geistes und (doch) wiederum sich aufrichtend, weil Gott ihn für einen zu seinem Dienst würdigen Diener gehalten hätte. Aber nach wenigen Tagen stand der Steuermann zur Stunde seines Frühstücks auf. Als er den Petrus bat, er möge mit ihm speisen, sagte er zu ihm: O wer du auch bist, ich kenne dich zu wenig, du bist ein Gott oder ein Mensch. Aber soviel ich verstehe, glaube ich, daß du ein Diener Gottes seist. Während nämlich mitten in der Nacht mein Schiff von mir gelenkt wurde und ich in Schlaf gesunken war, da schien es mir, als ab eine menschliche Stimme vom Himmel her zu mir sagte: Theon, Theon! Zweimal rief sie mich bei meinem Namen und sagte zu mir: Unter allen, welche mit dir fahren, sei dir Petrus am ehrwürdigsten. Denn mit seiner Hilfe wirst du und die übrigen wider Erwarten eure Fahrt ohne jeden Schaden (vollenden und) heil bleiben. Petrus aber glaubte, daß Gott auf dem Meere denen, die im Schiffe waren, seine Vorsehung zeigen wollte, und begann daraufhin dem Theon die Großtaten[1] Gottes auseinanderzusetzen und wie der Herr ihn unter den Aposteln ausgewählt habe und welcher Verrichtung wegen er nach Italien reise. Täglich aber teilte er ihm die Reden Gottes mit[2]. Und als er ihn betrachtete und aus dem Verkehr mit ihm erfahren hatte, daß er mit ihm eines Glaubens sei und ein würdiger Diener (Gottes sein werde), auf dem Adriatischen Meere aber das Schiff von der Windstille festgehalten wurde, da wies Theon den Petrus auf die Windstille hin und sagte zu ihm: Wenn du mich für würdig halten willst, mich in das Zeichen des Herrn einzutauchen, so hast du hier Gelegenheit. Denn alle, die im Schiffe sich befanden, waren trunken eingeschlafen. Pe-

---

1) AG. 2 11. – 2) vgl. AG. 15 7; 8 26 ff.

trus ließ sich an einem Strick herab und taufte den Theon im Namen des Vaters und des Sohnes und des heiligen Geistes. Jener aber stieg aus dem Wasser empor fröhlich in großer Freude; ebenso war Petrus heiterer geworden, weil Gott den Theon seines Namens für würdig gehalten hätte. Es geschah aber, p. 51 daß an derselben Stelle, wo Theon getauft wurde, ein Jüngling erschien, strahlend in Glanz, und zu ihnen sagte: Friede (sei) mit euch[1]! Und sofort stiegen Petrus und Theon herauf und traten in die Kajüte, und Petrus nahm Brot und sagte dem Herrn Dank, der ihn seines heiligen Dienstes gewürdigt hätte, und daß ihnen ein Jüngling erschienen wäre, der zu ihnen sagte: Friede (sei) mit euch. (Petrus sprach:) Bester und allein Heiliger, denn du bist uns erschienen, o Gott Jesus Christus, in deinem Namen habe ich eben gesprochen und ist er gezeichnet worden mit deinem heiligen Zeichen. Darum teile ich ihm nun auch so in deinem Namen deine Eucharistie mit, damit er dein vollendeter Diener sei ohne Tadel für immer. Als sie aber aßen und sich im Herrn freuten[2], (erhob sich) plötzlich ein nicht heftiger, sondern mäßiger Wind an dem Vorderteil des Schiffes (und) hörte nicht auf sechs Tage und ebensoviel Nächte, bis sie nach Puteoli gelangten.

Und als sie in Puteoli angelegt hatten, sprang Theon aus dem Schiff und ging in die Herberge, in der er gewöhnlich einkehrte, um sie für die Aufnahme des Petrus vorzubereiten. Es hieß aber der Mann, bei dem er einkehrte, Ariston. Dieser fürchtete immer den Herrn, und Theon wandte sich an ihn um des Namens (Christi) willen. Und als er in die Herberge gekommen war und den Ariston gesehen hatte, sagte Theon zu ihm: Gott, der dich gewürdigt hat, ihm zu dienen, hat auch mir

---

1) vgl. Joh. 20 19. 21. 26. – 2) vgl. Phil. 4 4.

seine Gnade durch seinen heiligen Knecht Petrus mitgeteilt, der jetzt mit mir von Judäa her gefahren ist, da ihm von unserm Herrn befohlen worden ist, nach Italien zu kommen. Als aber Ariston dies gehört hatte, fiel er dem Theon um den Hals, umfaßte ihn und bat ihn, er möchte ihn zu dem Schiffe führen und ihm den Petrus zeigen. Ariston sagte nämlich, seit Paulus nach Spanien gereist wäre, hätte es niemand unter den Brüdern gegeben, bei dem er sich (hätte) stärken (können). Außerdem sei ein Jude in die Stadt eingebrochen, mit Namen Simon. Durch seine Zaubersprüche und durch seine Schlechtigkeit hat er von Grund aus die ganze Bruderschaft abspenstig gemacht, so daß auch ich aus Rom floh in der Hoffnung auf die Ankunft des Petrus. Denn Paulus hatte von ihm berichtet, und ich sah vieles im Gesichte. Jetzt glaube ich daher an meinen Herrn, daß er seinen Dienst wieder aufrichtet, daß alle Verführung von seinen Knechten ausgerottet werden wird. Denn unser Herr Jesus Christus ist treu[1], daß er unsere Gedanken wieder erneuern kann. p. 52 Als aber Theon dies von dem weinenden Ariston hörte, wuchs ihm seine Zuversicht noch mehr, und er wurde noch mehr in seinem Glauben bestärkt, da er einsah, daß er an den lebendigen Gott gläubig geworden war. Als sie aber zusammen an das Schiff kamen, erblickte Petrus sie und, vom Geist erfüllt, lächelte er, so daß Ariston auf sein Angesicht Petrus zu Füßen fiel und folgendes sagte: Bruder und Herr, der du die heiligen Geheimnisse mitteilst und den rechten Weg[2] zeigst, der in dem Herrn Jesus Christus, unserm Gott, ist. Er hat uns durch dich seine Ankunft gezeigt. Wir haben nämlich alle insgesamt, die uns Paulus übergeben hatte, durch die Energie Satans eingebüßt. Aber jetzt hoffe ich auf den Herrn, der dir

---

1) vgl. 1. Joh. 1 9. – 2) vgl. 2. Petr. 2 15; Joh. 14 5 f.

als seinem gesandten Boten zu uns zu eilen befohlen hat, daß
er uns gewürdigt hat, uns durch dich seine Groß- und Wundertaten[1] sehen zu lassen. Ich bitte dich darum, eile in die
Stadt! Denn ich habe die Brüder, die ein Ärgernis gaben, die
ich in der Versuchung des Teufels hatte fallen sehen, verlassen
und bin hierher geflohen, indem ich ihnen sagte: Ihr Brüder,
stehet im Glauben[2]; denn es ist nötig, daß innerhalb der nächsten zwei Monate das Erbarmen unsers Herrn euch seinen Diener zuführe. Ich hatte nämlich eine Erscheinung gesehen, den
Paulus, der zu mir sagte: Ariston, fliehe aus der Stadt! Als ich
das gehört hatte, glaubte ich ohne Bedenken, ging im Herrn
aus der Stadt, wenn auch das Fleisch, das ich trage, schwach
ist[3], bin ich doch hierher gelangt, stand täglich am Ufer und
fragte die Schiffer: Ist etwa Petrus mit euch gefahren? Da aber
jetzt die Gnade des Herrn (uns) reichlich widerfährt[4], so bitte
ich, wir möchten ohne jeden Verzug nach Rom hinaufgehen,
damit die Lehre des verbrecherischen Menschen nicht mehr
überhand nehme. Als Ariston unter Tränen so sprach, gab ihm
Petrus die Hand und hob ihn von der Erde auf, und er selbst
sprach unter Tränen und Seufzen: Es ist uns zuvorgekommen
der, welcher den Erdkreis durch seine Engel versucht; aber es
wird seine Verführungen auslöschen und unter die Füße derer
legen[5], die an Christus, den wir predigen, glauben, derjenige,
welcher die Gewalt hat, seine Knechte aus aller Versuchung zu
reißen[6]. Und als sie zum Tore eintraten, bat Theon den Petrus
und sagte: An keinem Tage hast du bei der so langen Meer-
fahrt im Schiffe dich erquickt; jetzt aber willst du auf einer so
rauhen Straße geradenwegs vom Schiffe aus aufbrechen? Nein,

---

1) vgl. AG. 2 11. – 2) 1. Kor. 16 13. – 3) vgl. Mt. 26 41. – 4) vgl. Röm. 5 15;
6 1. – 5) vgl. Röm. 16 20. – 6) 2. Petr. 2 9.

p. 53 bleibe und erquicke dich, und so sollst du reisen. Denn
von hier bis Rom ist gepflasterte Straße, und ich fürchte, du
möchtest von der Erschütterung einen Schaden davontragen.
Petrus aber antwortete und sprach zu ihnen: Wenn es aber ge-
schähe, daß mir zusammen mit dem Feinde unsers Herrn ein
Mühlstein (um den Hals) gehängt würde, wie mein Herr zu
uns sagte, wenn einer (einen) von den Brüdern geärgert hätte
und wir in die Tiefe versenkt würden[1]? Es wird aber nicht nur
geschehen, daß ein Mühlstein (um den Hals gehängt würde),
sondern was schlimmer ist, (ich) der Gegner dieses Verfolgers
seiner Knechte würde fern von denen, die an den Herrn Jesus
Christus geglaubt haben, vollendet werden. Auf keine Weise
aber konnte Theon ihn überreden, auch nur einen Tag dort
zu bleiben. Theon aber überwies nun seinerseits alles was im
Schiffe war denen, die ein Interesse daran hatten, und folgte
dem Petrus nach Rom, der den Ariston in die Wohnung des
Presbyters Narcissus geleitete.

Das Gerücht flog durch die Stadt zu den zerstreuten Brüdern, des Inhalts, Petrus sei ⟨nach Rom⟩ gekommen Simons
wegen, um zu zeigen, daß er ein Verführer und Verfolger der
Guten sei. Es lief darum die ganze Menge zusammen, um den
Apostel des Herrn zu sehen, wie er (die Gemeinde) auf Christus gründe. Als aber die Menge am ersten der Sabbate zu-
sammenlief, um Petrus zu sehen, begann er daraufhin mit sehr
lauter Stimme zu reden: Ihr Männer, die ihr hier seid, die ihr
auf Christus hofft[2] ihr, die ihr eine kleine Weile Versuchung
erlitten habt, merket: Aus welchem Grunde hat Gott seinen
Sohn in die Welt geschickt[3], oder aus welchem Grunde hat

---

1) Mt. 18 6; Mc. 9 42; Lk. 17 2. – 2) hofft: *eure Hoffnung auf Christus gesetzt habt*
VA. – 3) vgl. Joh. 3 17; 1. Joh. 4 9.

er (ihn) durch die Jungfrau Maria hervorgebracht[1], wenn er nicht irgendeine Gnade oder Vorsorgung schaffen wollte[2]? Denn er wollte alles Ärgernis und alle Unwissenheit und alle Tätigkeit[3] des Teufels, seine Anstiftungen und Kräfte außer Kraft setzen[4], mittels deren er einst die Oberhand hatte[5], bevor unser Gott[6] in der Welt[7] aufleuchtete[8]. Weil sie nun bei ihren vielen und mannigfaltigen Schwachheiten durch ihre Unwissenheit in den Tod[9] stürzten[10], erbarmte sich der allmächtige[11] Gott und sandte seinen Sohn[12] in die Welt, wobei ich zugegen gewesen bin[13]. Und er wandelte über die Wasser, wofür ich selbst Zeuge bleibe (und auch dafür), daß er damals in der Welt p. 54 durch Zeichen und Wunder, die er alle getan hat, gewirkt habe. Ich gestehe, daß ich zugegen gewesen bin, teuerste Brüder; ich habe ihn, unsern Herrn Jesus Christus verleugnet[14], und nicht nur einmal, sondern sogar dreimal; es waren nämlich die, die mich in die Falle gelockt hatten, gottlose Hunde[15], wie sie (ja auch) die Propheten des Herrn (hintergangen haben)[16]. Aber der Herr hat es mir nicht angerechnet; er wandte sich zu mir[17] und erbarmte sich über die Schwachheit meines Fleisches, so daß ich nachher bitterlich

---

1) *Aus welchem Grunde hat Gott durch die heilige Jungfrau Maria seinen Sohn hervorgebracht und in die Welt geschickt* VA. – 2) schaffen wollte: *zur Vollendung führen wollte* VA. – Unwissenheit: + *und Irrtum vernichten* VA. – 3) und alle Tätigkeit … setzen: *und jeden Dämon und jede Macht und übermütige Kraft schwach machen* VA. – 4) vgl. AG. 26 18; 1. Joh. 3 8. – 5) mittels … hatte: *die über die früheren und die vor uns [liegenden] Dinge die Oberhand hatte* VA. – 6) unser Gott: *unser Herr Jesus* VA. – 7) in der Welt: *in seiner Welt* VA. – 8) vgl. Jes. 4 2; Hebr. 7 14. – 9) vgl. Eph. 2 1. – 10) Weil … stürzten *om.* VA. – 11) allmächtige *om.* VA. – 12) Sohn: *Kind (Knecht)* VA. – 13) vgl. 2. Petr. 1 16; Mt. 14 25. – 14) vgl. Mt. 26 70. 72. 74. – 15) vgl. 2. Petr. 2 12; Phil. 3 2. – 16) vgl. Mt. 5 12. – 17) vgl. Lk. 22 61.

jammerte[1]; und ich betrauerte meinen so schwachen Glauben, da ich von dem Teufel um den Verstand gebracht war und das Wort meines Herrn nicht vor Augen hatte. Und jetzt sage ich euch, o ihr Männer (und) Brüder, die ihr im Namen Jesu Christi zusammengekommen seid: auch auf euch sendet der Betrüger Satanas seine Pfeile[2], damit ihr den rechten Weg verlasset. Aber werdet nicht abtrünnig, ihr Brüder, und fallet nicht in eurem Geiste, sondern stärket euch und stehet fest und zweifelt nicht! Denn wenn Satanas mich, den der Herr so hoch achtete[3], geärgert hat, so daß ich das Licht meiner Hoffnung[4] verleugnete, wenn er mich zu Falle brachte und zur Flucht überredete[5], als ob ich an einen Menschen glaubte, was glaubet ihr wohl, (daß mit euch geschehen würde,) die ihr eben erst bekehrt seid? Glaubet ihr, daß er euch nicht verstörte, um euch zu Feinden des Reiches Gottes zu machen und euch in dem ärgsten Irrtum ins Verderben zu stürzen? Denn jeder, den er der Hoffnung auf unseren Herrn Jesus Christus beraubt, der ist ein Kind des Verderbens[6] für alle Ewigkeit. Bekehret euch darum, ihr Brüder, die ihr vom Herrn erwählt seid und gründet euch fest auf den allmächtigen Herrn, den Vater unsers Herrn Jesu Christi, den niemand jemals gesehen hat[7] noch sehen kann außer dem, der an ihn glaubt. Erkennet aber, woher für euch die Versuchung gekommen ist. Denn nicht nur deswegen (bin ich gekommen), um euch mit Worten zu überzeugen, daß der, den ich verkünde, der Christus sei, sondern auch auf Grund von wunderbaren Taten und Kräf-

---

1) vgl. Mt. 26 41; Mc. 14 38. Mt. 26 75; Lk. 22 62: *flevit amare (Vulgata)*. – 2) vgl. Eph. 6 16. – 3) vgl. Mt. 16 17-19. – 4) vgl. etwa Kol. 1 27; 1. Tim. 1 1; Joh. 5 35. – 5) Mt. 26 72. 74; 14 71. – 6) vgl. Joh. 17 12; 2. Thess. 2 3. – 7) vgl. Joh. 1 18. 6 46.

ten mahne ich euch durch den Glauben an Christus Jesus, es möge keiner von euch einen andern (Erlöser) erwarten außer diesem Verachteten und von den Juden Geschmähten[1], diesem gekreuzigten Nazarener, der starb und am dritten Tage auferstand. Darauf bitten die Brüder, Petrus möge Simon niederkämpfen, der sich im Hause des Marcellus aufhalte, und erzählen ihm von der Sinneswandlung, p. 55 die mit Marcellus infolge von Simons Auftreten vorgegangen wäre. Aus dem opferfreudigsten Anhänger Christi sei er ein erbitterter Gegner geworden, da er sich betrogen glaubte. Sein Beispiel hätte sie nach sich gezogen. Er verdiene also Hilfe im Irrtum. Als aber Petrus dies sah, wurde er von großem Schmerze ergriffen und sagte: O mannigfaltige Künste und Versuchungen des Teufels! O Listen und Erfindungen von Bösen! Der für sich auf den Tag des Zorns[2] das große Feuer[3] nährt, Verwüstung einfältiger Menschen, ein reißender Wolf, ein Verschlinger[4] und Zerstreuer des ewigen Lebens! Du hast den ersten Menschen in böse Lust verstrickt und hast ihn durch deine frühere Schlechtigkeit und ein körperliches Band (an dich) gefesselt. Du bist die Frucht des Baumes der Bitterkeit, die ganz bitter ist[5], der du mannigfaltige Lüste einflößest. Du hast meinen Mitschüler und Mitapostel Judas gezwungen[6], gottlos zu handeln, daß er verriet unsern Herrn Jesus Christus; daß er dich p. 56 dafür strafe, ist notwendig. Du hast das Herz des Herodes verstockt und den Pharao[7] entflammt und ihn gezwungen zu kämpfen gegen den heiligen Diener Gottes, Moses, du hast dem Kaiphas die Frechheit verliehen, daß er der feindlichen

---

1) vgl. Mt. 27 39. – 2) vgl. Röm. 2 5. – 3) vgl. Mt. 25 41. – 4) vgl. Mt. 7 15; AG. 20 29. 1. Petr. 5 8. – 5) vgl. Hebr. 12 15 (5. Mos. 29 17)? – 6) vgl. Joh. 13 2; Lk. 22 3. – 7) vgl. 2. Mos. 4 21; Röm. 9 18.

Menge unsern Herrn Jesus Christus übergab[1]; und auch jetzt noch schießest du mit deinen giftigen Pfeilen[2] auf unschuldige Seelen. Du gottloser Feind aller, als ein Fluch wirst du von seiner Kirche, (nämlich der Kirche) des Sohnes des heiligen allmächtigen Gottes, und wie ein vom Herd geworfener Feuerbrand[3] von den Dienern unsers Herrn Jesu Christi ausgelöscht werden. Gegen dich möge sich kehren deine Schwärze und gegen deine Söhne, den schlechtesten Samen, gegen dich mögen sich kehren deine Schlechtigkeiten und gegen dich deine Drohungen und gegen dich deine Versuchungen[4] und gegen deine Engel, du Anfang der Schlechtigkeit, Abgrund der Finsternis[5]! Deine Finsternis, die du hast, sei mit dir und mit deinen Gefäßen, die du besitzest. Weiche darum von denen, die Gott im Begriffe sind zu glauben, weiche von den Dienern Christi und denen, die für ihn Kriegsdienste leisten wollen! Behalte du für dich deine Kleider der Finsternis; ohne Ursache klopfest du an fremde Türen[6], die nicht dir gehören, sondern Christus Jesus, der sie bewacht. Denn du, reißender Wolf, willst die Schafe rauben[7], die nicht dir gehören, sondern Christus Jesus gehören, der sie eifrig mit dem höchsten Eifer bewacht.

Sofort geht Petrus nach dem Hause des Marcellus. Der Pförtner kann ihn nicht anmelden, da ihm Simon befohlen hat zu sagen, er wäre nicht zu Hause. Dies benutzt Petrus, um sogleich ein großes Wunder zu tun. Er schickt zu Simon p. 57 einen großen Hund, der ihm mit menschlicher Stimme Petrus' Auftrag ausrichtet. Die Folge davon ist die Umkehr des Mar-

---

1) vgl. Mt. 27 2; Joh. 18 35. – 2) vgl. Eph. 6 16. – 3) vgl. Am. 4 11; Sach. 3 2? – 4) vgl. 2. Petr. 2 12 f. – 5) vgl. 1. Joh. 3 8. 2. Petr. 2 4. – 6) vgl. Mt. 7 8; Offb. 3 20. – 7) vgl. Joh. 10 12.

cellus. Er bekennt, ihm entgegenlaufend, seine Sünden, erklärt als Ursache seines Abfalls Simons Anspruch, die Kraft Gottes zu sein, weswegen er ihm auch eine Statue habe setzen lassen, und bittet Petrus um Fürbitte bei Christus; er hoffe, daß der Herr sich seiner erbarmen werde im Hinblick darauf, p. 58 daß Petrus selber auf den Wassern in Zweifel geriet (Mt. 14 31), weshalb ihn Simon einen Ungläubigen nannte, sowie angesichts des Spruchs (Christi): Die mit mir sind, haben mich nicht verstanden. Petrus betet darauf mit lauter Stimme: Dir, unser Herr, (sei) Ruhm und Preis, allmächtiger Gott, Vater unsers Herrn Jesu Christi. Dir sei Lob und Ruhm und Ehre[1] in alle Ewigkeit. Amen. Da du auch uns jetzt voll gekräftigt und auf dich fest gegründet hast vor den Augen aller, die es sehen, heiliger Herr, befestige den Marcellus und sende deinen Frieden in ihn und sein Haus (noch) heute; alles aber, was verloren gegangen ist oder (herum) irrt, – du allein kannst sie insgesamt richtig leiten. Dich flehen wir an, o Herr, du Hirt der einst zerstreuten Schafe, jetzt aber werden sie durch dich zusammengeführt werden[2]. So nimm nun auch den Marcellus auf wie eins von deinen Schäflein, und leide nicht, daß er noch länger in Irrtum oder in Unwissenheit umhertollt; sondern nimm ihn auf in die Zahl deiner Schafe! Ja, Herr, nimm ihn auf, da er mit Schmerzen und unter Tränen dich bittet. Ein von einem Dämon über die Vorgänge zwischen p. 59 Simon und dem Hunde unterrichteter Jüngling fällt Petrus durch sein Lächeln auf; Petrus befiehlt dem Dämon auszufahren. Dabei zertrümmert der Jüngling im Vorhofe des Hauses eine Kaiserstatue. Ängstlich macht Marcellus auf das Verbrechen aufmerksam, das damit begangen sei; aber Petrus tröstet ihn und heißt ihn zur Prüfung seines

---

1) 1. Petr. 1 7. – 2) vgl. Joh. 10 16. 11. 1. Petr. 2 25; 1. Kön. 22 17; Hes. 34 12.

Glaubens geweihtes Wasser auf die Trümmerstätte sprengen. Dadurch wird die Statue wieder ganz (wie in der Erzählung Philostrats *vita Apollonii* IV 20).

Die Erzählung kehrt zu Simon und dem Hunde zurück. Der Hund hält Simon p. 60 eine Strafrede, kommt zu Petrus, berichtet ihm über seine Verhandlungen mit Simon, prophezeit ihn, daß ihm ein schwerer Kampf mit diesem bevorstehe, und verendet vor seinen Füßen. Ein Teil des Volkes ist durch dieses Wunder bekehrt, ein anderer will ein neues Wunder sehen. Diesem Wunsche gibt Petrus nach und läßt im Namen Jesu Christi einen geräucherten Tunfisch p. 61 lebendig werden. Viele glaubten an den Herrn und kamen Tag und Nacht in dem Hause des Presbyters Narcissus zusammen. Es handelte aber Petrus vor ihnen über die prophetischen Schriften und über das, was unser Herr Jesus Christus vollbracht hatte in Wort und Taten. Simon wird von Marcellus aus dem Hause gejagt und von seinen Dienern geschmäht; er flieht zu dem Hause, in dem Petrus wohnt. Er stand am Hause des Presbyters Narcissus an der Tür und rief: Siehe, da bin ich, Simon: Komm darum herunter, Petrus, und ich will beweisen, daß du an einen jüdischen Mann und den Sohn eines Zimmermanns[1] geglaubt hast. Petrus schickt eine Frau mit einem sieben Monate alten Säugling zu ihm heraus; dieser teilt ihm mit männlicher Stimme p. 62 unter mannigfaltigen Schmähreden mit, daß am kommenden Sabbat seine schlechte Natur werde offenbart werden; bis dahin müsse er verstummen und Rom verlassen, was auch geschieht.

Als aber die Nacht kam, sah Petrus Jesus[2], angetan mit einem leuchtenden Gewande[3], lächelnd; noch war Petrus wach,

---

1) vgl. Mt. 13 55. – 2) vgl. AG. 18 9 f. – 3) vgl. AG 10 30.

und (Christus) sagte zu ihm: Schon ist der größte Teil der Bruderschaft (zu mir) zurückgekehrt durch mich und durch den, durch den du Zeichen getan hast in meinem Namen. Du wirst aber einen Glaubenskampf[1] haben am kommenden Sabbat, und es werden viel mehr von den Heiden und von den Juden in meinem Namen zu mir, dem Geschmähten, Verspotteten, Bespieenen[2] bekehrt werden. Denn ich will mich dir zeigen, wenn du (mich) um Zeichen und Wunder bittest, und du wirst viele bekehren, aber du wirst einen Widersacher an Simon haben infolge der Tätigkeit seines Vaters[3]. Aber all sein Tun wird als Zauberei und magisches Trugwerk an den Tag kommen. Jetzt aber zaudere nicht, und du wirst alle, die ich dir zuschicken werde, auf meinen Namen gründen.

Als es nun hell geworden war, erzählte er den Brüdern, daß ihm der Herr erschienen wäre, und was er ihm aufgetragen hätte[4]. – – – Glaubet mir aber, o ihr Männer (und) Brüder, ich habe diesen Simon p. 63 aus Judäa vertrieben; er tat viel Böses mit Hilfe seiner Zaubersprüche; er hielt sich auf in Judäa bei einer Frau, mit Namen Eubola; sie war sehr geachtet in dieser Welt und besaß reichlich Gold und Perlen von nicht geringem Werte. Hier schlich sich Simon mit zwei ihm ähnlichen (Begleitern) ein; jene zwei sah von der Dienerschaft keiner; (man sah) nur Simon allein; sie machten ihre Zauberei und trugen alles Gold des Weibes weg und waren nicht sichtbar. Nachdem aber Eubola dieses Geschehnis erfahren hatte, begann sie ihre Dienerschaft foltern zu lassen und sagte: Ihr habt die Gelegenheit benutzt, (als) der göttliche Mann (zu mir kam), und habt mich beraubt; weil ihr sahet, daß er zu mir kam, um ein einfaches

---

1) vgl. 1. Tim. 6 12. – 2) vgl. Mt. 27 39. 31; Mc. 14 65. 15 19 u. a. Stellen. – 3) vgl. Joh. 8 44. – 4) vgl. Joh. 20 18?

Weib zu ehren; sein Name aber ist der Name »Herr«. Ich aber
fastete drei Tage und betete, es möchte dieses Ereignis offenbar
werden, und sehe im Gesichte den Italicus und Antulus, die ich
im Namen des Herrn unterwiesen hatte, und einen nackten ge-
fesselten Knaben, der mir ein Weizenbrot reicht und zu mir
sagt: Petrus, halte noch zwei Tage aus, so wirst du die Großtaten Gottes[1] sehen. Denn (du wirst sehen), daß Simon das, was
aus dem Hause der Eubola abhanden gekommen ist, mittels
seiner magischen Kunst und durch täuschendes Spiel zusammen mit zwei andern weggenommen hat. Du wirst sie am dritten Tage in der neunten Stunde an dem Tor, das nach Neapolis
(Sichem) führt, sehen, wie sie einem Goldschmied mit Namen
Agrippinus einen goldenen, zwei Pfund schweren Satyriscus
verkaufen wollen, der in sich einen kostbaren Stein trägt. Du
aber darfst ihn nicht anrühren, damit du nicht befleckt werdest;
aber es mögen dich einige von den Sklaven der Matrone be-
gleiten. Du aber sollst ihnen die Bude des Goldschmiedes zeigen und gehst (darauf) weg von ihnen. Denn wegen dieses
Ereignisses werden viele an den Namen des Herrn glauben.
Denn was jene in ihrer Schlauheit und Schlechtigkeit mit sich
davongetragen haben, wird an das Tageslicht gebracht werden.
Als ich das hörte, ging ich zu Eubola und fand sie sitzend, mit
zerrissenen Kleidern und aufgelöstem Haar in Trauer. Ich sagte
zu ihr: Eubola, steh auf (und laß) deine Trauer; bringe dein
Angesicht wieder in Ordnung und stecke deine Haare auf und
nimm ein Kleid, das für dich schicklich ist, und bete zu dem
Herrn Jesus Christus, der jede Seele richtet. Denn er ist der
Sohn des unsichtbaren Gottes, in welchem du gerettet werden
mußt, wenn du nur von ganzem Herzen für deine früheren

---

1) AG. 2 11.

Sünden Buße tust; und empfange Kraft von ihm. Denn siehe, es läßt dir der Herr durch mich sagen: Alles, was du verloren hast, p. 64 wirst du wiederfinden. Und nachdem du es wiederbekommen hast, sorge dafür, daß er dich finde, damit du auf diese gegenwärtige Welt verzichten und ewige Erquickung[1] finden könnest. Darum höre folgendes: einige von deinen (Dienern) mögen an dem Tore, das nach Neapolis führt, beobachten. Übermorgen, ungefähr in der neunten Stunde, werden sie sehen, wie zwei Jünglinge einen goldenen, zwei Pfund schweren, in Steine eingeschlossenen Satyriscus, – so hat es mir ein Gesicht gezeigt, – einem gewissen Agrippinus zum Verkaufe anbieten werden, einem Freunde der Frömmigkeit und des Glaubens an den Herrn Jesus Christus. Durch ihn wird dir gezeigt, daß du dem lebendigen Gott glauben sollst und nicht dem Magier Simon, dem trügerischen Dämon, der dich in Trauer lassen wollte und deine unschuldige Dienerschaft gefoltert werden lassen wollte, der dich mit Schmeichelworten, aber nur mit Worten verführte und nur mit dem Munde von der Frömmigkeit zu Gott sprach, während er selbst ganz die Gottlosigkeit in sich trägt. Denn als du glaubtest, einen heiteren Tag feiern zu können, und ein Götzenbild aufstelltest und schmücktest, und all deinen Schmuck auf dem Prunktische ausgestellt hattest, da (kam) jener und führte zwei Jünglinge mit herein, die niemand von euch gesehen hat; sie sprachen einen Zauberspruch und raubten deine Schmucksachen und waren nicht sichtbar. Aber sein Ränkespiel hatte keinen Bestand. Denn mein Gott hat (es) mir offenbar gemacht, so daß du nicht getäuscht werdest und nicht in der Hölle umkommest, und was du gottlos und im Gegensatz gegen Gott getan hast, der aller Wahrheit

---

1) vgl. 2. Petr. 1 4; Gal. 1 4. Tob. 3 6; Jes. 66 1.

voll[1] ist und ein gerechter Richter der Lebenden und der Toten, ⟨wird er dir vergeben,⟩ und es gibt für die Menschen keine
andere Hoffnung auf Leben[2], außer durch den, durch den dir
das, was du verloren hattest, gerettet worden ist. Und jetzt gewinne du deine Seele[3]! Aber jene warf sich mir vor die Füße
und sagte: O Mensch, wer du bist, weiß ich nicht. Jenen hatte
ich zwar wie einen Diener Gottes aufgenommen, und was er
nur immer von mir zur Pflege der Armen erbat, ich habe vieles
durch seine Hand gegeben und ihm habe ich außerdem noch
vieles zugeteilt. Was habe ich ihm nur zuleide getan, daß er
meinem Hause so großen Schaden zugefügt hat? Zu ihr sagte
Petrus: Nicht den Worten dürfen wir Glauben schenken, sondern den Werken und Taten[4]. Darum wollen wir das Begonne-
ne ausrichten. Also verließ ich sie und ging mit zwei Wirtschaf-
tern der Eubola und komme zu Agrippinus und sage zu ihm:
Siehe, daß du diese wiedererkennst. Denn morgen werden zu
dir zwei Jünglinge kommen, die dir einen goldenen Satyriscus
in Steine eingeschlossen, der ihrer Herrin gehört, verkaufen
wollen. Du aber wirst sie aufnehmen, p. 65 gleich als wolltest
du das Werk des Künstlers ansehen und loben. Diese da kommen hinzu, – das übrige wird Gott zum Beweise herbeiführen.
Am andern Tage aber kamen die Wirtschafter der Matrone ungefähr um die neunte Stunde, und jene Jünglinge wollten dem
Agrippinus den goldenen Satyriscus verkaufen. Sofort wurden
sie festgenommen und die Sache der Matrone gemeldet. Aber
jene ging verstörten Geistes zu dem Statthalter und mit ganz
lauter Stimme erzählte sie, was ihr widerfahren wäre. Als der
Statthalter Pompeius sie, die niemals an die Öffentlichkeit ge-

---

1) vgl. Joh. 1 14. – 2) vgl. AG. 4 12? – 3) vgl. Mt. 16 26 u. a. Stellen. – 4) vgl.
1. Kor. 4 20.

kommen war, verstörten Geistes sah, stand er sofort von seinem Richterstuhl auf, ging in das Prätorium und ließ sie herbeibringen und peinlich verhören. Als jene aber unter der Folter waren, gestanden sie, daß sie im Dienste des Simon ständen, der uns mit Geld dazu veranlaßte. Und länger peinlich verhört gestanden sie (weiter), daß alles, was Eubola verloren hatte, unter der Erde in einer Höhle niedergelegt sei, jenseits des Tores, und vieles andere. Als Pompeius dies gehört hatte, stand er auf, um an das Tor zu gehen, nachdem jene beiden mit doppelten Ketten gebunden waren. Und siehe, Simon trat in das Tor und suchte sie, weil sie (so) langsam machten: und er sieht einen großen Volkshaufen kommen und jene mit Ketten gebunden. Sofort verstand er und ergriff die Flucht und ward in Judäa bis auf diese Zeit nicht mehr gesehen. Nachdem aber Eubola all ihr Eigentum wieder erhalten hatte, schenkte sie es zum Dienst an den Armen; sie glaubte aber an den Herrn Jesus Christus und wurde gestärkt, verachtete und leistete Verzicht auf diese Welt[1], teilte den Witwen und Waisen aus und kleidete die Armen, und erlangte nach langer Zeit den ewigen Schlaf[2]. Dies aber, geliebteste Brüder, ist in Judäa geschehen; dadurch wurde der, der der Engel des Satan[3] genannt wird, von da vertrieben. Teuerste und geliebteste Brüder, laßt uns zusammen fasten und zu dem Herrn beten! Der ihn von dort vertrieben hat, ist mächtig genug, ihn auch von hier auszureißen. Und er möge uns seine Kraft geben, ihm Widerstand zu leisten und seinen Zaubersprüchen, und zu erweisen, daß er der Engel des Satans[3] sei. Denn am Sabbat wird ihn unser Herr, wenn er auch nicht will[4], nach dem Julischen Forum führen. Wir wollen darum unsere

---

1) vgl. Lk. 14 33. – 2) 1. Kor. 7 39; 2. Makk. 12 45. – 3) 2. Kor. 12 7. – 4) vgl. Joh. 21 18?

Knie vor Christus beugen, der uns erhört, auch wenn wir nicht
(zu ihm) geschrien haben; der uns sieht, auch wenn er nicht
mit diesen (unsern) Augen gesehen wird, aber er ist unter
uns[1]: wenn wir p. 66 wollen, wird er uns nicht verlassen. Wir
wollen darum unsere Seelen reinigen von jeder schlechten Versuchung[2], und Gott wird nicht von uns gehen; und wenn wir
ihm nur mit den Augen zuwinken, ist er bei uns. Nachdem dies
von Petrus gesagt worden war, kam auch Marcellus dazu und
sagte: Petrus, ich habe für dich mein ganzes Haus von den Spuren Simons gereinigt und (jede Spur) seines schändlichen
Staubes ausgetilgt. Ich habe nämlich Wasser genommen und
rief den heiligen Namen Jesu Christi an mit seinen übrigen
Dienern, die zu ihm gehören, und besprengte mein ganzes
Haus und alle Speisezimmer und jeden Säulengang bis hinaus
vor die Tür und sagte: Ich weiß, daß du, o Herr Jesus Christus,
rein bist und unberührt von jeder Unreinigkeit[3], so daß mein
Feind und Gegner vor deinem Anblick vertrieben wird. Und
jetzt habe ich, Seligster, in mein gereinigtes Haus die Witwen
und Ältesten zu dir kommen heißen, damit sie mit uns beten.
Sie werden aber um des Dienstes (Christi) willen je ein Gold-
stück erhalten, damit sie in Wahrheit Christi Diener genannt
werden können. Das übrige aber ist alles schon zum (Gottes)
Dienst vorbereitet. Ich bitte dich darum, seligster Petrus, ihre
Bitten zu besiegeln, damit auch du ihre Gebete (, die sie) für
mich (tun,) (durch deine Gegenwart) verschönest. Wir wollen
darum gehen; wir wollen auch den Narcissus und alle die Brüder, die hier sind, mit uns nehmen. Infolge davon stimmt Petrus
seiner Einfalt zu, und um auch ihm den Willen zu tun, geht er
mit ihm und den übrigen Brüdern.

---

1) vgl. Lk. 17 21? – 2) vgl. 1. Joh. 1 9. – 3) vgl. 1. Petr. 1 19.

Petrus aber trat ein und sah eine von den alten Frauen, die ihres Augenlichtes beraubt war, und ihre Tochter, die ihr die Hand gab und sie in das Haus des Marcellus führte. Und es sagte Petrus zu ihr: Komm her, Mutter; dir gibt Jesus vom heutigen Tage an seine Rechte[1]; durch ihn haben wir ein unzugängliches Licht[2], das die Finsternisse nicht bedecken. Er läßt dir durch mich sagen: Öffne die Augen und werde sehend und wandle allein! Und sofort sah die Witwe, wie Petrus ihr die Hand auflegte. Es trat aber Petrus in das Speisezimmer und sah, daß das Evangelium gelesen wurde. Er blätterte im Buch und sagte: Ihr Männer, die ihr an Christus glaubt und p. 67 auf ihn hofft, ihr sollt wissen, wie die heilige Schrift unsers Herrn erklärt werden muß. Was wir nach seiner Gnade, soweit wir sie empfangen, niedergeschrieben haben, wenn es euch auch noch schwach zu sein scheint, so ist doch das, was vorgebracht wird, umfassend (genug), auf das menschliche Fleisch bezogen zu werden. Wir müssen darum vorher Gottes Willen oder seine Güte kennen lernen, da ja einst der Betrug weit verbreitet war und viele Tausende von Menschen in das Verderben stürzten[3], und darum der Herr durch sein Mitleid veranlaßt wurde, sich in einer anderen Gestalt zu zeigen und im Bilde eines Menschen zu erscheinen, den weder die Juden noch wir in würdiger Weise anschauen können. Denn jeder von uns sah (ihn), wie es (ihn) zu sehen angängig war, je nachdem er es konnte. Jetzt aber will ich euch nunmehr erklären, was euch vorgelesen worden ist. Unser Herr wollte mich seine Majestät auf dem heiligen Berge[4] sehen lassen; als ich aber seinen Lichtglanz sah zusammen mit den Söhnen des Zebedäus, fiel ich wie tot nieder[5] und schloß

---

1) vgl. Jes. 41 13. – 2) 1. Tim. 6 16. – 3) 1. Tim. 6 9 – 4) 2. Petr. 1 16. 18; vgl. Mt. 17 1 ff. – 5) vgl. Offb. 1 17.

meine Augen und hörte seine Stimme in einer Weise, die ich nicht beschreiben kann; ich glaubte, daß ich von seinem Glanze des Augenlichtes beraubt sei[1]. Und ich atmete ein wenig auf und sprach bei mir: Vielleicht hat mich mein Herr hierher führen wollen, um mich des Augenlichtes zu berauben. Und ich sagte: Wenn dies dein Wille ist, widerspreche ich nicht, o Herr. Und er gab mir seine Hand und richtete mich auf. Und als ich mich erhob, sah ich ihn wiederum so, wie ich ihn fassen konnte. Wie also der barmherzige Gott, ihr geliebtesten Brüder, unsere Schwachheiten getragen und unsere Vergehen auf sich genommen hat, wie der Prophet sagt: Er trägt unsere Sünden; und hat Schmerzen für uns; wir aber glaubten, daß er in Schmerzen sei und von Wunden geplagt würde[2]. Da ja Er im Vater ist und der Vater in ihm[3]; er selbst ist auch die Fülle aller Majestät, der uns alle seine Güter gezeigt hat. Er hat gegessen und getrunken unsertwegen, obwohl er selbst weder hungerte noch dürstete, er hat getragen und erduldet Beschimpfungen unsertwegen, er ist gestorben und auferstanden um unsertwillen. Der auch mich, als ich sündigte, verteidigt p. 68 und gestärkt hat durch seine Größe[4], wird auch euch trösten, daß ihr ihn[5] liebt, diesen Großen und ganz Kleinen, Schönen und Häßlichen[6], Jüngling und Greis, in der Zeit erscheinend und in Ewigkeit schlechterdings unsichtbar[7], den eine menschliche Hand nicht gehalten hat, und der (doch jetzt) von seinen Dienern gehalten wird, den das

---

1) vgl. AG. 9. – 2) Jes. 53 4. – 3) Joh. 10 38; 17 21; vgl. Kol. 1 19; 2 9. – 4) durch seine Größe: *zu seiner Größe und zur Erkenntnis* VA. – 5) ihn: + *erkennt und* VA. – 6) ganz ... Häßlichen: *den, der klein ist für die Unwissenden, groß für die, die ihn kennen, den, der schön ist für die Verstehenden und unschön für die Unwissenden* VA. – 7) in ... unsichtbar: *den, der in der Zeit erscheint und immer ist, der überall ist und in keinem seiner Unwürdigen ist* VA.

Fleisch nicht gesehen hat und (doch) jetzt sieht, der nicht gehört worden war, aber jetzt bekannt ist, das gehörte Wort, und jetzt hat er wie wir das Leiden erduldet, niemals gezüchtigt, aber jetzt gezüchtigt, der vor der Welt ist und in der Zeit wahrgenommen worden ist, aller Herrschaft großer Anfang und den Fürsten übergeben; herrlich, aber unter uns niedrig; häßlich erschienen, aber vorsorglich[1]. Diesen Jesus habt ihr, ihr Brüder, die Tür, das Licht, den Weg, das Brot, das Wasser, das Leben, die Auferstehung, die Erquickung, die Perle, den Schatz, den Samen, die Sattheit, das Senfkorn, den Weinstock, den Pflug, die Gnade, den Glauben, das Wort[2]: Dieser ist alles und es ist kein anderer größer als er; ihm (sei) Lob in alle Ewigkeit. Amen. Und als die neunte Stunde um war, standen sie auf, um zu beten. Und siehe, plötzlich riefen aus dem Kreise der alten Frauen blinde Witwen, die da saßen, ohne daß es Petrus wußte, und nicht gläubig waren, und sprachen zu Petrus: Wir sitzen hier zusammen, o Petrus, auf Christus Jesus hoffend und (an ihn) glaubend. Darum wie du eine von den Unsrigen sehend gemacht hast, so bitten wir, Herr Petrus, teile auch uns seine Barmherzigkeit und Liebe mit! Petrus aber sagte zu ihnen: Wenn ihr den Glauben an Christus habt, wenn er in euch befestigt ist, so sehet mit dem Geiste, was ihr mit den Augen nicht

---

1) den ... vorsorglich: *der aber selbst das All hält, den Fleisch bis jetzt nicht gesehen hat, der aber mit den Augen der Seele von den seiner Würdigen gesehen wird, das von den Propheten verkündete Wort (Logos), das jetzt erschienen ist, [den Verkündeten und von Gott Erkannten; den über Leiden Erhabenen, der doch um unsertwillen gelitten hat; der vor den Äonen war, und jetzt erschienen ist,] den für Sünden Unangreifbaren, der doch den Fürsten und Gewalten übergeben worden ist, der für uns und alle, die ihn lieben, immer Vorsorge trifft* (vgl. 1. Petr. 5 7) VA. – 2) Joh. 10 7. 9; 3 19; 8 12. 14 6; 6 35; 4 10. 7 38; 14 6; 11 25; Mt. 11 28; 13 46; 44; 24; 5 6?; 13 31; Joh. 15 1; Lk. 9 62; Joh. 1 1. 14. 1 Joh. 1 1.

sehet[1]; und eure Ohren sind verschlossen, aber in eurem Geiste innen mögen sie offen stehen. Diese Augen werden wiederum geschlossen werden, die nichts anderes sehen als Menschen und Rinder und stumme Tiere und Steine und Holz; aber Jesus Christus sehen nicht alle Augen[2]. Aber jetzt, o Herr, möge dein süßer und heiliger Name[3] diesen da zu Hilfe kommen; berühre du ihre Augen; denn du bist mächtig, so daß diese mit ihren Augen sehen können. Als aber von allen das Gebet gesprochen worden war, da erstrahlte das Speisezimmer, in dem sie sich befanden, gleichwie wenn es blitzt; aber ein solcher (Glanz), wie er in den Wolken zu sein pflegt. Aber es war nicht ein solches Licht, wie es p. 69 tagsüber ist, (sondern) unbeschreiblich, unfaßbar, wie es kein Mensch beschreiben kann, ein solches Licht, das uns bis so weit blendete, daß wir um unsere Sinne kamen, zu dem Herrn riefen und sprachen: Erbarme dich unser, o Herr, deiner Knechte! Was wir, o Herr, tragen können, verschaffe du uns: denn dies können wir weder sehen, noch ertragen. Als wir aber dalagen, standen nur jene Witwen aufrecht, sie waren ja blind. Das helle Licht aber, das uns erschien, drang in ihre Augen und machte sie sehend. Zu ihnen sagte Petrus: Erzählet, was ihr gesehen habt. Sie sagten: Wir haben einen älteren Mann gesehen, der solche Schönheit hatte, wie wir es dir nicht beschreiben können; andere aber (sagten): wir haben einen heranwachsenden Jüngling gesehen; andere aber sagten: Wir

---

1) vgl. Eph. 1 18? – 2) ihr ... Augen: *euer Glaube an ihn, wie ihr sagt, fest ist, so sehet ihr ihn mit den Augen des Herzens, und wenn diese eure leiblichen Augen gefüllt (? = geheilt) werden, so werden die Augen eurer Seele geöffnet werden. Und wenn jetzt diese eure Augen geöffnet werden, so werden sie wieder geschlossen werden und werden, wieder sehend geworden, nichts anderes sehen als Leibliches, d. h. Menschen und Rinder und die anderen Tiere und Steine und Hölzer, Jesum aber, der Gott ist, sind diese Augen nicht geschaffen zu sehen* VA. – 3) vgl. Mt. 7 22.

haben einen Knaben gesehen, der unsere Augen zart berührte,
so sind uns die Augen geöffnet worden. Darum pries Petrus
den Herrn und sagte: Du bist allein der Herr Gott, dem Lob
darzubringen, wie viele Lippen haben wir nötig, damit wir dir
nach deiner Barmherzigkeit Dank sagen können? Darum, ihr
Brüder, wie ich es euch kurz vorher erzählt habe, größer ist
der beständige Gott, als unsere Gedanken, wie wir es von den
alten Witwen erfahren haben, wie sie in verschiedener Gestalt
den Herrn gesehen haben. Unterdessen ist es Nacht geworden.
Marcellus bittet die Jungfrauen des Herrn, sein Haus nicht zu
verlassen; denn am morgenden Tage werde Petrus mit Simon
auf dem Forum den Kampf zu bestehen haben, p. 76, darum
müßten sie für ihn beten. In Schlaf gesunken sieht er, wie ein
dem Petrus ganz ähnlicher Mann ein häßliches schwarzes, tan-
zendes äthiopisches Weib, das als die ganze Kraft Simons und
seines Gottes erklärt wird, zusammenschlägt. Er erzählt Petrus
diese Vision, und dieser nimmt das Gesicht als Beweis, daß er
siegen werde. So begibt er sich nach dem Forum.

Es kamen aber die Brüder und alle die in Rom waren zusammen und nahmen für die Goldstücke (die sie empfangen
hatten) jeder seinen Platz (auf dem Forum) ein. Es kamen
aber auch die Senatoren und Präfekten und die Beamten zusammen. Als aber Petrus ankam, stellte er sich in die Mitte.
Alle insgesamt riefen aus: Zeige uns, o Petrus, wer dein Gott
ist, oder was das für eine Majestät ist, die dir Vertrauen p. 71
gegeben hat. Sei den Römern nicht mißgünstig: sie sind Liebhaber der Götter[1]. Wir haben aber die Proben Simons; wir
wollen auch die deinen haben; beweiset uns darum beide,
wem wir in Wahrheit glauben müssen! Und als sie dies sagten,

---

1) vgl. AG. 17 22?

kam auch Simon dazu. Bestürzt trat er an die Seite des Petrus und schaute besonders auf ihn. Nach langem Schweigen sagte Petrus: Ihr römischen Männer, ihr sollt uns wahre Richter sein. Ich sage nämlich, daß ich an den lebendigen und wahren Gott glaube, von dem ich euch die Proben, die mir schon bekannt sind, zu zeigen verspreche, wie auch unter euch (schon) viele dafür Zeugnis ablegen (können). Ihr seht nämlich, daß dieser eben schweigt, weil er widerlegt worden ist und ich ihn aus Judäa vertrieben habe wegen der Betrügereien, die er an Eubola, einer hochangesehenen aber einfältigen Frau, mittels seiner Zauberkunst verübte. Von da ist er durch mich vertrieben worden und kam hierher, in dem Glauben, er könne unter euch verborgen bleiben; und siehe, da steht er nun (mir) von Angesicht zu Angesicht. Sage, Simon, bist du nicht in Jerusalem mir und Paulus zu Füßen gefallen[1], als du die Heilwunder sahest, die durch unsere Hände geschahen, und sagtest: Ich bitte euch, nehmet Geld von mir, soviel ihr wollt, damit (auch ich) die Hand auflegen und solche Taten tun kann[2]. Als wir aber das von dir gehört hatten, haben wir dir geflucht: Glaubst du, daß wir den Versuch machen wollen, Geld zu besitzen[3]? Und jetzt fürchtest du nichts? Mein Name ist Petrus, weil der Herr Christus die Gnade gehabt hat, mich zu nennen »bereit« zu sein zu jeder Sache[4]. Denn ich glaube an den lebendigen Gott, durch den ich deine Zauberkünste zerstören werde. Jetzt möge er die wunderbaren Dinge, die er verrichtete, auch in eurer Gegenwart verrichten. Und was ich euch eben über ihn gesagt habe, wollt ihr es mir nicht glauben? Simon aber sagte: Du hast die Frechheit, von dem Nazarener Jesus zu sprechen, der der Sohn eines Zimmermanns

---

1) vgl. AG. 8 18ff. – 2) AG. 8 18f. – 3) AG. 8 20. – 4) vgl. Mt. 16 17-19. Tit. 3 1.

und selbst ein Zimmermann ist[1], dessen Geschlecht aus Judäa stammt. Höre, Petrus, die Römer haben Verstand; sie sind
keine Toren. Und er wandte sich zu dem Volke und sprach:
Ihr Männer von Rom, wird ein Gott geboren? wird er gekreuzigt? wer einen Herrn hat, ist kein Gott. Als er aber dies sagte,
sprachen viele: Du sagst recht, Simon. Petrus aber sagte: Verflucht seien deine Worte gegen Christus! Du hast die Frechheit
gehabt, so zu sprechen, während doch der Prophet von ihm
sagt: Sein Geschlecht, wer wird es erzählen[2]? Und ein anderer Prophet sagt: Und wir haben ihn gesehen, p. 72 und er
hatte keine Gestalt noch Schöne[3]. Und: In den letzten Zeiten
wird ein Knabe vom Heiligen Geiste geboren; seine Mutter
kennt einen Mann nicht, und es sagt auch keiner, daß er sein
Vater sei[4]. Und wiederum sagt er: Sie hat geboren und hat
nicht geboren[5]. Und wiederum: Ist es denn ein ganz kleines
Ding, euch einen Kampf zu bieten? Siehe, im Leibe wird eine
Jungfrau empfangen[6], und ein anderer Prophet sagt, um den
Vater zu ehren: Wir haben weder ihre Stimme gehört, noch ist
eine Hebamme dazugekommen[7]. Ein anderer Prophet sagt: Er
ist nicht aus der Gebärmutter eines Weibes geboren, sondern
ist von einem himmlischen Orte herabgestiegen[8], und: Ein
Stein ist losgehauen worden ohne Hände und hat alle Reiche zertrümmert[9], und: Der Stein, den die Bauleute verworfen haben, dieser ist zum Eckstein geworden[10] und er nennt
ihn den auserwählten, kostbaren Stein[11]. Und wiederum sagt
der Prophet von ihm: Und siehe, ich habe ihn über der Wolke

---

1) Mt. 13 55; Mc. 6 3. – 2) Jes. 53 8. – 3) Jes. 53 2. – 4) ? (vgl. Lk. 1 34f.;
Jes. 8 4?). – 5) s. u. XXVII, 3. – 6) Jes. 7 13f. (vgl. Protevang. Jak. 20 1).
– 7) Himmelfahrt Jes. 11 13f. – 8) ? – 9) Dan. 2 34. – 10) Ps. 118 22; vgl. Mt.
21 42. – 11) Jes. 28 16 (1. Petr. 2 4. 6).

kommen sehen wie einen Menschensohn[1]. Und was (soll ich euch) weiter (sagen)? O ihr Männer von Rom, wenn ihr die prophetischen Schriften känntet, würde ich euch alles erklären. Es war notwendig, daß durch sie im Geheimnisse (geredet und) das Reich Gottes vollendet wurde[2]. Aber dies wird euch nachher eröffnet werden. Jetzt (wende ich mich) zu dir, Simon: wodurch du sie vorher verführtest, tue irgendeines von diesen (Zeichen) und ich will es durch meinen Herrn Jesus Christus zunichte machen. Simon faßte sich Mut und sagte: Wenn es der Präfekt erlaubt. Der Präfekt bestimmt, was das für ein Zeichen sein soll, um seine Unparteilichkeit zu zeigen. Er läßt Simon einen seiner Sklaven töten und Petrus ihn auferwecken. Als Simon den Sklaven zu Tode gebracht hat, ruft plötzlich eine p. 73 Witwe, ihr einziger Sohn sei gestorben; Petrus fordert Jünglinge auf, ihn herzutragen. Während dies geschieht, heißt Petrus den Präfekten Agrippa die Hand des von Simon zu Tode gebrachten Knaben ergreifen. Dadurch wird dieser auferweckt. p. 74 Unterdessen wird auch der Sohn der Witwe auf einer Tragbahre von den Jünglingen herangetragen; das Volk machte ihnen Platz und sie brachten ihn zu Petrus. Petrus aber erhob seine Augen zum Himmel, streckte seine Hände aus und sprach so: Heiliger Vater[3] deines Sohnes Jesu Christi, der du uns deine Kraft verliehen hast, daß wir durch dich bitten und erlangen, und alles, was in dieser Welt ist, verachten, und dir allein folgen, der du in Wenigen gesehen wirst und in Vielen erkannt werden willst[4]: umstrahle, o Herr, erleuchte, erscheine, erwecke den Sohn der greisen Witwe, die sich ohne ihren Sohn nicht behelfen kann! Und ich

---

1) Dan. 7 13 (Mt. 24 30; 26 64). – 2) vgl. Lk. 18 31. – 3) Joh. 17 1. 11. – 4) vgl. Mt. 20 16?

nehme das Wort meines Herrn Christus und sage dir: Jüngling, stehe auf und wandele[1] mit deiner Mutter, so lange du
ihr nützen kannst! Nachher aber wirst du mir einen höheren
Dienst leisten und als Diakon und Bischof dienen. Und sofort
erhob sich der Tote, und es sahen es die Volkshaufen und ver-
wunderten sich und das Volk rief: Du, Gott Heiland, du, Gott
des Petrus, unsichtbarer Gott und Heiland. Und sie sprachen
untereinander und bewunderten die Kraft eines Menschen,
der mit seinem Worte seinen Herrn anrief, und nahmen (das
Geschehnis) auf zu ihrer Heiligung. Der Totenerweckungen
ist noch nicht genug. Die Mutter eines Senators bittet, auch
ihrem toten Sohne das Licht mitzuteilen. Das Volk unterstützt
ihre Bitte, und Petrus ist p. 75 geneigt, sie zu erfüllen, wenn
sie nur nicht glaubten, daß er in eigener Kraft handele. Die
Auferweckung des Nikostratus, so heißt der Tote, soll nun, so
will es Petrus, der Prüfstein werden, ob er oder Simon den
rechten Glauben habe. Das Volk fordert Simon auf, seine Kraft
zu zeigen, und er bringt es auch so weit, p. 76 daß der Tote
sein Haupt bewegt. Da wollen sie Petrus verbrennen. Aber
dieser macht sie darauf aufmerksam, daß der Tote ja noch gar
nicht lebendig sei. Er habe ja seinetwegen es gar nicht nötig,
diesen Beweis seiner Kraft zu geben; aber aus Rücksicht auf
das unauslöschliche Feuer, dem sie bei ihrem Glauben an Simon anheimfallen würden, wolle er's tun. Das Volk will nun
Simon ans Leben; Petrus verbittet sich das, da es geboten sei,
p. 77 auch seine Feinde zu lieben; und nachdem er noch für
die freigelassenen Sklaven des Toten die Freiheit endgültig er-
wirkt hat, auch wenn der Tote wieder lebendig sei, weckt er
ihn mit den Worten auf: O Herr, der du barmherzig bist, Jesus

---

1) Lk. 7 14; 5 23.

Christus, erscheine deinem Petrus, der dich anruft, wie du immer Barmherzigkeit und Güte geübt hast: in Gegenwart aller dieser, welche die Freiheit erlangt haben; damit diese dienen können, möge jetzt Nikostratus auferstehen. Petrus knüpft an diese von ihm als wirkliche Totenerweckung bezeichnete Tat die Ermahnung p. 78 zur Bekehrung. Von dieser selben Stunde an verehrten sie ihn wie einen Gott, zu seinen Füßen hingestreckt, und die Kranken, die sie zu Hause hatten, (brachten sie ihm,) daß er sie heile.

Als aber der Präfekt sah, daß eine so große Menge p. 79 Petrus anhing, befahl er Petrus, wegzugehen. Petrus aber sagte dem Volke, sie möchten ins Haus des Marcellus kommen. Die Mutter aber des Knaben bat den Petrus, er möchte seinen Fuß in ihr Haus setzen[1]. Petrus aber hatte für den Sonntag dies dem Marcellus aufgetragen (dafür zu sorgen), daß er die Witwen sehe, wie (auch) Marcellus versprochen hatte, damit sie von seiner eignen Hand bedient würden. Es sagte also der Knabe, der auferstanden war: Ich verlasse Petrus nicht. Seine Mutter aber kam freudig und heiter in ihr Haus. Und am folgenden Tage nach dem Sabbat kam sie in das Haus des Marcellus und brachte dem Petrus zweitausend Goldstücke und sagte zu Petrus: Verteile diese an die Jungfrauen Christi, die ihm dienen! Der Knabe aber, der von den Toten auferstanden war, als er gesehen hatte, daß er (noch) niemand (etwas) geschenkt habe, lief nach Hause und öffnete einen Schrank und brachte selbst viertausend Goldstücke und sagte zu Petrus: Siehe, auch ich, der ich auferweckt worden bin, bringe die doppelte Gabe dar und mich selbst vom heutigen Tage an als sprechendes Opfer[2] für Gott.

---

1) vgl. AG. 16 15. – 2) vgl. Röm. 12 1.

[Martyrium des heiligen Apostels Petrus.]

p. 78 Als es Sonntag war, sprach Petrus zu den Brüdern und feuerte sie an zu dem Glauben an Christus. Es waren viele Senatoren dabei und mehrere Ritter und reiche Frauen (und) Matronen, und sie wurden im Glauben gestärkt. Da war auch eine sehr reiche Frau, die den Beinamen Chryse hatte, weil alle ihre Gefäße von Gold waren, – sie hatte nämlich seit ihrer Geburt weder ein silbernes noch ein gläsernes Gefäß in Gebrauch, sondern nur goldene, – sie sagte zu Petrus: Petrus, Diener Gottes, im Traum hat bei mir gestanden der, den du Gott nennst, und hat zu mir gesagt: Chryse, bringe meinem Diener p. 80 Petrus 10000 Goldstücke; du schuldest sie ihm nämlich. Ich habe sie nun gebracht aus Furcht, mir möchte etwas Schlimmes widerfahren von dem, den ich gesehen habe und der in den Himmel ging. Und als sie das gesagt und das Geld niedergelegt hatte, entfernte sie sich. Petrus aber sah es und pries den Herrn, weil die Darbenden nun erquickt werden sollten. Einige nun von den Anwesenden sagten zu ihm: Petrus, ist es nicht unrecht, daß du dieses Geld von ihr in Empfang genommen hast? Sie ist nämlich in ganz Rom wegen Hurerei im Gerede, und (es wird gesagt,) daß sie nicht mit einem Manne zufrieden sei; ja sogar mit ihren eigenen Sklaven treibt sie es. Habe du darum keine Gemeinschaft mit dem goldenen Tisch, sondern es werde zu ihr zurückgeschickt, was von ihr kam. Als Petrus aber dies hörte, lachte er und sagte zu den Brüdern: Was diese ist ihrem sonstigen Lebenswandel nach, weiß ich nicht[1]; weil ich aber dieses Geld empfangen habe, habe ich es nicht ohne Grund empfangen; sie hat es mir nämlich als eine Schuldnerin Christi dargebracht und schenkt es den Dienern Christi. Denn er selbst hat für sie gesorgt.

---

1) vgl. Joh. 9 25.

Sie brachten aber auch die Leidenden zu ihm am Sabbat und baten (ihn), sie möchten von ihren Krankheiten geheilt werden. Und es wurden viele Gelähmte und Podagrische und solche, die halbdrei- und viertägiges Fieber hatten, geheilt, und von aller körperlichen Krankheit wurden geheilt, die an den Namen Jesu Christi glaubten, und gar viele wurden an jedem Tage für die Gnade des Herrn gewonnen[1]. Nach Verlauf weniger Tage aber versprach Simon der Magier dem Volke, den Petrus zu überführen, daß er nicht an den wahrhaften Gott glaube, sondern an einen trügerischen. Da er nun viele Gaukelstücke tat, verlachten ihn die nunmehr Beständigen der Jünger. In den Speisezimmern ließ er nämlich einige Geister zu ihnen hereinkommen, die nur ein Scheinleben hatten, aber nicht in Wirklichkeit lebten. Und was soll ich noch weiter sagen? Nachdem er mit vielen Worten über die Zauberkunst geredet hatte, da ließ er auch Lahme gesund erscheinen auf kurze Zeit und Blinde in gleicher Weise, und Tote, so schien es, machte er einmal viele lebendig und ließ sie sich bewegen, wie auch den Nikostratus. In all diesem aber folgte ihm Petrus und widerlegte ihn bei denen, die es sahen. Und als er nun immer eine schlechte Figur spielte und von dem Volke der Römer verlacht wurde, und man ihm kein Vertrauen schenkte, deswegen weil er etwas zu tun versprach und es nicht tun konnte, (kam es soweit,) daß er zu ihnen schließlich sagte: Ihr Männer von Rom, ihr glaubt jetzt, daß Petrus mir über sei, als wäre er mächtiger (als ich,) und ihr wendet ihm mehr eure Aufmerksamkeit zu. Ihr irrt euch. Denn morgen werde ich euch Gottlose und Frevelhafte verlassen und werde droben bei Gott meine Zuflucht nehmen, dessen Kraft ich bin, wenn auch schwach geworden.

---

1) vgl. AG. 2 47.

Wenn ihr nun gefallen seid, siehe, ich bin der Stehende. Und
ich gehe empor p. 82 zum Vater[1]) und werde zu ihm sagen:
Auch mich, deinen stehenden Sohn, haben sie zu Falle bringen
wollen; aber ich habe mich mit ihnen nicht eingelassen, sondern bin zu mir selbst zurückgekehrt.

Und schon am folgenden Tage lief ein größerer Volkshaufen
nach der *Via sacra* (heiligen Straße) zusammen, um ihn fliegen
zu sehen. Um aber das Schauspiel zu sehen, kam auch Petrus
zu dem Ort, damit er ihn auch darin widerlege. Denn als er
nach Rom kam, verwirrte er das Volk durch seinen Flug. Aber
noch verweilte Petrus, der ihn überführte, nicht in Rom, das er
so irre führte und täuschte, daß einige von ihm um ihren Verstand gebracht wurden. Es stand dieser nun an einem hohen
Ort, erblickte Petrus und begann zu reden: Petrus, jetzt zumal,
wo ich emporsteige vor allen diesen, die es sehen, sage ich dir:
Wenn dein Gott mächtig ist, den die Juden getötet haben, die
auch euch, die von ihm Auserwählten[2]), mit Steinen warfen[3]),
so möge er zeigen, daß von Gott sein Glaube ist; möge es sich
an diesem (Vorkommnis) offenbaren, ob er Gottes würdig ist.
Denn ich steige empor und will mich diesem ganzen Volke zeigen, wer ich bin. Und siehe, er wurde in die Höhe gehoben,
und alle sahen ihn über ganz Rom und über seine Tempel und
seine Hügel erhoben. Es schauten (aber) die Gläubigen auf
Petrus. Und Petrus sah das wunderbare Schauspiel und schrie
zu dem Herrn Jesus Christus: Wenn du diesen tun läßt, was er
unternommen hat, so werden jetzt alle, die an dich gläubig geworden sind, geärgert werden, und es werden die Zeichen der
Wunder[4]), die du ihnen durch mich gegeben hast, unglaubwür-

---

1) Joh. 20 17. – 2) vgl. Lk. 6 13; Joh. 6 70. – 3) vgl. Mt. 23 37; Joh. 8 59; AG.
14 19. – 4) Joh. 4 48.

dig sein. Erzeige, o Herr, schnell deine Gnade und (schaffe,) daß er von oben herabfällt, erschlafft bleibe und nicht sterbe, sondern unschädlich gemacht werde und den Schenkel an drei Stellen breche! Und er fiel von oben herab und brach den Schenkel an drei Stellen. Da warfen sie Steine auf ihn und gingen jeder nach Hause, dem Petrus im übrigen alle Glauben schenkend. Einer aber von den Freunden Simons, mit Namen Gemellus, von dem Simon viel erhalten hatte, – er hatte ein griechisches Weib gehabt, – kam eilig von der Straße weg, sah ihn mit zerbrochenem Schenkel und sagte: p. 84 Simon, wenn die Kraft Gottes zerbrochen wird, wird nicht auch der Gott selbst, dessen Kraft du bist, verdunkelt werden? Es lief nun auch Gemellus und folgte dem Petrus und sagte zu ihm: Auch ich wünsche einer von den an Christus Glaubenden zu sein. Petrus aber sagte: Wie könnte ich übelwollend sein, mein Bruder? Komm und bleibe bei uns! Simon aber, (so) ins Unglück gekommen, fand einige, die ihn des Nachts auf einer Tragbahre von Rom nach Aricia brachten. Und dort blieb er und wurde zu einem Manne (mit Namen) Kastor gebracht, der aus Rom wegen seiner Zauberei nach Terracina vertrieben worden war. Und dort wurde operiert und fand das Ende seines Lebens der Engel des Teufels[1] Simon.

3.
(Märtyrertod des Apostels Petrus.)

Petrus aber weilte in Rom und freute sich mit den Brüdern in dem Herrn und dankte Nacht und Tag für die Menge, die

---

1) 2. Kor. 12 7

täglich zu dem heiligen Namen durch die Gnade des Herrn hinzugeführt wurde.

Vier Konkubinen des Präfekten Agrippa hören die Predigt von der Keuschheit und lassen sich nicht mehr von ihm für seine Leidenschaft gebrauchen, gehen vielmehr zu Petrus, den jener lebendig zu verbrennen droht. p. 86 Das gleiche Verhalten zeigt die Gattin des Albinus, eines Freundes des Kaisers, und noch viele andere Frauen. Dieser verabredet mit Agrippa, Petrus zu ergreifen und zu töten, der jedoch von der Gattin des Albinus gewarnt wird. Auch die übrigen Brüder zugleich mit Marcellus forderten ihn auf, (die Stadt) zu verlassen. Petrus p. 88 aber sagte zu ihnen: Sollen wir entlaufen, ihr Brüder? Sie aber sagten zu ihm: Nein, sondern ⟨du sollst davongehen,⟩ da du noch dem Herrn dienen kannst. Er gehorchte aber den Brüdern und verließ allein (die Stadt), indem er sagte: Keiner von euch möge mit mir hinweggehen, sondern ich will allein weggehen, nachdem ich mein Gewand gewechselt habe. Als er aber zum Tore hinausging, sah er den Herrn nach Rom hereinkommen. Und er sah ihn und sagte: Herr, wohin (gehst) du[1] in dieser Gestalt? Und der Herr sagte zu ihm: Ich gehe nach Rom hinein, um gekreuzigt zu werden. Und Petrus sagte zu ihm: Herr, wiederum wirst du gekreuzigt? Er sagte zu ihm: Ja, Petrus, wiederum werde ich gekreuzigt. Da kam Petrus zu sich und sahe den Herrn in den Himmel fahren; er kehrte nach Rom zurück, sich freuend und den Herrn preisend, weil er selbst gesagt hatte: Ich werde gekreuzigt! Das sollte an Petrus geschehen. Er ging nun wieder zu den Brüdern hinauf und erzählte ihnen von dem Gesichte, das er gehabt hatte. Sie aber

---

1) Joh. 13 36.

trauerten in ihrer Seele, weinten und sagten: Wir beschwören dich, Petrus; nimm auf uns, die Jüngeren, Rücksicht! Und Petrus (sagte) zu ihnen: Wenn es der Wille des Herrn ist, geschieht es, auch wenn wir nicht wollen. Euch aber ist der Herr mächtig (genug) in seinem Glauben zu stärken[1], und er wird (euch) auf ihn gründen und in ihm ausbreiten, (euch,) die er selbst gepflanzt hat, damit auch ihr andere durch ihn pflanzen könnt. Ich aber widerspreche nicht, solange mich der Herr am Leben lassen will; und wiederum, wenn er mich hinwegnehmen will, jauchze ich und freue mich.

Während Petrus so redete und p. 90 die Brüder alle weinten, siehe, da ergriffen ihn vier Soldaten und führten ihn zu Agrippa. Und dieser befahl wegen seiner Krankheit, ihn auf Grund von Gottlosigkeit zu kreuzigen. Es lief nun die ganze Menge der Brüder zusammen, Reiche und Arme, Waisen und Witwen, Niedrige und Mächtige; sie wollten Petrus sehen und ihn hinwegreißen. Das Volk aber schrie unaufhaltsam und (wie) mit einer Stimme: Was hat Petrus gesündigt, Agrippa? Was hat er dir Böses getan? Sage es den Römern! Und andere sagten: ⟨Wir müssen fürchten,⟩ daß der Herr auch uns (alle) verderbe, wenn dieser stirbt. Und als Petrus an den Ort gekommen war, beruhigte er den Volkshaufen und sagte: Ihr Männer, die ihr für Christus Kriegsdienste leistet[2]; ihr Männer, die ihr auf Christus hofft, seid eingedenk der Zeichen und Wunder[3], die ihr durch mich habt (geschehen) sehen; denket an Gottes Mitleiden, wie viel Heilungen er euretwegen vollbracht hat. Wartet auf ihn, wenn er kommt und jedem nach seinen Taten vergilt[4]. Und nun zürnet dem Agrippa nicht; denn er ist ein Diener der Kraft seines Vaters. Und ganz geschieht dies, da mir der Herr

1) vgl. Lk. 22 32. – 2) vgl. 2. Tim. 2 4. – 3) Joh. 4 48. – 4) Mt. 16 27.

das, was geschehen soll, eröffnet hat. Aber was zögere ich und gehe nicht an das Kreuz? Als er nun aber hinzukam und bei dem Kreuze stand, begann er zu sprechen: O Name des Kreuzes, verborgenes Geheimnis; o unaussprechliche Gnade, p. 92 die bei dem Namen des Kreuzes (mit) ausgesprochen ist; o Menschennatur, die von Gott nicht getrennt werden kann; o unsagbare und unzertrennbare Liebe, die von unreinen Lippen nicht gezeigt werden kann; ich erfasse dich jetzt, der ich an dem Ende meiner irdischen Laufbahn stehe. Ich will dich bekannt machen, wie du bist. Ich will das meiner Seele einst verschlossene und verborgene Geheimnis des Kreuzes nicht verschweigen. Ihr, die ihr auf Christus hofft, nicht das, was erscheint, soll euch ein Kreuz sein; denn etwas von dem, was erscheint, durchaus Verschiedenes ist dieses (Leiden) gemäß dem Leiden Christi. Und jetzt zumal, da ihr, die ihr zu hören vermögt, (es hören) könnt von mir, der ich in der letzten und Abschiedsstunde meines Lebens stehe, höret: von allem sinnlich Wahrnehmbaren haltet eure Seele fern, von allem Erscheinenden, da es nicht wirklich ist. Verschließet diese eure Augen, verschließet diese eure Ohren; ⟨haltet euch fern⟩ die Ereignisse, (die) in die Erscheinung (treten)! Und ihr werdet das, was mit Christus vorgegangen ist und das ganze Geheimnis eures Heiles erkennen. Und dies möge zu euch, die ihr es hört, gesagt sein, als wäre es nicht gesagt. Die Stunde[1] aber (ist da) für dich, Petrus; deinen Leib den Häschern zu übergeben. Nehmt ihr (ihn) also hin, deren Beruf es ist (ihn zu nehmen). Ich fordere nun von euch, den Scharfrichtern, kreuzigt mich so, mit dem Kopfe nach unten, und nicht anders! Und weswegen, werde ich den Hörenden sagen.

1) vgl. Mt. 26 45; Mc. 14 41.

p. 94 Als sie ihn nun in der Weise, wie er es gefordert hatte, aufgehängt hatten, begann er wieder zu reden: Ihr Männer, deren Beruf es ist, zu hören, vernehmet, was ich gerade
jetzt, (am Kreuze) hangend, euch verkündigen will! Erkennet
das Geheimnis der gesamten Schöpfung und den Beginn aller Dinge, wie er gewesen ist. Denn der erste Mensch, dessen
Geschlecht ich in (meiner) Gestalt trage, mit dem Kopfe nach
unten gestürzt, zeigte eine Entstehungsart, die ehemals nicht
existierte; denn sie war tot, da sie keine Bewegung hatte. Als
er nun herabgezogen wurde, er, der auch seinen Ursprung auf
die Erde warf, hat er die Gesamtheit der Einrichtung festge-
stellt, aufgehängt nach Art der Berufung[1], bei der er das Rechte als Linkes und das Linke als Rechtes gezeigt hat, und hat
alle Zeichen der Natur geändert, (nämlich) das Nichtschöne als
schön zu betrachten und das wirklich Schlechte als Gutes. Darüber sagt der Herr im Geheimnisse: Wenn ihr nicht das Rechte
macht wie das Linke und das Linke wie das Rechte und das
oben wie das unten und das hinten wie das vorn, werdet ihr das
(Himmel)reich nicht erkennen. Dieses p. 96 Verständnis habe
ich zu euch gebracht, und die Art, in der ihr mich hangen seht,
ist die Abbildung jenes Menschen, der zuerst zur Entstehung
kam. Ihr nun, meine Geliebten, die ihr es jetzt höret und die ihr
hören werdet, ihr müßt ablassen von dem ersten Irrtum und
wieder zurückkehren. Denn es ziemte sich, an das Kreuz Christi
zu kommen, der da ist das ausgebreitete Wort, das einzige und
alleinige, über das der Geist sagt: Denn was ist Christus anders
als das Wort, (der) Schall Gottes[2]? damit Wort sei dieses auf-
rechtstehende Holz, an dem ich gekreuzigt bin; der Schall aber
ist der Querbalken, (nämlich die) Menschennatur; der Nagel

---

1) vgl. 1. Kor. 1 26. – 2) ?

aber, der an dem geraden Holze den Querbalken in der Mitte festhält, ist die Umkehr und Sinnesänderung des Menschen. Da du mir nun dies kundgetan und offenbart hast, o Wort (des Lebens), das von mir jetzt Lebensholz genannt worden ist, so danke ich dir, nicht mit diesen Lippen, die angenagelt sind, auch nicht mit der Zunge, durch die Wahrheit und Lüge hervorgeht, auch nicht mit diesem Worte, das von der Kunst irdischer Natur hervorgebracht wird, sondern mit jener Stimme danke ich dir, König, die durch Schweigen vernommen wird, die nicht im Offenbaren gehört wird, die nicht durch die Organe des Körpers hervorgeht, die nicht in fleischliche Ohren eingeht, die nicht von vergänglichem Wesen gehört wird, die nicht in der Welt ist und auf der Erde ertönt, auch nicht in Büchern geschrieben wird, auch nicht dem einen gehört, dem andern nicht, sondern mit dieser (Stimme), Jesus Christus, p. 98 danke ich dir: mit dem Schweigen der Stimme, der der Geist in mir, der dich liebt und mit dir spricht und dich sieht, begegnet. Du bist nur dem Geiste nach erkennbar. Du bist mir Vater, du mir Mutter, du mir Bruder, du Freund, du Diener, du Haushalter[1]. Du (bist) das All, und das All (ist) in dir; und du (bist) das Sein, und es gibt nichts anderes was ist, außer allein du. Zu ihm nun fliehet auch ihr, Brüder, und lernet, daß euer Sein allein in ihm liegt, und ihr werdet dann das erlangen, von dem er zu euch sagt: Was weder ein Auge gesehen hat, noch ein Ohr gehört hat, noch in ein Menschenherz gekommen ist[2]. Wir bitten (dich) nun um das, was du uns zu geben versprochen hast, unbefleckter Jesus; wir loben dich, wir danken dir und bekennen dich, indem wir dich, noch schwache Menschen, preisen[3], weil du allein Gott

---

1) vgl. Lk. 12 42. – 2) vgl. 1. Kor. 2 9 (Jes. 64 3. 65 16); s. u. XXVII, 3. – 3) vgl. Röm. 15 6.

bist und kein anderer, dem der Ruhm sei jetzt und in alle Ewigkeit[1]. Amen.

Als aber die herumstehende Menge mit lautem Schalle das
Amen rief, da übergab während dieses Amen Petrus dem Herrn
seinen Geist[2]. Als aber Marcellus sah, daß der selige Petrus
seinen Geist aufgegeben hatte, nahm er, ohne auch nur jemand
um Rat zu fragen, was auch nicht angegangen wäre, ihn mit
eigenen Händen p. 100 vom Kreuze herab[3] und badete ihn
in Milch und Wein. Und er zerschlug sieben Pfund Mastix und
andere fünfzig Pfund Myrrhe und Aloe und Gewürz und salbte
seinen Leichnam ein und füllte einen steinernen Trog von hohem Werte mit attischem Honig und setzte ihn bei in seinem
eigenen Grabmal[4]. Petrus aber trat zu Marcellus bei Nacht und
sagte: Marcellus, hast du den Herrn sagen hören: Laßt die Toten
von den eigenen Toten begraben werden[5]? Als aber Marcellus
gesagt hatte: Ja, sagte Petrus zu ihm: Das nun, was du an den
Toten gewendet hast, hast du verloren. Denn du hast, obgleich
du lebendig bist, wie ein Toter für einen Toten gesorgt. Marcellus aber, aus dem Schlaf erwacht, erzählte die Erscheinung
des Petrus den Brüdern, und befand sich zusammen mit denen,
die von Petrus in dem Glauben an Christus gestärkt worden
waren, indem er auch selbst sich noch viel mehr stärkte bis zu
der Wiederankunft des Paulus in Rom. Als aber Nero später erfuhr, daß Petrus aus dem Leben geschieden war, tadelte er den
Präfekten Agrippa, daß er getötet worden sei, ohne daß seine
Meinung eingeholt worden wäre. Denn er hatte gewünscht, ihn
mit reichlicherer Strafe und härter zu züchtigen. Petrus hatte
nämlich auch einige von seinen Dienern unterrichtet und sie

---

1) vgl. 2. Petr. 3 18. – 2) vgl. Joh. 19 30. – 3) vgl. Mt. 27 57-60; Mc. 15 42-46; Lk.
23 50-53; Joh. 19 38-41. – 4) vgl. Mt. 27 60; Joh. 19 39. 41. – 5) Mt. 8 22; Lk. 9 60.

ihm abspenstig gemacht. Darum war er sehr zornig und redete
geraume Zeit nicht mit Agrippa. Er suchte nämlich alle Brüder,
die von Petrus unterrichtet worden waren, p. 102 zu verderben.
Und er sieht bei Nacht einen, der ihn schlägt und (zu ihm) sagt:
Nero, du kannst jetzt nicht die Diener Christi verfolgen oder
verderben. Laß darum deine Hände von ihnen! Und darum geriet Nero infolge eines solchen Traumgesichtes in große Furcht
und ließ ab von den Jüngern in jener Zeit, in der auch Petrus
das Leben verlassen hatte.

Und es waren im übrigen die Brüder einmütig[1] (beisammen), sich freuend und jauchzend in dem Herrn, und priesen
den Gott und Heiland unsers Herrn Jesu Christi mit dem Heiligen Geiste, dem die Ehre (sei) in alle Ewigkeiten. Amen.

---

1) AG. 2 46.

Andreasakten

Einleitung. – 1. Gebrauch der Akten; vorhandene Texte. Andreasakten werden erst seit Euseb. (III 25 6) erwähnt. Sie waren im Gebrauch der von Epiph. sog. Origenianer erster Ordnung (*haer*. 63), welche sich praktischer Verhütung des Kindersegens zur Aufgabe machten, wie auch der Besitz und Ehe verschmähenden Apotaktiker (Apostoliker *haer*, 61, neben den Thomasakten) und der Enkratiten insgemein (*haer*. 47, neben Johannes-, Thomas- und anderen Akten), weiterhin der Manichäer (z.B. des Agapius nach Photius, Bibl. cod. 179) und Priscillianer, neben anderen Akten.

Von den Andreasakten ist im Vergleich zu den übrigen am wenigsten erhalten. In der Hauptsache liegt nur ein Wirrsal späterer katholischer Verarbeitungen des Stoffes oder von Teilen desselben, namentlich des Martyriums des Andreas, vor, z.B. in dem schon längst herausgegebenen Briefe der Presbyter und Diakone der Kirchen Achaias (Lipsius 1, 140f. 563ff.; Texte Aa 2, 1, p. 1ff.), ferner in Enkomien, Heiligenleben und sonstige Verarbeitungen der ursprünglichen Legende während der gesamten byzantinischen Epoche, sowie in einigen abendländischen Quellen (Aufzählung der Quellen im Handb. S. 545). Infolge der umfassenden Forschungen M. Bonnets (Handb. S. 544) ist aber ein griechisches Textstück des *cod. Vaticanus* gr. 808 (10./11. Jh.) hinzugetreten, das unter allen bisher bekannt gewordenen Texten den Anspruch, wirklich den alten Andreasakten zu entstammen, am ehesten erheben kann (Aa 2, 1, p. 38–45; hierunter Nr. 2). Das ergibt sich auf dem Wege innerer Kritik durch Vergleichung mit den AJ. (vgl. dort Einl. 1; Handb. S. 551 ff.). Erst von hier aus wird es ermöglicht, unter Fortschritt auf dem gleichen Wege den Befund etwaigen echten Textmaterials mit gebührender Vorsicht zu erweitern.

Das Ergebnis erstreckt sich zunächst auf den Schlußbericht über das Martyrium (worüber die Grundsätze Apokr. S. 462, Handb. S. 547 f.) sowie auf dessen unmittelbare Vorgeschichte, das Verbindungsstück zwischen Nr. 2 und 3. Hier bietet die mit Nr. 2 sich relativ am meisten berührende sog. *Narratio* (Bonnet; Handb. S. 545: N) neben M2 wichtige Fingerzeige. Zur Einordnung der ausführlichen Anrede des Apostels an das Kreuz (c. 19, in 〈 〉, nach *Mart. Andreae* I c. 14 Aa 2, 1, p. 54 f.)[1] vgl. den Nachweis von Berührungen mit Nr. 2 im Handb. S. 548; sie ist »auffallend griechisch stilisiert« (Kroll S. 54 A. 2). Schwieriger hält schon eine Aufhellung der unmittelbaren Vorgeschichte von Nr. 2, da hier zu N andere ausführlichere Quellen, griechische und lateinische (das ›Buch über die Wundertaten des Andreas‹ von Gregor von Tours ed. Bonnet 1885), hinzutreten, deren Verwertung zur Wiedergewinnung des ursprünglichen Fadens der ganzen Reisebeschreibung m. E. nicht ohne weitgehendste Vor-

---

[1] Wenn der Kaiser Constantin mit seinem Heere am Himmel über der untergehenden Sonne »ein aus Licht zusammengesetztes Siegeszeichen des Kreuzes« mit der Schrift »Dadurch siege!« sah (v. Sybel in ZKG 37, S. 312), während hier in den AAn. das Kreuz als »Zeichen des Sieges über seine (Christi) Feinde angeredet wird, so kann allerdings kaum vermutet werden, daß jene Vision durch Kenntnis der Andreasakten zustande gekommen wäre. Aber die Übereinstimmung bleibt auffällig.

behalte erfolgen kann. Ich kann die Vorliebe, welche J. Flamion in seinem gründlichen Werk *Les Actes apocryphes de l'Apôtre André*, Löwen-Paris-Brüssel 1911, in dieser Beziehung hegt (vgl. ThLZ 1913, Sp. 73 f.), auch heute nicht teilen, trotz seines Hinweises darauf, daß Gregor ausdrücklich nur die Wundertaten selbst geben wollte »unter Auslassung des Ekelerregenden«, d. h. der ursprünglich beigegebenen Reden (p. 215 f.). Mindestens bleibt unklar, was von diesen durch besondere Geschmacklosigkeit ausgezeichneten Wundertaten dem ursprünglichen Zusammenhang angehört haben sollte. Auch sind die Vorfälle mit dem Prokonsul Lesbios, Vorgänger des Aegeaten in Paträ, in den Quellen keineswegs übereinstimmend geschildert. Was aber zur unmittelbaren Vorgeschichte von Nr. 2 diesen Quellen mit einiger Sicherheit entnommen werden kann; ist unter Nr. 1 angegeben unter Einbeziehung eines Doppelfragments bei Euodius *de fide contra Manichaeos* 38. Das vorher vermerkte Wunder in Nicäa wird dagegen in dieser Form durch N belegt.

2. Charakteristik. Der Manichäer Faustus hat auf den »ähnlichen Leidensausgang« der beiden Apostel Petrus und Andreas (nach den apokryphen Akten) aufmerksam gemacht (Augustin *ctr. Faustum Manich.* XIV 1). In beiden Fällen handelt es sich im Unterschied von den Johannesakten um das für die Apostel bestimmte Marterwerkzeug, dessen höhere Bedeutung im Sinne eines Mysteriums dort an dem sonderlichen Kreuzigungsvorgange (APt. 38), hier (c. 19, vgl. Wetter in FRL N. F. 13, S. 129 f.) an der Kreuzesgestalt selbst durch den Apostel in hymnischer Anrede dargelegt wird. Jener Kreuzigungsvorgang deutet augenscheinlich einen zugrundeliegenden kosmogonischen Mythus an, diese Anrede an das Kreuz dessen Bedeutung im Weltall. Weitere Belege bei W. Bousset, Platons Weltseele und das Kreuz Christi, ZNW 1913 S. 273–285, gegen dessen Ausführungen jedoch einzuwenden ist, daß sich die Chi-Gestalt des Kreuzes (Justin *apol.* I 60 nach Platon Timäus) in den apokr. Apostelakten (mit Einschluß der AJ.) nirgends vorausgesetzt findet und damit einige der daraus abgeleiteten Schlüsse in Wegfall kommen. Auch ist der Demiurg hier c. 19 Ende nicht das Kreuz selbst, sondern als Weltschöpfer nur dessen Urheber wie des »Menschen«. Aus der Erwähnung des »oberen Logos« – die Übersetzung steht durchaus nicht fest (wörtlich: Menschen Logos; Bousset: Menschen) – mit Flamion (p. 135) neupythagoreische und neuplatonische Färbung dieses Kreuzeshymnus zu erschließen, erscheint mir doch fernliegend, und sonst aufgewiesene Berührungen (des Abschnittes Nr. 2) mit Plotin (p. 157 ff.) nicht hinreichend, um daraus Gleichzeitigkeit der Entstehung der Akten mit der Hochkonjunktur des Neuplatonismus (p. 268) abzuleiten. Die Zugehörigkeit des Schlußstückes zu den alten Andreasakten in der vorliegenden Form (Nr. 3) ist übrigens nicht im gleichen Maße evident wie bei dem vorhergehenden Stücke. Daß ein weiteres titelloses Fragment bei Euodius *de fide ctr. Manich.* 4 vgl. Augustin *ctr. Felicem Manich.* II 6[1]) sich den Ausführungen in Nr. 2 gut angliedert, also aller Wahrscheinlichkeit nach auch den Andreasakten entstammt, beweist ein Vergleich mit c. 15. 17. Charakteristisch ist daneben die Art, wie in c. 5 vgl. 8 im Sündenfall lediglich die primitive Voraussetzung für dasjenige erblickt wird, was sich nunmehr antitypisch im Verhalten der Maximilla zu den

---

1) Es lautet: **Denn lügnerisches Blendwerk und äußere Verstellung und der sichtbaren Dinge Zwang rühren auch nicht von der eigenen Natur her, sondern von einem Menschen, der mit seinem Willen schlechter geworden ist durch Verführung.** Vgl. dazu Handb. S. 550.

auf sinnliche Askese gerichteten Mahnungen des Apostels vollzieht, der dadurch seinerseits vollkommen wird (c. 9), was er
im Grunde von vornherein ist (c. 10, vgl. 21).

3. Mangelnde geschichtliche Anhaltspunkte. Eine genauere
Datierung der Akten kann schwerlich mit dem spärlichen Material erfolgen. Doch vgl. zu den Ausrufen des Volkes (c. 22)
AP. 27 und *Mart. Carpi* etc. 45. Abhängigkeit von den APt. um
der Darstellung der Kreuzigung willen anzunehmen, ist nicht
unbedingt notwendig, falls man nicht die allgemeine Folgerung
ziehen will, daß der Verfasser die Kreuzigung vielleicht erst erfunden habe, weil Andreas in der Todesart dem Bruder ähnlich
sein sollte. Die kirchlichen Nachrichten über Andreas aus der
Anfangszeit sind gleichfalls spärlich. Die Angabe (des Orig.?)
Euseb. III 1, daß der Apostel Skythien als Wirkungsgebiet zuge-
wiesen bekommen habe, findet ihre Ausführung in griechischen
Lebensbeschreibungen (N einerseits, EL andererseits), während
Gregor von Tours davon schweigt. Alle Berichte stimmen aber
darin überein, daß Andreas in Bithynien und dem angren-
zenden Pontus (insbesondere Sinope) gewirkt habe und von
da nach Griechenland gekommen sei (vgl. Philastrius von Bres-
cia *de haer.* 88). Eigentümlich ist das Zusammentreffen mit den
Angaben des Monarchianischen Prologs zu Lukas über dessen
Lebensgeschichte betreffs Achaia und Bithynien.

Ob für den Tod des Apostels in Paträ insonderheit eine Lo-
kaltradition bestand oder sich eine solche nur auf einen Märtyrer gleichlautenden oder ähnlichen Namens erstreckte, was
dann für den Verfasser Anlaß zu seiner Fabeldichtung geworden wäre, ist nicht auszumachen. Die unbestimmten Namens-
bezeichnungen der Prokonsuln von Paträ erwecken stärksten
Verdacht. Es ist richtig, daß es über Achaia, wenigstens wieder

seit 44 n. Chr. (mit Unterbrechung weniger Jahre nach dem
Herbst 67), gewesene Prätoren mit dem Titel Prokonsul als se-
natorisch beauftragte Verwalter dieser Provinz gab, daß aber
Paträ, die seit ihrer Eroberung durch Agrippa im Jahre 31 v.
Chr. allerdings schnell aufgeblühte römische Kolonie, ihr Sitz
gewesen sei, trifft für jene Zeit nicht zu; vielmehr gebührte Korinth als der ersten Kolonie und Handelsstadt diese Stelle (AG.
18 12), von wo sich dann auch das Christentum durch Paulus
und seine Begleiter zuerst über die Provinz verbreitet hat (1.
Kor. 16 15; 2. Kor. 1 2).

1.
[s. ›Narratio‹ und Euodius, oben Einl. 1.]

Andreas wirkt u. a. in Bithynien und verrichtet bei Nicäa
ein Dämonenwunder, indem er das östliche Stadttor, das
von bösen Geistern beunruhigt wurde, wieder verkehrsfähig
macht …. In Paträ wirkt er verschiedene Heilungen, u. a. des
Sosis (?), der ihn aufgenommen, und der Maximilla, Gattin des
Aegeates, heilt auch während dessen Abwesenheit einen Diener
des heimgekehrten Stratokles. Die Folge ist, daß diese Personen
und noch andere sich bekehren und daß Maximilla sich den
stürmischen Anträgen des heimgekehrten Aegeaten wiederholt
entzieht, dafür aber den Apostel des öfteren zur Nachtzeit auf-
sucht. Nach Euodius (a. a. O.) half sie sich einmal mit der List,
daß sie ihre Magd Euklia an ihrer Stelle unterschob, während
(ein andermal), als eben diese Maximilla und Iphidamia zusammen sich aufmachten, den Apostel Andreas zu hören, ein
glänzender Knabe, in dem Leucius Gott oder wenigstens einen
Engel erkannt wissen will, sie dem Apostel Andreas übergeben

habe und dann zum Prätorium des Aegeates weitergegangen
sei. Dort habe er ihr Schlafgemach betreten und die Weiber-
stimmen nachgemacht, wie wenn Maximilla über die Leiden
des weiblichen Geschlechts klage und Iphidamia ihr antworte.
Und als Aegeates diese Gespräche gehört habe, sei er in der
Meinung, die Frauen seien dort, fortgegangen. Von einer solchen Zusammenkunft wird nun berichtet:

2.

(Andreas im Gefängnisse.)
[Aa 2, 1, p. 38–45.]

– – p. 38 Seid ihr denn so gänzlich schlaff? Werdet ihr noch
nicht von euch selbst überführt, daß ihr seine Güte noch nicht
traget? Laßt uns voller Ehrfurcht miteinander uns freuen der so
reichen Gemeinschaft, die wir mit ihm haben! Laßt uns untereinander sprechen: Selig unser Geschlecht, von wem hat es Liebe erfahren? Selig unser Sein, von wem hat es Mitleid erfahren?
Wir sind nicht zu Boden gestreckt, da wir von solcher Höhe erkannt sind. Wir gehören nicht der Zeit an, um dann von ihr aufgelöst zu werden. Wir sind nicht ein Produkt (Kunstwerk) der
Bewegung, um wieder von ihr selbst zerstört zu werden, auch
nicht von irdischer (?) Geburt, um schließlich dahin (zur Erde)
zurückzukehren. So gehören wir nun zu eigen der Größe, der
wir nachjagen, und dem, der sich unser erbarmt. Wir gehören
dem Besseren. Darum fliehen wir vor dem Schlechteren. Wir
gehören dem Edlen an, durch den wir das Häßliche von uns
stoßen, dem Gerechten, durch den wir das Ungerechte verwer-
fen, dem Barmherzigen, durch den wir den Unbarmherzigen
verstoßen, dem Retter, durch den wir den Verderber erkannt

haben, dem Lichte, durch das wir die Finsternis verbannten,
dem Einen, durch den wir das Viele von uns abwandten, dem
Himmlischen, durch den wir das Irdische erkannten, dem Bleibenden, durch den wir das Nichtbleibende verstanden. Wenn
wir, wie er's verdient, uns vornehmen, zu dem Gott, der sich
unser erbarmt hat, voller Dank oder Zuversicht mit Lobsingen oder Rühmen zu beten, so laßt uns nichts an ihm mehr
rühmen, als daß wir von ihm erkannt worden sind! Und als er
solches zu den Brüdern geredet hatte, entließ er sie, einen jeden in seine Wohnung, und sprach zu ihnen: Weder werdet ihr
je überhaupt von mir verlassen als Diener Christi um der Liebe
willen, die in ihm ist, noch auch werde ich wieder von euch
verlassen werden wegen seiner Mittlerschaft. Da entfernte sich
jeder in sein Heim. Und so herrschte Freude unter ihnen viele
Tage, in denen Aegeates nicht daran dachte, den Prozeß gegen
den Apostel vorzunehmen. p. 39 Also ward ein jeder damals im
Glauben an den Herrn gefestigt. Und wenn sie alle furchtlos
im Gefängnis zugleich mit Maximilla und Iphidamia und den
übrigen sich versammelten, betrachteten sie unaufhörlich die
Liebe und Gnade des Herrn.

Als eines Tages Aegeates zu Gericht saß, erinnerte er sich
des Prozesses in Sachen des Andreas, eilt aber von dort wie
wahnsinnig hinweg ins Prätorium (Amtswohnung), um seiner
Frau Maximilla mit Schmeicheleien zuzusetzen; wenn sie ihm
willfahren wolle, wolle er den Fremdling aus dem Gefängnis
loslassen, andernfalls ihn noch mehr quälen. Sie erhält bis zum
folgenden Tage Bedenkzeit. Darauf ging er fort.

Maximilla aber begab sich wieder zur gewohnten Stunde
mit Iphidamia zu Andreas. Und sie legte seine Hände in ihr
Antlitz, küßte sie und hub an, das Verlangen des Aegeates ihm
ganz zu berichten. Andreas versteht ihre Erregung und ihren

Widerstand p. 40 und bestärkt sie darin mit dringender Mahnung, indem er fortfährt: Ja, mit Recht sehe ich in dir die Eva Buße tun und in mir den Adam sich bekehren. Denn was jene unwissentlich erlitt, das bringst du jetzt, an deren Seele ich meine Worte richte, bekehrt zu glücklichem Ende. Und was der Geist, der mit jener hinabgezogen sich selbst untreu ward, erlitt, das bringe ich jetzt mit dir in Ordnung, die du erkennst, daß du emporgezogen wirst. Denn woran jene krankte, hast du selbst geheilt, ohne gleiches zu leiden. Und was jenem fehlte, habe ich durch meine Flucht zu Gott zustande gebracht. Und worin jene ungehorsam war, darin gehorchtest du. Und was jener zugab, fliehe ich. Und worin jene sich täuschen ließen, das haben wir erkannt. Denn es ist bestimmt, daß ein jeder seinen Fall wieder gut mache. So habe ich denn gesprochen, wie ich meinte, könnte aber auch noch folgendes sagen: Wohl dir, Menschennatur, daß du trotz deiner Schwäche gerettet wurdest, ohne dich zu verbergen! Wohl dir, Seele, die du laut kündetest, was du gelitten hast, und zu dir selbst den Weg wieder fandest! Wohl dir, Mensch, der du erkennst, was dir nicht gehört, und nach dem Deinen dich sehnst! Wohl dir, der du auf die Verkündigungen hörst! Denn ich begreife, daß du größer bist als sich denken oder aussprechen läßt. Denn ich erkenne, daß du mächtiger als die bist, welche an dir Gewalt zu üben scheinen, daß du herrlicher als die bist, welche dich in Schimpf und Schande stürzten, als die, welche dich in Gefangenschaft fortführten. Wenn du nun, o Mensch, dies alles bei dir genau betrachtet hast, daß du immateriell bist, heilig, Licht, dem Ungezeugten verwandt, vernünftig, himmlisch, durchsichtig, rein, p. 41 erhoben über Fleisch, über Welt, über Herrschaften und Mächte, über denen du wirklich stehst, wenn du dich in deinem Zustande begriffen hast, so nimm auch die Erkenntnis mit, in wem du überlegen bist! Und wenn du dein Antlitz in deinem Wesen geschaut hast, so zerbrich alle Fesseln, ich meine nicht die, welche mit der eigenen Entstehung zusammenhängen, sondern gerade die, welche über die eigene Entstehung hinaus liegen, für die wir dir übergroße Benennungen aufstellten, und sehne dich, jenen zu schauen, der sich dir offenbart hat, der nicht geworden ist, den du bald allein getrost erkennen wirst! Dies, Maximilla, sagte ich in Ansehen deiner. Denn ihrer Bedeutung nach gehen meine Worte auf dich. Wie Adam in Eva lebte, weil er ihr völlig nachgab[1], so lebe auch ich jetzt in dir, da du des Herrn Gebot beobachtest und ein deinem Wesen würdiges Leben führst. Des Aegeates Drohungen aber verachte in dem Bewußtsein, daß wir einen Gott haben, der sich unser erbarmt! K e u s c h   z u   b l e i b e n , sollen sie auch etwaige Foltern und Todesqualen an ihm selber nicht verhindern, da es sich nur um seinen Leib handelt, der ihm ja verwandt ist! Ihr Widerstand sei um so mehr geboten, da er in einer Vision vom Herrn angekündigt bekommen habe, des Aegeates Vater, der Teufel, werde ihn befreien. Bleibe sie ohne Anteil an Kains Werken, so werde er ausruhen, d. h. aus diesem Leben scheiden, und durch sie andern verwandten Seelen helfen, andernfalls um ihretwillen Strafe erleiden. Darum bitte ich dich, in dem Sinne auszuharren, der dem Klugen wohl ansteht. Ich bitte deinen nicht sichtbaren Sinn, sich dir zu p. 42 erhalten. Ich bitte dich, liebe den Herrn Jesus, unterwirf dich nicht dem Schlechteren! Stehe auch mir bei, du, den ich als Menschen zu Hilfe rufe, damit ich vollkommen werde! Hilf auch mir, damit du deine wahre Natur erkennst! Leide mit meinem Leide, damit du erkennst, was ich leide, und du wirst dem Leiden entgehn. Schaue, was ich schaue, und was

---

1) vgl. 1. Mos. 3 6. 12.

du schaust, wird dich blenden. Sieh, was not tut, und was nicht nottut, wirst du nicht sehen. Höre auf das, was ich sage, und was du gehört hattest, verwirf! Darauf wendet er sich an den weinenden S t r a t o k l e s und schließt aus dessen Kummer, daß er (der Apostel) sich in ihm finde und der in ihm Redende sich dem in ihm selber Redenden anschließen möchte. Hoffentlich trete dem in seinem Innern nun nichts entgegen. Er nimmt ihn bei der Hand mit den Worten: Ich habe den, welchen ich liebte. Ich werde ruhen in dem, auf welchen ich wartete. p. 43.

In seinem Seufzen und Weinen sieht er ein Zeichen für sein nahes Ende, daß er nicht vergeblich geredet hat. Das bestätigt Stratokles seinerseits, fortfahrend: Die Worte, die durch deinen Mund gehen, gleichen einem Feuerstrome, der sich in mich ergießt, und ein jedes von ihnen faßt mich und setzt mich wahrhaft in Flammen. Meine Seele ist bei dem, was sie gehört hat, und in der Ahnung nun nahen Kummers wird sie gezüchtigt. Denn deinen Tod findest du und, wohl weiß ich, einen schönen. Wenn ich dann aber deine fürsorgliche Liebe suche, wo soll ich sie finden und bei wem? Die Samenkörner der Heilsworte habe ich empfangen, da du der Sämann warst. Daß sie aber hervorsprossen und emporwachsen, dazu bedürfen sie keines anderen als deiner, glückseligster Andreas. Was hätte ich wohl anderes dir zu sagen als dies? Großes Mitleids bedarf ich und deiner Hilfe, damit ich mich des von dir empfangenen Samens würdig erweisen kann. Der aber wird nur dann unaufhörlich wachsen und sichtlich emporsprießen, wenn du es willst und wenn du für ihn und für mein ganzes Ich betest. Andreas ist hierfür dem Herrn dankbar und kündigt an, m o r g e n l a s s e i h n A e g e a t e s, auf Veranlassung des in ihm wohnenden bösen Feindes, k r e u z i g e n.

Maximilla hatte sich inzwischen entfernt und völlig entschlossen ins Prätorium begeben, wo sie das wiederholte Verlangen des Aegeates abweist, mit dem Erfolge, daß dieser über Andreas den Kreuzestod verhängt. Darauf entfernte er sich und hielt mit seinesgleichen ein Gelage. Maximilla aber begab sich, indem ihr p. 44 der Herr in der Gestalt des Andreas voranging, mit Iphidamia wieder ins Gefängnis. Und als eine größere Menge Brüder darin versammelt waren, fühlte sich Andreas gedrungen, folgendermaßen zu reden: Ich wurde, liebe Brüder, von dem Herrn als Apostel ausgesandt in diese Gegenden, deren mich mein Herr für wert hielt, zu belehren wohl keinen, zu mahnen aber alle den Worten innerlich verwandten Menschen, daß sie in vergänglichen Leiden dahinleben, wenn sie sich an den schädlichen Vorstellungen ihrer Einbildungskraft erfreuen. Diese aufzugeben habe ich euch immer gebeten und habe euch ermuntert, dem Bleibenden zuzueilen und alles Unbeständige zu fliehen. Denn wie ihr seht, steht niemand von euch fest, sondern alle Dinge sind leicht veränderlich bis auf den menschlichen Charakter. Dies aber ist der Fall wegen der unerzogenen Seele, die zur Menschennatur sich verirrt hat und von ihrer Irrfahrt Pfänder behält. Für selig halte ich darum die, welche Hörer der Verkündigungen geworden sind und durch sie wie in einem Spiegel die Geheimnisse ihrer eigenen Natur erblicken, um deren willen alle Dinge geschaffen sind. Darum trage ich euch auf, geliebte Kinder, fest auf den Grund zu bauen[1], der für euch gelegt ist, der unbeweglich steht und allen Bösen unangreifbar ist. Auf diesem Grunde fasset Wurzel! Festiget euch in der Erinnerung an das, was ihr erlebt habt, an all das, was geschehen ist, als ich mit euch allen wandelte! Ihr sahet durch mich Werke geschehen, denen ihr glauben müßt, solche Zeichen geschehen,

---

1) Eph. 2 20.

bei denen wohl auch die stumme Natur schreien würde[1], Worte habe ich euch mitgeteilt, die ich so von euch aufgenommen wissen möchte, wie die Worte selbst es wollen. Darum festigt euch, Geliebte, in allem, was ihr sahet, was ihr höret, an dem ihr teil hattet! Und der Gott, an den ihr glaubtet, hat sich euer erbarmt und wird an euch sein Wohlgefallen haben und euch ausruhen lassen in alle Ewigkeit. Was aber mir widerfahren wird, soll euch wirklich nicht erschrecken wie ein ganz seltsames Schauspiel[2], daß nämlich Gottes Sklave, dem Gott selbst durch Worte und Taten so vieles erwiesen hat, mit Gewalt von einem bösen Menschen aus diesem irdischen Leben betrieben wird! Denn nicht nur mir wird solches widerfahren, sondern auch allen, die ihn lieb haben, an ihn glauben und ihn bekennen. Der in jeder Hinsicht schamlose Teufel wird seine eignen Kinder[3] gegen sie bewaffnen, damit sie ihm anhangen. Und doch wird er nicht erreichen, was er wünscht. Und warum er dies unternimmt, will ich sagen: Vom p. 45 Anfang aller Dinge an und, wenn man es sagen darf, seitdem der Anfangslose unter seine Herrschaft herabgestiegen ist, macht auch der böse Feind, der dem Frieden abhold ist, den, der ihm nicht angehört, (Gott) abspenstig, aber nur jemanden von den Schwächeren, der noch nicht zu völliger Klarheit gelangte und noch nicht erkannt werden konnte. Und weil dieser auch ihn nicht kennt, hätte jener von ihm bekämpft werden müssen. Denn weil jener meinte, ihn zu besitzen und ihn für immer zu beherrschen, stellt er sich ihm gegenüber so, daß er ihre Feindschaft zu einer Art Freundschaft gestaltete. Denn jener entwarf oft Bilder von dem, was sein eigen ist, es ihm unterzuschieben, nämlich von den trügerischen Sinnenlüsten, durch die er ihn völlig zu beherrschen meinte. Als Feind trat er

---

1) vgl. Lk. 19 40. – 2) 1. Petr. 4 12; vgl. Joh. 14 27. – 3) vgl. 1. Joh. 3 10

also nicht offen hervor, da er eine Freundschaft zur Schau trug, die seiner wert war. Und dies sein Werk hatte er lange Zeit so durchgeführt, daß es vom Menschen nicht verstanden wurde, nur er selbst es kannte; das heißt er wurde wegen seiner Gaben nicht als Feind angesehen. Aber als das Geheimnis der Gnade hervorleuchtete und der Ratschluß der ewigen Ruhe offenbar ward und das Licht des Wortes erstrahlte und es sich zeigte, wie das gerettete Menschengeschlecht mit vielen Lüsten zu kämpfen hatte, der Feind selbst aber in Verachtung geriet und wegen der Güte des Erbarmens ob seiner Gaben, durch die er hochmütig über diesen zu triumphieren schien, verlacht wurde, da fing er an, sich voller Haß und Feindschaft zu erheben und gegen uns den Spieß zu kehren. Und das hat er sich vorgenommen, nicht von uns abzulassen, bis er uns (von Gott) zu trennen meint. Denn vormals war unser Widersacher sorglos und gesellte sich zu uns, eine Freundschaft zur Schau tragend, die seiner wert war. Er hegte auch gar nicht die Befürchtung, wir, die durch ihn in die Irre Geführten, möchten von ihm abfallen. Das Licht aber, das uns aufging von dem Besitze der Heilsordnung, hat ⟨seine Feindschaft⟩ ich will nicht sagen stärker ⟨gemacht, aber deutlich kundgetan⟩. Denn es hat die Heimlichkeit seines Wesens und was von ihm verborgen zu bleiben schien, an den Tag gebracht und ihn sich zu seiner wahren Natur bekennen lassen. Darum, Brüder, da wir wissen, was kommen wird, laßt uns aufwachen, ohne mißmutig zu sein, ohne uns ein Ansehen zu geben, ohne mit unsern Seelen in seinen Spuren, die nicht die unsrigen sind, zu wandeln; sondern wir wollen völlig in dem ganzen Worte aufgehend uns geistig erheben und das Ende alle freudig erwarten und vor jenem die Flucht ergreifen, damit auch er in Zukunft als derjenige offenbar werde, der unsre Natur gegen das Unsrige – – –

3.

(Des Andreas Tod.)

[.. Aa 2, 1, p. 23 28-29 f.; 25 23-26; ⟨54 18–55 19;⟩

25 26–36 11 überschüssiger Text.]

Der Aegeat läßt den Apostel nach jenem Nachtgespräch aus
dem Gefängnis holen und nach kurzem Verhör geißeln und zur
Kreuzigung abführen. Auf dem Wege dahin entreißt Stratokles
ihn gewaltsam den Henkern und führt ihn an der Hand zur
Richtstätte am Meere; die gegen den Aegeaten ausgesprochenen Schmähungen verweist ihm Andreas. Angekommen an der
Stätte, p. 23 verließ er alle, ging auf das Kreuz zu und rief p. 24
laut: Sei mir gegrüßet, Kreuz! p. 25 Denn auch du darfst dich
wirklich freuen. Wohl weiß ich ja, daß auch du fortan ausruhst,
da du seit langer Zeit müde bist und aufgerichtet mich erwar-
test. ⟨p. 54 Ich bin gekommen zu dir, das ich als mein eigen
kenne, ich bin gekommen zu dir, dem nach mir sich Sehnen-
den. Ich kenne dein Geheimnis, dasjenigen, um dessenwillen
du auch errichtet bist. Denn du bist festgemacht in der Welt,
um das Unstete zu befestigen. Und in einer Richtung reichst du
bis zum Himmel, damit du den oberen (?) Logos anzeigst; in
anderer wurdest du zur Rechten und p. 55 zur Linken ausgebreitet, damit du die furchtbare feindliche Macht in die Flucht
jagest und die Welt zusammenbringst; in anderer bist du in
der Erde festgemacht, damit du, was auf der Erde und unter
der Erde sich befindet, mit dem, was im Himmel ist[1], verknüp-
fest. O Kreuz, Heilswerkzeug des Höchsten! O Kreuz, Zeichen
des Sieges Christi über (seine) Feinde! O Kreuz, auf Erden
gepflanzt und im Himmel Frucht tragend! O Kreuzesname, der

---

1) vgl. Phil. 2 10.

du das Weltall in dich befaßt! Wohl dir, o Kreuz, das du die Welt in ihrem Umfange gebunden hast! Wohl dir, (o Kreuz,) das du zu einer Gestalt voller Einsicht deine ungestalte äußere Erscheinung gestaltet hast! Wohl der unsichtbaren Züchtigung, mit der du das Wesen der Vielgötterlehre züchtigst und ihren Erfinder aus dieser Menschheit verjagst! Wohl dir, o Kreuz, das du den Herrscher abgestreift, den Räuber geerntet, den Apostel zur Buße gerufen[1] und uns aufzunehmen nicht unter deiner Würde gehalten hast! Aber wie lange rede ich noch und lasse mich nicht vom Kreuz umfangen, um in dem Kreuz zum Leben erweckt zu werden, wenn ich durch das Kreuz in den Tod, der (allen) gemeinsam ist, aus d(ies)em Leben gegangen bin? Kommt heran, Diener meiner Freude und Schergen des Aegeates, und erfüllet unser beider Wunsch und bindet das Lamm an das Leiden, den Menschen an den Demiurgen, die Seele an den Heiland!⟩

p. 25 ... Die Henkersknechte ... p. 26 banden ihn nur fest an den Füßen ⟨N + und den Achselhöhlen, ohne im Hände und Füße zu durchbohren⟩, ohne auch die Kniekehlen einzuschneiden, da sie diesen Auftrag vom Prokonsul erhalten hatten zur größeren Qual des Gekreuzigten. Unter den Umstehenden befindet sich Stratokles, der ihn lächeln sieht, wofür Andreas als Grund angibt, daß der Anschlag des Aegeates eitel sei. Seinesgleichen p. 27 sind wir nicht und unberührt von seinen Nachstellungen. Nicht versteht er das Hören. Denn wenn er es verstände, würde er gehört haben, daß ein Mensch, der Jesu eigen ist, weil er von ihm erkannt ist, hinfort gegen jede Rache gewappnet ist. Darauf richtete er das Wort an alle, darunter auch Heiden: Ihr Männer, die ihr bei mir steht, Weiber, Kinder

---

1) Lk. 23 40 ff.; 22 61 f. u. Par.

und Greise, Sklaven und Freie, und alle, die ihr hören wollt, ich bitte euch, dies ganze Leben lasset fahren, die ihr um meinetwillen hier zusammengekommen seid, und sputet euch, meine Seele, die dem Himmlischen zueilt, zu ergreifen, und verachtet überhaupt alles Irdische, stärket aber die Herzen derer, die an Christus glauben! So und noch mehr redete er ihnen zu, drei Tage und drei Nächte lang, unbeugsam, so daß sie am vierten Tage von dem zu Gericht sitzenden Aegeates unter Vorwürfen gegen sein Urteil Herabnahme vom Kreuz verlangen, an Zahl gegen 20 000. Der Prokonsul gibt schließlich der Volkswut nach, wird aber bei seinem Herannahen von Andreas abgewiesen, der vorher von dem, zu dem er zu eilen im Begriff steht, vor jenem gewarnt war und nun den Herrn bittet abzuscheiden. Das geschieht mit Danksagung.

Maximilla mit Stratokles begräbt den Abgeschiedenen am Abend und hält sich weiter von Aegeates fern, der aus Verzweiflung um Mitternacht sich von einer hohen Stelle herabstürzt und so sein Ende findet; Stratokles rührt von dem zurückgelassenen Gute des Bruders nichts an.

Thomasakten

(W. Bauer, Übersetzung von R. Raabe.)

Einleitung. – 1. Der Apostel Thomas. Zu seiner Stellung in der Legende vgl. außer der Handb. 562 angegebenen Literatur J. Dahlmann, Die Thomaslegende, 1912; A. Väth, Der hl. Thomas, der Apostel Indiens, 1918, und die hier S. 46 f. genannten Werke.

2. Überlieferung und Herkunft der Thomasakten. Thomasakten bildeten einen Teil der unter dem Namen des Leucius Charinus umlaufenden Sammlung von AGG., die noch Photius besaß. In Gebrauch waren solche namentlich in gnostischen Kreisen, so bei den Enkratiten (Epiph. 47, 1), den Apostolikern (Epiph. 61, 1), den Manichäern (Augustin gg. Faustus XXII 79, gg. Adimantus 17 u. öfters), bei den Priscillianisten (Turribius, Brief an Idacius und Cepon. 5, unter den Werken Leos I. 713 ed. Ballerini), wie denn auch Priscillian selbst die Akten benutzte (p. 44, 12 ed. Schepß). Doch haben sich auch rechtgläubige Christen an ihnen erbaut, wie die reichhaltige und vielgestaltige Überlieferung des Textes der Thomasakten beweist. Die von Bonnet (Aa 2, 2) besorgte Ausgabe der griechischen Gestalt, die auf 21 Hss. ruht, liegt der folgenden Übersetzung (nach *cod. U*) zugrunde, die außerdem zur Ergänzung die syrische Bearbeitung (ed. W. Wright, 1871) heranzieht, das ihr Entnommene mit ⟨⟩ kennzeichnet (s. Apokr. S. 480)[1]. Es gibt außerdem noch eine äthiopische, zwei lateinische und eine armenische Bearbeitung (Apokr. 475). Als Sprache der ursprünglichen Thomasakten – ursprünglich im Gegensatz zu der kirchlichen Überarbeitung, die auch diese häretische Schrift erfahren hat – ist durch die Studien von Macke, Nöldeke und Burkitt das Syrische verwiesen, trotz Bonnet, der an einer griechischen Urschrift festhält. Auf den syrischen Gnostiker Bardesanes oder seine Schule sind sie jedoch mit keinerlei Sicherheit zurückzuführen, auch nicht ihre poetischen Teile. Nur mögen sie etwa zur Blütezeit jenes Mannes (um 200) entstanden sein.

3. Literatur. Außer den Handb. 562 f. genannten Arbeiten ist noch anzuführen: Burkitt, Urchristentum im Orient (übersetzt von Preuschen) 1907, S. 134 ff.: Die Thomasakten und der Hymnus von der Seele. F. Haase, Zur bardesanischen Gnosis 1910, S. 50 bis 67: Die Thomasakten und ihre Lieder. Bousset, Hauptprobleme der Gnosis 1907, S. 238 ff.; Manichäisches in den Thomasakten ZNW 1917, S. 1 ff. Lidzbarski, Mandäische Liturgien 1920, S. VIII, IX. A. Baumstark, Gesch. d. syr. Literatur 1922. Haas, ›Das Scherflein der Witwe‹ und seine Entsprechung im Tripitaka 1922, S. 60. 139 ff. Vor allem jedoch die Beiträge von R. Reitzenstein, Zwei hellenistische Hymnen ARW 1905, S. 167 ff.; Hellenistische Wundererzählungen 1906, S. 103 ff.; Himmelswanderung und Drachenkampf: Festschrift für F. C. Andreas

---

1) Im Anschluß an c. 113 hat diese Bearbeitung noch einen Lobgesang des Apostels Thomas (s. Handb. S. 592–594); der griechische *cod.* P bringt das große Gebet c. 144–148 (mit Auslassung von 144 Anfg. und 149) an Stelle des kurzen Schlußgebets (*cod. U*) c. 167.

1916, S. 44 ff.; *Historia Monachorum* und *Historia Lausiaca* 1916, S. 25, 53, 63, 65, 66; Die hellenistischen Mysterienreligionen ²1920, S. 23, 39, 128; Ein iranisches Erlösungsmysterium 1921, S. 4 ₃, 24 ₁, 55 f., 70 ff. Hier wird das aus den neu gefundenen Texten erkennbare iranische Erlösungsmysterium zur Erklärung herangezogen und werden vor allem die Einzelheiten des sog. Seelenhymnus besonders aus mandäischen Quellen verdeutlicht. Zu den Weihehandlungen der Thomasakten vgl. noch G. P. Wetter in FRL N. F. 13, 1921, S. 89 ff.; zur Stilistik der Gebete und Reden J. Kroll (vgl. oben S. 169) S. 52 f., 50 Anm. 1; Beiträge z. *Descensus ad inferos* 1922, S. 11 f.

4. Erklärung zu den eingelegten Liedern, Reden und kultischen Gebeten. Die Thomasakten enthalten eine beträchtliche Anzahl von Hymnen, Reden und Kultgebeten, die vielfach den Eindruck machen, nicht für die Stelle, an der sie jetzt stehen, geschaffen zu sein. Daraus begreift sich ein großer Teil der Schwierigkeiten, die sie dem Verständnis bereiten und die durch Beachtung des Zusammenhangs innerhalb der Thomasakten nicht immer gehoben werden können. Denn auch ein von dem Verfasser gemachter Versuch, das Überkommene der neuen Umgebung einzufügen, vermag die fremdartige Herkunft von so manchem nicht zu verdecken. Für die Einzelheiten muß auf das Handb. verwiesen werden.

Das Lied c. 6 f. denkt offenbar bei der Braut an die S o p h i a, die den himmlischen Christus als Bräutigam erwartet. Die Könige sind die Herrscher des oberen Lichtreiches. Die Zweiunddreißig scheinen sich auf Äonen zu beziehen. Auch die sieben Brautführer und Brautführerinnen und die Zwölf, die vor der Braut dienen, werden so zu deuten sein. Sie alle erwarten die Erlösung, die unter dem Bilde einer Hochzeit erscheint. Über eine etwaige Vorgeschichte der christlichen Gestalt des Hymnus, die vielleicht auch diese anders aufzufassen zwingt, s. Reitzenstein, Hell. Wundererz. 134–150, der die ganze ›erste Tat‹ des Thomas als von Anfang an zusammenhängende Einheit behandelt.

Das Weihegebet c. 27 ist ein Stück gnostischer Liturgik, dessen Einzeldeutung noch nicht völlig gelungen ist. In den Thomasakten dient es zur Verwendung bei der sakramentalen Ölsalbung, wie das ähnliche Gebet c. 50 bei der Feier der Eucharistie. Vgl. auch c. 52. – In der ›dritten Tat‹ mit der Rede des Drachen c. 32 scheint eine iranische Darstellung des Endkampfes zwischen Ormuzd und Ahriman nachzuwirken. Letzterer wird durch das Gift getötet, das er auf seinen Gegner gespritzt hat, und dann in den Abgrund geworfen. Die iranische Erzählung hat eine jüdische Bearbeitung erfahren, wie das sog. Cyriacus-Gebet uns zu schließen erlaubt. So ist sie zu den Christen gekommen und liegt nun in den Thomasakten novellistisch ausgestaltet vor; s. Reitzenstein, Erlösungsmysterium 79. 266 Anm. – c. 108–113 der sog. Seelenhymnus. Für den christlichen Verfasser der Akten kann der Königssohn nur Christus sein. Daß er vom Himmel kam, Knechtsgestalt annahm und aus ihr und seiner Feinde Gewalt von Gott befreit worden ist, ließ sich in den Erlebnissen des Prinzen ohne große Mühe wiederfinden. Wenn dann freilich von diesem weiter berichtet wird, er sei überlistet worden, so daß er ganz seine himmlische Herkunft vergaß und dem Fürsten dieser Welt diente, so ist unverkennbar, daß ein Christ von sich aus derartiges über seinen Herrn nicht auszusagen vermag. Hier ist fremder Einfluß ganz deutlich. Die Vorstellung von dem Erlöser, der, um die Seinen erlösen zu können, erst selbst erlöst werden muß, stammt aus dem Iran. Der Sprachgebrauch dieses Mysteriums, das wir vor allem aus mandäischen Urkunden kennen, erklärt ungezwungen den Inhalt unseres Hymnus, das Ganze, wie

die Einzelstücke (s. vor allem Reitzenstein, Erlösungsmysterium
71 ff.; auch Wundererz. 103 ff.). Bei den Mandäern wird der Erlöser Hibil ausgesandt, um die Perle – nach fester Formelsprache
die Urseele – zu holen. Reisezehrung und Reisegeld haben dort
ihr Gegenstück, ebenso die beiden Führer. Ägypten ist bei den
Mandäern die übliche Bezeichnung für den Leib als Wohnung
der Seele. Auch Meer und Drache stehen formelhaft für die Ma-
terie und ihren Herrscher. Und ebenso entsprechen die weiteren
Geschicke des Königssohnes den Einzelheiten jenes Mythus: der
Prinz läßt sich verleiten, von den Bösen Speise und Trank anzunehmen und versinkt in tiefen Schlaf. Daraus erweckt ihn ein Brief
aus der Heimat. Nun zieht er das Schmutzgewand aus, das er in
der Zeit seiner Verirrung getragen, nimmt die Perle und macht
sich auf den Weg zum Lichte der Heimat. Zwei von seinen Eltern
gesandte »Schatzmeister« – auch sie spielen bei den Mandäern
ihre Rolle – kommen ihm entgegen mit dem Prachtgewand, das
er beim Abstieg vom Himmel dort zurückgelassen hat. Die selt-
same Beschreibung des Gewandes als ganz gleich und eins mit
dem Prinzen und der Umstand, daß es redet und wie es von sich
spricht, beweisen, daß es für eine Persönlichkeit eingetreten sein
muß. Bei den Mandäern geleitet Manda d'Hajje die Seele und
zieht ihr sein Gewand an. Das Prachtkleid eilt dem Königssohn
entgegen, umhüllt ihn, und so wird er emporgehoben und kehrt
heim. Der Platz des Hymnus innerhalb der Akten findet seine
Erklärung darin, daß Christus, der Befreite, angerufen wird, um
dem eingekerkerten Apostel die Freiheit zu verschaffen.

Entsprechend ist der Leitgedanke des G e b e t e s c. 156 der:
Was Christus einmal getan hat, kann und soll er wieder an denen, die geweiht werden, vollführen. 157 wird, wenn auch einzelnes undeutlich bleibt, zum Preise des Öls alles aufgezählt,
was am Ölbaum, seiner Frucht und der daraus gewonnenen

Flüssigkeit zu rühmen ist: das Öl mischt sich mit nicht anderem und ist (weil Heilmittel) barmherzig. Als Kraft des Holzes (Baumes) verleiht es denen, die sich damit salben (dem Ringer) die Überlegenheit. Das Laub des Ölbaumes kränzt den Sieger und erquickt den Müden, beides den Menschen eine frohe Botschaft des Heils. Das Öl spendet Licht in der Finsternis. Die Bitterkeit der Blätter des Ölbaums, sein rauhes Aussehen und seine scheinbare Schwäche hindern nicht, daß er in Wahrheit gerade die gegenteiligen Eigenschaften besitzt. Dann wird die sieghafte Kraft Jesu angerufen; sie soll sich auf das Öl herniedersenken, so wie sie sich bei der Kreuzigung auf das dem Öl verwandte Holz – die Meinung scheint zu sein, daß der Kreuzstamm auf Golgatha aus Olivenholz bestand – herabgelassen hat.

Die Taten des heiligen Apostels Thomas.
[Aa 2, 2, p. 99–287.]

⟨Erste Tat des Apostels Judas Thomas.

Wie der Herr ihn an den Kaufmann Abban verkaufte, daß er hinabginge und Indien bekehrte.⟩ Zu jener Zeit waren wir Apostel[1] alle in Jerusalem, Simon, genannt Petrus, und Andreas, sein Bruder, Jakobus, Zebedäi Sohn, und Johannes, sein Bruder, Philippus und Bartholomäus, Thomas und Matthäus, der Zöllner, Jakobus, Alphäi Sohn, und Simon, der Kananäer, p. 100 und Judas Jakobi, und wir verteilten die Gegenden der Erde, daß ein jeder von uns in die Gegend, die durchs Los auf ihn käme, und zu dem Volke, zu welchem

---

1) vgl. Mt. 10 2-4; Lk. 6 14-16; AG. 1 13.

der Herr ihn schickte, reisen solle. Nach dem Lose kam nun Indien an Judas Thomas, der auch Zwilling heißt. Er wollte aber nicht hingehen, indem er sagte, er könne nicht, noch sei es möglich wegen der Schwachheit seines Körpers, und sprach: Wie kann ich, der ich ein Hebräer bin, reisen und unter den Indern die Wahrheit predigen? Und als er dies erwog und sagte, erschien ihm der Heiland während der Nacht[1] und sprach zu ihm: Fürchte dich nicht, Thomas, geh nach Indien und predige dort das Wort, denn meine Gnade ist mit dir. Er aber gehorchte nicht, p. 101 indem er sprach: Wohin du mich senden willst, sende mich, (aber) anderswohin! Denn nach Indien gehe ich nicht. Und als er dies sagte und erwog, traf es sich, daß ein Kaufmann, der von Indien gekommen war, namens Abban, dort anwesend war, der vom König Gundafor abgesandt war und von ihm den Befehl erhalten hatte, einen Zimmermann (Baumeister) zu kaufen und ihm zuzuführen. Der Herr aber sah ihn sich um die Mittagszeit auf dem Markte ergehen und sprach zu ihm: Du willst einen Zimmermann kaufen? Er sprach zu ihm: Ja. Und der Herr sprach zu ihm: Ich habe einen Sklaven, der Zimmermann ist, und will ihn verkaufen. Und als er dies gesagt hatte, zeigte er ihm von ferne Thomas, verabredete p. 102 mit ihm ein Kaufgeld von drei Pfunden ungeprägten (Silbers) und schrieb einen Kaufbrief folgenden Inhalts: Ich, Jesus, der Sohn des Zimmermanns Joseph, bekenne, einen Sklaven von mir, namens Judas, an dich, Abban, einen Kaufmann Gundafors, des Königs der Inder, verkauft zu haben. Als aber der Kauf zustande gekommen war, nahm der Heiland Judas, der auch Thomas heißt, und führte ihn zum Kaufmann Abban. Und als Abban ihn sah, sprach er zu ihm: Ist dieser dein Herr? Der Apostel

---

1) vgl. AG. 18 9.

antwortete und sprach: Ja, er ist mein Herr. Er aber sprach: Ich habe dich von ihm gekauft. Und der Apostel schwieg. Am folgenden Morgen aber betete der Apostel, bat den Herrn und sprach: Ich reise, wohin du willst, Herr Jesus; p. 103 dein Wille geschehe[1]! Er ging aber zum Kaufmann Abban hin, indem er nichts weiter bei sich trug als seinen Kaufpreis. Denn der Herr hatte ihm ihn gegeben, indem er sprach: Möge zugleich mit meiner Gnade auch dein Preis mit dir sein, wohin du auch gehen magst! Der Apostel traf aber Abban dabei, daß er sein Gepäck auf das Schiff trug. Er fing nun auch seinerseits an, mit ihm hinaufzutragen. Als sie aber eingestiegen waren und sich gesetzt hatten, forschte Abban den Apostel aus, indem er sprach: Was für eine Arbeit verstehst du? Der aber sprach: Aus Holz Pflüge und Joche und Wagen (zum Wiegen) und Schiffe und Ruder für Schiffe und Mastbäume und kleine Räder (Rollen zu Winden), aus Steinen aber (Grab-) Säulen und Tempel und königliche p. 104 Paläste (zu verfertigen). Der Kaufmann Abban sprach aber zu ihm: (Es ist gut,) denn einen solchen Künstler haben wir auch nötig. Sie begannen nun hinabzufahren. Sie hatten aber günstigen Wind und fuhren wohlgemut, bis sie nach Andrapolis, einer königlichen Stadt, hinabkamen. Als sie aber das Schiff verlassen hatten, gingen sie in die Stadt hinein. Und siehe, da umtönten sie Klänge von Flöten und Wasserorgeln und Trompeten. Der Apostel forschte aber und sprach: Welches Fest ist dies, das in dieser Stadt gefeiert wird? Da sprachen die dortigen Einwohner zu ihm: p. 105 Auch dich haben die Götter geführt, um in dieser Stadt zu schmausen. Der König hat nämlich eine einzige Tochter und jetzt gibt er sie einem Manne zur Ehe. Der Hochzeit nun gilt die Freude und

---

1) vgl. Lk. 22 42.

diese Versammlung heute zu dem Feste, welches du gesehen hast. Der König aber hat Herolde ausgesandt, um überall zu verkünden, daß alle zur Hochzeit kommen sollen[1], Reiche und Arme, Sklaven und Freie, Fremde und Einheimische; wenn aber jemand es ablehnt und nicht zur Hochzeit kommt, so soll er dem Könige verantwortlich sein. Abban aber sprach, als er es hörte, zum Apostel: Laß also auch uns gehen, damit wir beim Könige nicht anstoßen, besonders da wir Fremde sind. Der aber sprach: Gehen wir! Und nachdem sie in der Fremdenherberge eingekehrt waren und ein wenig geruht hatten, gingen sie zur Hochzeit. p. 106 Und da der Apostel sah, daß sich alle gelagert hatten, legte auch er sich in ihrer Mitte nieder; es blickten aber alle auf ihn wie auf einen Fremden und wie auf einen, der aus einem fremden Lande gekommen war. Der Kaufmann Abban aber legte sich, wie als Herr, an einem andern Orte nieder. Während sie aber aßen und tranken, genoß der Apostel nichts. Seine Umgebung sprach nun zu ihm: Weshalb bist du hierher gekommen, da du doch weder ißt noch trinkst? Er antwortete und sprach zu ihnen: Wegen einer größeren Sache, als Speise oder auch Trank ist, bin ich hierher gekommen, und um den Willen des Königs zu vollbringen[2]. Denn die Herolde verkünden die Befehle des Königs, und p. 107 wer nicht auf die Herolde hört, soll dem Gericht des Königs verantwortlich sein. Als sie nun aßen und tranken und Kränze und wohlriechende Salben herbeigebracht wurden, nahm jeder Salbe, und der eine salbte sein Gesicht, ein anderer das Kinn (den Bart), noch ein anderer auch andere Stellen seines Körpers. Der Apostel aber salbte den Scheitel seines Hauptes, strich ein wenig auf seine Nasenlöcher, träufelte auch in seine Ohren, berührte auch damit sei-

---

1) vgl. Mt. 22 3-14. – 2) vgl. Joh. 4 34.

ne Zähne, und die Gegend um sein Herz salbte er sorgfältig ein, den Kranz aber, der ihm gebracht worden war, aus Myrte und andern Blumen geflochten, nahm er und legte ihn auf sein Haupt, nahm einen Rohrzweig p. 108 in seine Hand und hielt ihn. Die Flötenspielerin aber ging, die Flöten in ihrer Hand, bei allen umher und flötete. Als sie aber zu dem Orte kam, an welchem der Apostel war, blieb sie über ihm stehen, indem sie zu seinen Häupten lange Zeit vorspielte. Die Flötenspielerin aber war ihrer Abstammung nach eine Hebräerin. Während aber der Apostel zur Erde hinsah, streckte einer der Weinschenken seine Hand aus und gab ihm einen Backenstreich. Der Apostel aber hob seine Augen auf, richtete sie auf den, der ihn geschlagen hatte, und sprach: Mein Gott wird dir in der zukünftigen Welt dies Unrecht vergeben, in dieser Welt aber wird er seine Wunder zeigen, und ich werde gleich jetzt sehen, wie die Hand, die mich geschlagen hat, von Hunden fortgeschleppt wird. Und als er dies gesagt hatte, begann er ein Saitenspiel zu rühren und folgendes Lied zu sprechen:

p. 109 Das Mädchen ist des Lichtes Tochter,
Es ruht auf ihr der Könige stolzer Glanz,
Ergötzend ist ihr Anblick,
In strahlender Schöne erglänzt sie.
Ihre Gewänder gleichen Frühlingsblumen,
Lieblicher Wohlgeruch entströmt ihnen.
Ihr zu Häupten thront der König
Und nährt, die unter ihm wohnen, mit seiner Götterspeise.
Wahrheit ruht auf ihrem Haupte,
Freude erzeigt sie durch ihre(r) Füße (Bewegung).
Ihr Mund ist geöffnet, und gar schicklich
⟨Läßt sie durch ihn all Loblieder hören.⟩

Zweiunddreißig sind es, die sie preisen.
Ihre Zunge gleicht dem Türvorhang,
Der für die Eintretenden zurückgeschlagen wird.
Gleich Stufen steigt ihr Nacken auf,
Ihn schuf der erste Weltbaumeister.
Ihre beiden Hände deuten verkündend auf den Chor
   der glücklichen Äonen,
Ihre Finger auf die Tore der Stadt.
Ihr Brautgemach ist licht,
Von Balsam duftend und jeglichem Wohlgeruch,
p. 110 Strömt süßen Geruch von Myrrhe und Würzkraut aus.
Drinnen sind Myrtenzweige und allerlei süßduftende
   Blüten gestreut,
Die Eingänge mit Rohr geschmückt.
Umschlossen halten sie ihre Brautführer, sieben an der Zahl,
Die sie selbst erwählt hat;
Ihrer Brautführerinnen sind sieben,
Die vor ihr Reigen tanzen.
Zwölf sind es an der Zahl, die vor ihr dienen
Und ihr unterstellt sind.
Ihren Blick richten sie gespannt auf den Bräutigam,
Damit sie durch seinen Anblick erleuchtet werden
Und ewig bei ihm seien zu jener ewigen Freude
Und bei jener Hochzeit seien,
Zu der sich die Vornehmen versammeln,
Und bei dem Mahle weilen,
Dessen die Ewigen gewürdigt werden,
Und königliche Gewänder anziehen,
Und glänzende Kleider anlegen
Und beide in Freude und Jauchzen seien
Und den Vater des Alls preisen,

Dessen stolzes Licht sie empfingen
Und erleuchtet wurden im Anblick ihres Herrn,
Dessen Götterspeise sie entgegennahmen,
Die unvermindert in ihnen bleibt,
Auch tranken von feinem Wein,
Der ihnen nicht Durst noch Begehren erregt,
Lobten und priesen mit dem lebendigen Geiste
Den Vater der Wahrheit und die Mutter der Weisheit.

p. 111 Und als er gepriesen und diesen Gesang beendet hatte, blickten alle dort Anwesenden auf ihn. Und er war still. Sie sahen aber auch sein Aussehen verändert, seine Worte jedoch verstanden sie nicht, da er ja ein Hebräer war und seine Worte in hebräischer Sprache gesagt hatte. Die Flötenspielerin allein verstand alles, denn sie war von Abstammung eine Hebräerin, und von ihm wegtretend, flötete sie den andern, auf ihn aber blickte und sah sie vielmals hin. Denn sie liebte ihn sehr als ihren Landsmann; er war aber auch von Ansehen jugendlich schön über alle dort Anwesenden. Und als die Flötenspielerin ihr Spiel ganz beendet hatte, setzte sie sich ihm gegenüber und blickte unverwandt auf ihn. Er aber sah auf niemand und beachtete keinen, sondern richtete seine Augen nur auf die Erde, indem er abwartete, wann er von dort p. 112 aufbrechen könnte. Der Mundschenk aber, der ihm den Backenstreich gegeben hatte, ging zur Quelle hinab, Wasser zu schöpfen. Und zufällig war ein Löwe dort, tötete ihn und ließ ihn an dem Orte liegen, nachdem er seine Glieder zerfleischt hatte. Hunde aber nahmen sogleich seine Glieder, und unter ihnen packte auch ein schwarzer Hund mit der Schnauze seine rechte Hand und trug sie an den Ort, an welchem das Gelag stattfand. Als sie es aber sahen, entsetzten sich alle und forschten, wer der wäre, der sich

aus ihrer Mitte entfernt hätte. Als es aber offenbar wurde, daß
es die Hand des Mundschenken wäre, der den Apostel geschlagen hatte, p. 113 zerbrach die Flötenspielerin ihre Flöten und
warf sie hin, ging zu den Füßen des Apostels, setzte sich und
sprach: Dieser Mensch ist entweder ein Gott oder ein Apostel
Gottes. Denn ich hörte ihn auf Hebräisch zum Mundschenken
sagen: Ich werde gleich jetzt sehen, wie die Hand, die mich
geschlagen hat, von Hunden fortgeschleppt wird, – was auch
ihr jetzt gesehen habt. Denn wie er sagte, so geschah es. Einige
glaubten ihr nun, einige aber nicht. Der König aber kam, als er
dies hörte, herzu und sprach zum Apostel: Steh auf und komm
mit mir und bete für meine Tochter! Denn sie ist das einzige
Kind, das ich habe, und heute verheirate ich sie. Der Apostel
wollte aber nicht p. 114 mit ihm gehen, denn der Herr war ihm
dort noch nicht offenbart. Der König aber führte ihn wider
seinen Willen in das Brautgemach fort, damit er für sie (die
Neuvermählten) betete. Und der Apostel trat hin, begann zu
beten und so zu sprechen: Mein Herr und mein Gott[1], Begleiter deiner Knechte, Wegweiser und Führer[2] derer, die an dich
glauben, Zuflucht[3] und Ruhe der Bedrückten, Hoffnung der
Armen[4] und Befreier der Gefangenen, Arzt der an Krankheit
daniederliegenden Seelen und Heiland jeder Kreatur[5], der du
die Welt lebendig machst[6] und die Seelen stärkst, du weißt das
Zukünftige, der du es auch durch uns vollbringst; du, Herr, der
du verborgene Geheimnisse offenbarst[7] und geheime Worte
bekannt machst, du bist, o Herr, der Pflanzer des guten Baumes[8], und durch deine Hände werden alle guten Werke hervor-

---

1) Joh. 20 28. – 2) vgl. Joh. 16 13. – 3) vgl. Ps. 90 2. – 4) vgl. Hiob 5 16; Ps.
9 19. – 5) vgl. 1. Tim. 4 10. – 6) vgl. 1. Tim 6 13. – 7) vgl. Dan. 2 28. 47. – 8) vgl.
Mt. 7 17 ff.; 12 33.

gebracht; du bist, o Herr, der, welcher in allen ist und durch alle
hindurchgeht und der du allein deinen Werken einwohnst und
durch die Tätigkeit aller geoffenbart wirst; Jesus Christus, Sohn
des Erbarmens und p. 115 vollkommener Heiland; Christus,
Sohn des lebendigen Gottes[1], unerschrockene Macht, die den
Feind niedergeworfen hat, und Stimme, die von den Fürsten
gehört wurde, die alle ihre Gewaltigen in Bewegung gesetzt
hat[2]; Bote, der von der Höhe gesandt wurde und bis in den
Hades (die Hölle) hinabkam[3], der du auch die Türen geöffnet
und von dort die hinaufgeführt hast, welche in langen Zeiten
in der Schatzkammer der Finsternis eingeschlossen waren, und
ihnen den zur Höhe führenden Aufstieg gezeigt hast, – ich bitte
dich, Herr Jesus, indem ich dir flehentliches Gebet für diese
jungen Leute darbringe, daß du ihnen tuest, was ihnen hilft,
nützt und frommt. Und nachdem er ihnen seine Hände auf-
gelegt und gesagt hatte: Der Herr sei mit euch! ließ er sie an
dem Orte und entfernte sich. Der König verlangte aber von den
Brautführern, das Brautgemach zu verlassen. Als aber alle hinausgegangen und die Türen geschlossen waren, hob der Bräutigam den Vorhang des Brautgemachs empor, p. 116 um die
Braut zu sich zu führen. Und er sah den Herrn Jesus im Aussehen des Apostels Judas Thomas, der vor kurzem sie gesegnet
hatte und dann von ihnen gegangen war, mit der Braut reden
und sprach zu ihm: Bist du nicht vor allen hinausgegangen?
Wie geschah es, daß du jetzt hier bist? Der Herr aber sprach
zu ihm: Ich bin nicht Judas mit dem Zunamen Thomas, ich bin
sein Bruder. Und der Herr setzte sich auf das Bett, ihnen aber
befahl er, sich auf die Sessel zu setzen, und fing an zu ihnen
zu sagen: Es folgt eine Warnung vor dem fleischlichen Vollzug

---

1) vgl. Mt. 16 16. – 2) vgl. Kol. 1 16; Eph. 6 12. – 3) vgl. 1. Petr. 3 19.

der Ehe unter Hinweis auf das Ungemach, das Kinder über die Eltern zu bringen pflegen. Dadurch gewinnt Jesus die jungen Leute der Enthaltsamkeit. Am Morgen kommt das Königspaar und ist befremdet über das Verhalten der beiden, besonders seiner Tochter. Diese erklärt sich ihnen, und ihr Mann spricht ein Dankgebet: Ich danke dir, Herr, der du durch den p. 121 fremden Mann verkündigt und bei uns gefunden wurdest; der du mich vom Verderben entfernt und in mir das Leben gesät hast; der du mich von dieser schwer heilbaren, schwer zu behandelnden und in Ewigkeit bleibenden Krankheit befreit und vernünftige Gesundheit in mich gelegt hast; der du dich mir gezeigt und meinen ganzen Zustand, in dem ich mich befinde, mir geoffenbart hast; der du mich vom Fall erlöst, zum Bessern hingeleitet und vom Zeitlichen befreit, aber des Unsterblichen und Immerwährenden gewürdigt hast; der du dich bis zu mir und meiner Schwachheit erniedrigt hast, um mich neben deine Größe zu stellen und mit dir zu vereinigen; der du dein Erbarmen nicht von mir, der verloren geht, zurückgehalten, sondern mir gezeigt hast, mich selbst zu suchen und zu erkennen, wer ich war und wer und wie ich jetzt bin, damit ich wieder würde, was ich war; den ich nicht kannte, du selbst aber suchtest mich auf; von dem ich nicht wußte, du selbst aber standest mir bei; den ich wahrgenommen habe und jetzt nicht p. 122 vergessen kann; dessen Liebe in mir braust und von dem ich nicht reden kann, wie es nötig ist; was ich aber über ihn zu sagen vermag, ist kurz und sehr wenig und entspricht nicht seinem Ruhm; er klagt mich aber nicht an, wenn ich mich erkühne, auch das zu ihm zu sagen, was ich nicht weiß; denn aus Liebe zu ihm sage ich auch dieses. Nun gibt der König Befehl, Thomas zu ergreifen. Sie entfernten sich nun und gingen umher, indem sie ihn suchten; und sie fanden ihn nicht, denn er war zu Schiffe

abgereist. Sie gingen nun auch in die Herberge, wo er eingekehrt war, und fanden dort die Flötenspielerin weinend und
betrübt, weil er sie nicht mit sich genommen hatte. Als sie ihr
aber erzählten, was an den jungen Leuten geschehen war, freute sie sich sehr, da sie es hörte, legte die Trauer ab und sprach:
Jetzt habe auch ich hier Ruhe gefunden! Und stand auf, ging
zu ihnen und lebte geraume Zeit mit ihnen, bis sie auch den
König lehrten. Es kamen aber auch viele von den Brüdern dort
zusammen, bis sie über den Apostel p. 124 das Gerücht hörten,
daß er in den Städten Indiens gelandet sei und daselbst lehre.
Und sie gingen fort und vereinigten sich mit ihm.

Des Apostels Thomas zweite Tat.

Über sein Auftreten vor dem Könige Gundafor.
Als aber der Apostel mit dem Kaufmann Abban in die Städte
Indiens eingegangen war, ging Abban zur Begrüßung des Königs Gundafor fort und erstattete ihm Bericht über den Zimmermann, den er mit sich brachte. Der König freute sich aber und
befahl, er solle vor ihn kommen. Als er p. 125 nun eingetreten
war, sprach der König zu ihm: Was für eine Kunst verstehst du?
Der Apostel spricht zu ihm: Die des Zimmermanns und des Bau-
meisters. Spricht der König zu ihm: Was verstehst du nun aus
Hölzern und was aus Steinen zu verfertigen? Der Apostel spricht:
Aus Holz Pflüge, Joche, Wagen, Winden und Schiffe und Ruder
und Mastbäume, aus Steinen aber Grabsäulen, Tempel und königliche Paläste. Und der König sprach: Baust du mir einen Palast? Er aber antwortete: Ja, ich baue und vollende. Denn dazu
bin ich gekommen, zu bauen und zu zimmern. Und der König
übernahm ihn, ging mit ihm aus den Toren der Stadt hinaus und

fing an, sich mit ihm unterwegs p. 126 über den Bau des Palastes
und darüber, wie die Fundamente gelegt werden sollten, zu unterreden, bis sie zu dem Orte kamen, an welchem er den Bau
ausgeführt haben wollte. Und er sprach: Hier will ich, daß der
Bau vor sich gehe! Und der Apostel spricht: Ja, denn dieser Platz
ist für den Bau geeignet. Es war aber der Ort hainartig, und viel
Wasser war daselbst. Spricht nun der König: Fang an auszuführen! Er aber sprach: Jetzt kann ich nicht mit der Ausführung
beginnen. Der König spricht: Wann kannst du? Er aber sprach:
Ich beginne mit dem November und endige p. 127 im April. Der
König aber wunderte sich und sprach: Ein jeder Bau wird im
Sommer gebaut, du aber kannst gerade im Winter einen Palast
bauen und ausführen? Und der Apostel sprach: So muß es geschehen, und anders ist es nicht möglich. Und der König sprach:
Wenn du also dies beschlossen hast, so zeichne mir auf, wie das
Werk werden soll, da ich (erst) nach geraumer Zeit hierher komme. Und der Apostel nahm Rohr und zeichnete damit auf, indem
er den Platz vermaß; und die Türen ordnete er nach Osten an,
nach dem Licht hin zu liegen, die Fenster aber nach Westen,
nach den Winden, das Backhaus ließ er nach Süden liegen und
die für den Dienst erforderliche Wasserleitung nach Norden. Als
der König dies sah, sprach er zum Apostel: Du bist wirklich ein
Künstler, und es ziemt sich p. 128 für dich, Königen zu dienen.
Und nachdem er ihm vieles hinterlassen hatte, ging er von ihm.
Und zur bestimmten Zeit pflegte er ihm gemünztes Silber und
die Notdurft für sein und der Arbeiter Leben zu schicken. Der
aber übernahm alles und verteilte es, indem er in den Städten
und umliegenden Dörfern umherging und den Armen und Bedrängten davon zuteilte und Almosen gewährte, und er ver-
schaffte ihnen Erholung, indem er sprach: Der König weiß königlichen Ersatz zu erlangen, Arme aber müssen, wie es die Lage

erfordert, erquickt werden. Darnach schickte der König an p. 129 den Apostel einen Gesandten, indem er ihm folgendes schrieb: Zeige mir an, was du gemacht hast, oder was ich dir senden soll oder wessen du bedarfst. Da läßt ihm der Apostel sagen: Der Palast ist gebaut, es bleibt nur das Dach übrig. Der König aber schickte, als er das hörte, wiederum Gold und ungemünztes Silber, indem er ihm schrieb: Der Palast soll, wenn anders er gebaut ist, gedeckt werden! Der Apostel aber sprach zum Herrn: Ich danke dir, Herr, in jeder Hinsicht, daß du für kurze Zeit gestorben bist, damit ich ewig in dir lebe, und daß du mich verkauft hast, um viele durch mich zu befreien. Und er hörte nicht auf zu lehren und den Bedrängten Erholung zu verschaffen, p. 130 indem er sprach: Der Herr hat euch dies zugeteilt, und er gewährt einem jeglichen die Nahrung. Denn er ist der Ernährer der Waisen und Versorger der Witwen, und allen Bedrängten wird er Erholung und Ruhe. Als aber der König in die Stadt kam, forschte er seine Freunde über den Palast aus, den ihm Judas mit dem Zunamen Thomas gebaut hatte. Sie sagten ihm aber: Weder hat er einen Palast gebaut noch etwas anderes von dem getan, was er zu tun versprach, sondern er geht in den Städten und Dörfern umher, und wenn er etwas hat, gibt er alles den Armen und lehrt einen neuen Gott und pflegt p. 131 Kranke und treibt Dämonen aus und tut viele andere Wunder. Und wir glauben, daß er ein Magier (Gaukler) ist. Aber seine Taten der Barmherzigkeit und die Heilungen, die von seiner Seite unentgeltlich geschehen, außerdem sein einfaches und tüchtiges Wesen und das, was seinen Glauben ausmacht, zeigen, daß er gerecht ist oder ein Apostel des neuen Gottes, den er selbst verkündigt. Denn unausgesetzt fastet und betet er und ißt nur Brot mit Salz, und sein Trank ist Wasser, und er trägt ein Kleid, sei es bei heiterem Wetter, sei es im Unwetter (Winter), und nimmt von niemand etwas an, und was er hat, gibt er andern. Als der König p. 132 dies gehört hatte, schlug er mit seinen Händen sein Gesicht, indem er lange Zeit seinen Kopf schüttelte. Und er ließ den Kaufmann kommen, der ihn gebracht hatte, und den Apostel und sprach zu ihm: Hast du mir den Palast gebaut? Der aber sprach: Ja, ich habe ihn gebaut. Der König sprach: Wann gehen wir nun, ihn zu besichtigen? Der aber hob an und sprach: Jetzt kannst du ihn nicht sehen, sondern du siehst ihn erst, wann du aus diesem Leben geschieden bist. Der König aber ward sehr zornig und befahl, p. 133 sowohl der Kaufmann als auch Judas mit dem Zunamen Thomas sollten gefesselt und ins Gefängnis geworfen werden, bis er durch eine Untersuchung erführe, wem das Gut des Königs gegeben worden wäre, und so ihn samt dem Kaufmann vernichtete. Der Apostel aber ging fröhlich ins Gefängnis und sagte zu dem Kaufmann: Fürchte nichts, sondern glaube nur[1] an den Gott, der durch mich gepredigt wird, so wirst du von dieser Welt befreit werden, von der zukünftigen Welt aber das Leben davontragen. Der König aber zog dauernd in Erwägung, durch welche Todesart er sie p. 134 vernichten sollte. Als er aber beschlossen hatte, ihnen die Haut abziehen und dann sie verbrennen zu lassen, erging es in derselben Nacht Gad, dem Bruder des Königs, übel, und er ward wegen des Schmerzes und des hinterlistigen Angriffs, welchen der König zu erleiden gehabt hatte, sehr beschwert. Und er ließ den König kommen und sprach zu ihm: Bruder König, mein Haus und meine Kinder befehle ich dir. Denn ich wurde durch die dir widerfahrene schmähliche Behandlung in Schmerz versetzt und siehe! ich sterbe, und wenn du nicht mit der Strafe gegen das Leben jenes Magiers vorgehst,

---

1) vgl. Lk. 8 50.

wirst du meine Seele nicht im Hades (in der Unterwelt) zur
Ruhe bringen. Der König sprach aber zu seinem Bruder: Die
ganze Nacht hindurch erwog ich, auf welche Art ich ihn töten
solle. Das aber habe ich beschlossen: ihm die Haut abziehen
und dann ihn im Feuer verbrennen zu lassen, ihn und mit ihm
den Kaufmann, der ihn herbeigebracht hat. p. 135 Und als sie
sich besprachen, schied die Seele seines Bruders Gad. Der König aber betrauerte Gad sehr, denn er hatte ihn sehr lieb, und
befahl, ihm zum Begräbnis ein königliches und sehr wertvolles
Kleid anzulegen. Während dies aber geschah, übernahmen Engel die Seele Gads, des Bruders des Königs, und führten sie in
den Himmel hinauf, indem sie ihm die dortigen Orte und Woh-
nungen[1] zeigten und ihn fragten: An was für einem Orte willst
du wohnen? Als sie sich aber dem Bau des Apostels Thomas
näherten, den er dem König gegründet hatte, sprach Gad bei
seinem Anblick zu den Engeln: Ich bitte euch, meine Herren, in
einem dieser unterirdischen Gemächer zu wohnen. Die aber
sprachen zu ihm: p. 136 In diesem Bau kannst du nicht wohnen.
Er aber sprach: Weshalb nicht? Sie sprachen zu ihm: Dieser Palast ist der, welchen jener Christ deinem Bruder gebaut hat. Er
aber sprach: Ich bitte euch, meine Herren, gestattet mir, zu meinem Bruder zu gehen[2], um diesen Palast von ihm zu kaufen.
Denn mein Bruder weiß nicht, von welcher Art er ist, und verkauft ihn mir. Darauf entließen die Engel die Seele Gads. Und
während man ihm das Sterbekleid anzog, trat seine Seele in ihn
ein. Und er sprach zu denen, die um ihn standen: Ruft mir meinen Bruder, damit ich ihm eine Bitte vortrage. Sogleich nun
brachten sie ihrem Könige die frohe Botschaft, p. 137 indem sie
sprachen: Dein Bruder ist wieder aufgelebt! Der König aber

---

1) vgl. Joh. 14 2. – 2) vgl. Lk. 16 27.

sprang auf und kam mit einer großen Menge zu seinem Bruder; und als er hineingegangen war, trat er an sein Bett, wie betäubt, ohne mit ihm reden zu können. Sein Bruder sprach aber: Ich weiß und bin überzeugt, Bruder, daß, wenn jemand dich um die Hälfte deines Königreichs[1] gebeten hätte, du sie für mich gegeben hättest. Deshalb ersuche ich dich, mir eine Gnade zu erweisen, um deren Gewährung ich dich bitte, daß du mir nämlich das verkaufest, worum ich dich bitte. Der König aber hob an und sprach: Und was ist's, das du mich dir zu verkaufen bittest? Der aber sprach: Bekräftige es mir durch einen Eid, daß du es mir gewährst. Und der König schwur ihm: Was immer von meinem Besitz du dir erbittest, p. 138 das gebe ich dir[2]. Und er spricht zu ihm: Verkaufe mir den Palast, den du im Himmel hast. Und der König sprach: Ein Palast im Himmel – woher kommt der mir? Er aber sprach: (Es ist) der, den dir jener Christ gebaut hat, der jetzt im Gefängnis sitzt, den dir der Kaufmann zugeführt hat, nachdem er ihn von einem gewissen Jesus gekauft hatte. Den hebräischen Sklaven meine ich, welchen du bestrafen wolltest als den, von dem du einen hinterlistigen Angriff erfahren hast, rücksichtlich dessen auch ich in Trauer versetzt ward und starb und jetzt wieder auflebte.

Da merkte der König auf und verstand (seine Worte) von den für ihn entscheidend wichtigen und zukünftigen, ewigen Gütern und sprach: Den Palast kann ich dir nicht verkaufen, ich bete aber, daß ich hineingehen und darin wohnen dürfe und gewürdigt werde, zu seinen Bewohnern zu gehören. Wenn du aber wirklich einen solchen Palast kaufen willst, siehe, so lebt der Mensch und baut dir einen, der besser als jener ist. p. 139 Und sogleich schickte er und ließ den Apostel und den mit ihm

1) vgl. Mc. 6 23. – 2) vgl. Mc. 6 22.

gefangen gesetzten Kaufmann aus dem Gefängnis herausführen,
indem er sprach: Ich bitte dich, wie ein Mensch, der den Diener
Gottes bittet, für mich zu beten und den, dessen Diener du bist,
zu bitten, daß er mir vergebe und übersehe, was ich gegen dich
durchgesetzt oder auch durchzusetzen beabsichtigt habe, und
daß ich würdig werde, ein Bewohner jener Wohnung zu sein, mit
der ich mich nicht abgemüht habe, du aber bautest sie mir allein
mit großer Mühe unter Mitwirkung der Gnade deines Gottes,
und daß ich auch Diener werde und diesem Gott diene, den
du predigst. Auch sein Bruder fiel dem Apostel zu Füßen und
sprach: Ich bitte dich und flehe vor deinem Gott, daß ich seines
Dienstes würdig werde und Anteil habe an dem, was mir von
seinen Engeln gezeigt worden ist. p. 140 Der Apostel aber sprach,
von Freude ergriffen: Ich preise dich, Herr Jesus, daß du deine
Wahrheit in diesen Menschen geoffenbart hast[1]. Denn du bist
allein der Gott der Wahrheit (der wahre Gott), und kein anderer,
und du bist der, welcher alles weiß, was den meisten unbekannt
ist; du, Herr, bist der, welcher in allen Stücken den Menschen
Barmherzigkeit und Schonung erweist. Denn die Menschen ver-
nachlässigten dich wegen des in ihnen waltenden Irrtums, du
aber hast sie nicht vernachlässigt. Und jetzt nimm um meines
Bittens und Flehens willen den König und seinen Bruder an und
vereinige sie mit deiner Herde, reinige sie durch dein Bad und
salbe sie durch dein Öl rein von dem sie umgebenden Irrtum.
Bewahre sie aber auch vor den Wölfen, indem du sie auf deine
Wiesen bringst[2]. Tränke sie aber aus deiner ambrosischen Quelle, die weder getrübt wird noch versiegt. Denn sie bitten dich und
flehen und wollen deine Diener werden, und deshalb sind sie
auch entschlossen, von deinen Feinden Verfolgung zu ertragen

---

485) vgl. Mt. 11 25. – 486) vgl. Joh. 10 12. 9.

p. 141 und um deinetwillen von ihnen Haß, Mißhandlung und Tod zu erleiden[1], wie auch du dies alles für uns gelitten hast, um uns zu gewinnen, der du Herr bist und ein wahrhaft guter Hirt[2]. Du aber verleihe ihnen, daß sie auf dich allein zuversichtliche Hoffnung setzen und die von dir kommende Hilfe und Hoffnung auf ihre Erlösung erlangen, welche sie von dir allein erwarten, und daß sie in deinen Geheimnissen befestigt werden und von deinen Gnadengaben und Geschenken die vollkommenen Güter empfangen und in deinem Dienste Blüten treiben und in deinem Vater Früchte zur Reife bringen. Sehr freundlich nun gegen den Apostel gestimmt, folgten der König Gundafor und sein Bruder Gad ihm nach, indem sie niemals von ihm wichen und selbst den Bedürftigen darreichten, allen gaben und alle erquickten. Sie baten ihn aber, daß auch sie bereits das Siegel des Wortes empfingen, indem sie zu ihm sprachen: Da unsre Seelen Ruhe haben und wir in Ansehung Gottes willig sind, so gib uns das Siegel[3]! Denn wir haben dich sagen hören, daß der Gott, den du predigst, seine Schafe an seinem Siegel erkenne. Der Apostel aber sprach zu ihnen: Ich freue mich und bitte euch auch, dieses Siegel zu nehmen und mit mir an die Eucharistie p. 142 und an diesem Segensmahl des Herrn teilzuhaben und auf Grund desselben vollendet zu werden. Denn dieser ist der Herr und Gott aller (des Alls), Jesus Christus, den ich predige, und er selbst ist der Vater der Wahrheit, an welchen ich euch glauben gelehrt habe. Und er befahl ihnen, Öl herbeizubringen, damit sie durch das Öl das Siegel empfingen. Sie brachten nun das Öl und zündeten viele Lampen an. Denn es war Nacht[4]. Und der Apostel stand auf und siegelte sie. Es wurde ihnen aber der Herr geoffenbart,

---

1) vgl. Mt. 10 22. – 2) vgl. Joh. 10 12. 14. – 3) vgl. Offb. 9 4. – 4) vgl. Joh. 13 30.

indem er durch eine Stimme sagte: Friede sei mit euch, Brüder[1])! Sie aber hörten nur seine Stimme, seine Gestalt aber sahen sie nicht[2]). Denn sie hatten noch nicht die Versiegelung des Siegels empfangen. Der Apostel nahm aber das Öl, goß es auf ihr Haupt, salbte und bestrich sie damit und begann zu sagen:

Komm, heiliger Name Christi, der über jeden Namen erhaben ist[3]);

Komm, Kraft des Höchsten und vollkommene Barmherzigkeit;

Komm, höchstes Geschenk;

Komm, barmherzige Mutter;

Komm, Gemeinschaft mit dem Männlichen;

Komm, Offenbarerin der verborgenen Geheimnisse;

Komm, Mutter der sieben Häuser, daß dir im achten Hause Ruhe werde;

Komm, Alter (Gesandter) der fünf Glieder: des Verstandes, des Gedankens, der Einsicht, p. 143 der Überlegung, der Urteils,

Teile dich diesen jungen Leuten mit!

Komm, heilige Geistmacht, und reinige ihre Nieren und ihr Herz[4])

Und versiegele sie auf den Namen des Vaters und des Sohnes und des heiligen Geistes.

Und als sie gesiegelt waren, erschien ihnen ein Jüngling, der eine brennende Lampe trug, daß auch die (andern) Lampen selbst durch die Ausstrahlung ihres Lichts verdunkelt wurden. Und er ging hinaus und wurde ihnen unsichtbar. Der Apostel aber sprach zum Herrn: Unfaßbar ist uns, Herr, dein Licht, und wir

---

1) vgl. Joh. 20 19. 21. 26. – 2) vgl. AG. 9 7 – 3) vgl. Phil. 2 9. – 4) vgl. Ps. 26 2; Offb. 2 23.

können es nicht ertragen. Denn es ist größer als unser Gesicht. Als es aber Licht und Tag wurde, brach er Brot[1] und machte sie zu Teilnehmern an der Eucharistie des Messias. Sie freuten sich aber und frohlockten[2]. Aber auch viele andere glaubten und wurden (den Gläubigen) hinzugefügt[3] und kamen zum Zufluchtsort des Erlösers. Der Apostel fährt fort zu predigen, warnt vor Buhlerei, Habsucht und Völlerei und ruft zur Buße sowie zum Glauben an den kommenden Richter. Als er dies gesagt hatte, sprachen einige der Umstehenden zu ihm: Es ist Zeit, daß der Gläubiger die Schuld (das ihm Gebührende) empfange. Er aber sprach zu ihnen: Der Gläubiger will zwar immer Übermäßiges p. 146 empfangen, wir aber wollen ihm das Nötige geben. Und [nachdem er sie gesegnet hatte,] nahm er Brot, Öl, Gemüse und Salz, segnete es und gab es ihnen. Er selbst aber beharrte in seinem Fasten, denn der Tag des Herrn (Sonntag) war im Begriff aufzuleuchten. Als aber die Nacht herankam und er schlief, kam der Herr, trat zu seinen Häupten und sprach: Thomas, steh früh auf, segne alle und nach dem Gebet und Dienst geh auf dem Wege nach Osten zwei Meilen, und dort werde ich durch dich meine Herrlichkeit zeigen. Denn um des Werkes willen, wegen dessen du ausziehst, werden viele zu mir Zuflucht nehmen, und du sollst die Natur und Macht des Feindes überführen (öffentlich rügen). Und er stand vom Schlafe auf und sprach zu den Brüdern, die bei ihm waren: Kinder und Brüder, der Herr will heute etwas durch mich ausführen. Laßt uns aber beten und ihn bitten, daß es für uns ihm gegenüber kein Hindernis gebe, sondern daß, wie zu jeder Zeit, so auch jetzt nach seiner Absicht und seinem Willen durch uns geschehe. Und als er dies gesagt hatte, legte er seine Hände auf sie und segnete sie. Und er brach

---

1) vgl. Mt. 26 26. – 2) vgl. Mt. 5 12. – 3) vgl. AG. 5 14.

Brot der Eucharistie, gab es ihnen und sprach: Gereiche euch diese Eucharistie zu Barmherzigkeit und Mitleid, und nicht zum Gericht und zur Vergeltung[1]! Und sie sprachen: Amen.

Dritte Tat.

p. 147
Über den Drachen (die Schlange).

Er findet mit seinen Begleitern den Leichnam eines schönen Jünglings und betet: Herr, Richter der Lebenden und der Toten, der Lebenden, welche hier dabeistehen, und der Toten, welche (hier) liegen, und Herr aller und Vater – Vater aber nicht der noch in Körpern wohnenden Seelen, sondern derer, die sie verlassen haben, denn von den noch in den Körpern weilenden Seelen bist du Herr und Richter –, komm in dieser Stunde, in der ich dich anrufe, und zeige deine Herrlichkeit an diesem, der hier liegt! Darauf stellt er eine Einwirkung des Satans fest, der sich dabei des Tieres bedient habe, das ihm untertänig ist. Alsbald erscheint ein großer Drache, der eingesteht, den Jüngling aus Eifersucht getötet zu haben. Auf die Frage, welchem Geschlecht er angehöre, erwidert der Drache: Ich bin ein Sproß der Schlangennatur und ein Schädiger, der Sohn eines Schädigers; ich bin ein Sohn dessen, der die vier stehenden Brüder verletzt und geschlagen hat; ich bin der Sohn dessen, der auf dem Thron sitzt ⟨und über das Geschaffene,⟩ was unter dem Himmel ist, ⟨Macht hat,⟩ der von denen, welche sich Geld leihen, p. 149 das Seine nimmt; ich bin der Sohn dessen, der die (Welt-)Kugel umgürtet; ich bin ein Verwandter dessen, der außerhalb des Ozeans ist, dessen Schwanz in seinem Munde

---

1) vgl. 1. Kor. 11 29. 34.

liegt; ich bin der, welcher durch den Zaun ins Paradies eingegangen und mit Eva alles geredet hat, was mir mein Vater auf-
trug, zu ihr zu reden; ich bin der, welcher Kain entzündet und
in Brand gesetzt hat, den eigenen Bruder zu töten[1], und um
meinetwillen gingen Dornen und Disteln auf der Erde auf[2];
ich bin der, welcher die Engel von oben herabgeworfen und
durch die Begierden nach Frauen gebunden hat, damit erdge-
borene (irdische) Kinder aus ihnen entständen[3] und ich meinen Willen durch sie ausführte; ich bin der, welcher das Herz
Pharaos verhärtet hat, daß er die Kinder Israels mordete und
sie (die Israeliten) durch harte Knechtschaft unterjochte[4]; ich
bin der, welcher die Menge (das Volk) in der Wüste irre führte,
als sie das Kalb gemacht hatten[5]; ich bin der, welcher Herodes in Brand setzte[6] und Kaiphas entzündete zu lügnerischer
Anklage vor Pilatus[7]; denn dieses ziemte mir; ich bin der, welcher Judas entzündete und erkaufte, den Messias dem Tode zu
überliefern; ich bin der, welcher den Abgrund des Tartarus be-
wohnt und inne hat[8], der Sohn Gottes aber tat mir gegen meinen Willen Unrecht und wählte die Seinigen von mir aus; ich
bin ein Verwandter dessen, der von Osten kommen soll, dem
auch Gewalt gegeben wird, auf der Erde zu tun, was er selbst
will. Nachdem der Drache geendet, zwingt ihn der Apostel, dem
Leichnam das tödliche Gift wieder auszusagen. Der Jüngling
kehrt ins Leben zurück, während das Ungetüm zerplatzt und
von der Erde verschlungen wird. Nun spricht der Auferweckte seine Freude darüber aus, der Macht der Finsternis entronnen und des Anblicks der Lichtgestalt Jesu, den er neben dem

---

1) vgl. 1. Mos. 3 1. 4 5-8. – 2) vgl. 1. Mos. 3 18. – 3) vgl. 1. Mos. 6 1-4. – 4) vgl.
2. Mos. 1 ff. – 5) vgl. 2. Mos. 32. – 6) vgl. Mt. 2; 26 3. – 7) vgl. Mt. 27 11 ff.
– 8) vgl. Mt. 26 14-16. Offb. 9 11.

Apostel hat stehen sehen, gewürdigt worden zu sein. Thomas antwortete mit der ernsten Mahnung, bei der neugewonnenen Gesinnung zu verharren. Dann führt er ihn in die Stadt zurück und spricht: Das, was du geschaut hat, Kind, ist wenig von dem vielen, was Gott hat. Denn nicht über diese sichtbaren Dinge verkündigt er uns das Evangelium, sondern Größeres, als diese, verspricht er uns[1]. Solange wir aber im Leibe sind, können wir nicht aussprechen und aussagen, was er zukünftig unsern Seelen gibt. Alle – fährt er fort – bei dem Versuche, es in Worte zu kleiden, dem irdischen Leben entnommenen Ausdrücke dürfen nicht in ihrem wörtlichen Sinn genommen werden.

Sondern wir reden über die obere Welt, p. 154 über Gott und Engel, über Wächter und Heilige, über die ambrosische (unvergängliche) Speise und den Trank des wahrhaftigen Weinstocks, über dauernde und nicht veraltende Kleider, über das, was kein Auge gesehen und kein Ohr gehöret hat noch in das Herz sündiger Menschen gekommen ist, was Gott bereitet hat denen, die ihn lieben[2]. Darüber unterreden wir uns und darüber verkünden wir das Evangelium. Glaube also auch du an ihn, damit du lebest, und setze auf ihn dein Vertrauen, so sollst du nicht sterben. Denn er läßt sich auch nicht durch Geschenke gewinnen, daß du sie ihm darbringest, noch bedarf er Opfer, daß du sie ihm opferst. Aber blicke auf ihn hin, so wird er dich nicht übersehen, und wende dich zu ihm, so wird er dich nicht verlassen. Denn seine Wohlgestalt und Schönheit wird dich begierig machen, ihn zu lieben, aber sie erlaubt dir auch nicht, dich von ihm abzuwenden.

Während Thomas noch spricht, sammelt sich eine Volksmenge um ihn und den Jüngling, die auf erneute Mahnrede

---

1) vgl. 1. Kor. 2 9; Joh. 3 12. – 2) 1. Kor. 2 9.

des Apostels hin ihrer Zerknirschung Ausdruck verleiht. Die Leute erklären sich bereit, gläubig zu werden, falls ihnen ihre Sünden vergeben werden könnten.

Vierte Tat.

Über das Füllen.

Als aber der Apostel noch auf der Landstraße stand und sich mit der Menge unterredete, kam ein Eselsfüllen und trat vor ihn, öffnete seinen Mund und sprach: Zwillingsbruder des Messias, Apostel des Höchsten und miteingeweiht in das verborgene Wort des Messias, der du seine verborgenen Aussprüche empfängst, Mitarbeiter des Sohnes Gottes, der du, während du frei warst, ein Knecht geworden bist und, verkauft, viele zur Freiheit geführt hast, Verwandter des großen Geschlechts, das den Feind verurteilt und sein Eigentum (von ihm) erlöst hat, der du vielen im Lande der Inder Ursache des Lebens geworden bist ..., steig auf, setze dich auf mich und ruhe dich aus, bis du in die Stadt eingehst! Und der Apostel hob an und sprach: O Jesus Christus, Sohn p. 157 der vollkommenen Barmherzigkeit, o Ruhe und Gelassenheit und du, von dem jetzt durch die unvernünftigen Tiere geredet wird, o verborgene Ruhe und der du durch die Tätigkeit geoffenbart wirst als unser Erlöser und Ernährer, der du uns bewahrst und auf fremden Körpern ruhen läßt, Retter unsrer Seelen, süßer und unversieglicher Sprudel, fest stehende, reine und niemals getrübte Quelle, Beistand und Helfer deiner Knechte im Kampfe, der du den Feind von uns abwendest und verscheuchst, der du in vielen Kämpfen für uns kämpfst und uns in allen siegreich machst, unser wahrer und unbesiegbarer Athlet, unser heiliger und siegreicher Heerfüh-

rer, Ruhmvoller und der du den Deinen unvergängliche Freude gewährst und Ruhe, die keinerlei Bedrängnis enthält, guter
Hirt, der du dich selbst für deine Schafe ausgeliefert, den Wolf
besiegt und deine Schafe befreit[1] und auf gute Weide geführt
hast, – wir rühmen und preisen dich und deinen unsichtbaren
Vater und deine heilige Geist(macht), [und] die Mutter aller
Geschöpfe[2].

Auf die Frage des Apostels nach seinem Geschlecht erklärt
das Füllen, zu der Familie zu gehören, welche die Reittiere
Bileams[3] und Jesu[4] gestellt habe. Es erneuert die dringende
Bitte an Thomas, aufzusteigen, und setzt endlich seinen Willen
durch. Nahe dem Tore der Stadt steigt der Apostel ab, und sofort fällt das Tier tot zu Boden. Die Bitte der Anwesenden, es
wieder zu erwecken, schlägt Thomas ab, weil es unnütz sei, und
das Füllen wird auf seine Anordnung hin begraben.

Fünfte Tat.

Über den Dämon, der in dem Weibe wohnte.
Jetzt betritt der Apostel die Stadt, wo ihn eine schöne Frau
anfleht, sie von einem unzüchtigen Dämon zu befreien, der sie
bereits seit fünf Jahren belästigt. Sie schildert ihren qualvol-
len Zustand von der ersten Begegnung mit ihrem Bedränger
an. Der Apostel sprach aber: O nicht zu bändigende Bosheit;
o Unverschämtheit des Feindes; o Neidischer, der niemals ruhig ist; o Häßlicher, der die Schönen unterwirft; o Vielgestaltiger – wie er will, erscheint er, sein Wesen kann aber nicht

---

1) vgl. Joh. 10 11 f. – 2) vgl. 1. Mos. 1 2. – 3) vgl. 4. Mos. 22 21 ff. – 4) vgl.
Lk. 19 30.

verändert werden –; o über den Verschlagenen und Treulosen;
o bitterer Baum, dem auch seine Früchte gleichen; o über den
Verleumder, der um das Fremde kämpft; o über den Betrug,
welcher Unverschämtheit anwendet; o über die Bosheit, die wie
eine Schlange kriecht und dieser verwandt ist! p. 162 Als der
Apostel dies gesagt hatte, kam der Feind und trat vor ihn, ohne
daß jemand außer dem Weibe und dem Apostel ihn sah, und
sprach, allen vernehmlich, mit lautester Stimme: Was haben wir
mit dir zu schaffen[1], Apostel des Höchsten? Was haben wir mit
dir zu schaffen, Knecht Jesu Christi? Was haben wir mit dir zu
schaffen, Berater des heiligen Sohnes Gottes? Weshalb willst du
uns verderben, da doch unsre Zeit noch nicht gekommen ist?
Weshalb willst du unsre Macht nehmen? Denn bis zur jetzigen
Stunde hatten wir Hoffnung und überbleibende Zeit. Was haben wir mit dir zu schaffen? Du hast Macht in deinem Bereich
und wir im unsrigen. Weshalb willst du gegen uns Gewaltherr-
schaft anwenden, besonders da du selbst andre lehrst, keine
Gewalt zu brauchen[2]? Weshalb begehrst du also das Fremde
wie einer, der mit dem Eigenen nicht zufrieden ist? Weshalb
stellst du dich ganz dem Sohne Gottes gleich, der uns Unrecht
zugefügt hat? Denn du gleichst ihm sehr, als hättest du ihn zum
Vater. Denn wir glaubten auch ihn zu unterjochen wie die übrigen. Er aber wendete sich und hielt uns in seiner Gewalt. Denn
wir kannten ihn nicht. Er täuschte uns aber durch seine ganz
häßliche Gestalt und durch seine Armut und Bedürftigkeit.
Denn als wir ihn so sahen, glaubten wir, daß er ein mit Fleisch
umkleideter Mann (ein Mensch) sei, ohne zu wissen, daß er es
ist, der die Menschen lebendig macht. Er gab uns aber Macht,
in unserm Bereich und während unsrer Zeit das Unsrige nicht

---

1) vgl. Mc. 1 24; 5 7; Mt. 8 29. – 2) vgl. Lk. 3 14.

preiszugeben, sondern darin zu verweilen. Du aber willst über
das Erforderliche und dir Eingeräumte hinaus erwerben und
uns vergewaltigen! Dann wendet sich der Dämon an die Frau,
nimmt von ihr Abschied und verschwindet in Feuer und Rauch.
Als aber der Apostel es sah, sprach er zu ihnen: Nichts Fremdes
noch Absonderliches hat der Dämon gezeigt, sondern die Natur
(das Element), durch welche er verbrannt werden wird. Denn
das Feuer wird ihn verzehren, und der Rauch von diesem wird
sich verbreiten. Und er begann zu sagen: Jesus, verborgenes
Geheimnis, das uns p. 164 geoffenbart wurde, du bist es, der
uns sehr viele Geheimnisse bekannt gemacht hat, der du mich
von allen meinen Genossen ausgesondert und mir drei Worte
gesagt hast, von denen ich glühe, die ich aber andern nicht
sagen kann; Jesus, Mensch, Getöteter, Toter, Begrabener; Jesus,
Gott aus Gott und Erlöser, der die Toten lebendig macht[1] und
die Kranken heilt; Jesus, der du bedürftig bis wie ein Armer,
und erlösest wie einer, der keinen Mangel leidet; der du die Fi-
sche fängst für das Frühstück und die Hauptmahlzeit[2], der du
alle mit wenigem Brot sättigst[3]; Jesus, der du von der Anstren-
gung der Reise ausruhst wie ein Mensch[4], und auf den Wogen
wandelst wie ein Gott[5]; höchster Jesus, Stimme, die (der Sonne gleich) vom vollkommenen Erbarmen aufgeht; Heiland aller,
rechte Hand des Lichts, die den Bösen durch seine eigene Natur niederwirft, und der du seine ganze Natur (Sippe) an einen
Ort versammelst; Vielgestaltiger, der du der Eingeborene bist,
der Erstgeborene vieler Brüder[6]; Gott vom höchsten Gott und
Mensch, der bis jetzt verachtet wird; Jesus Christus, der du uns

---

1) vgl. Lk. 8 54; 7 14; Joh. 11 43; Röm. 4 17. – 2) vgl. Lk. 5 1-11; Joh. 21 6.
11 f. – 3) vgl. Mt. 14 19. – 4) vgl. Joh. 4 6. – 5) vgl. Mt. 14 25. – 6) vgl. Röm.
8 29.

in dem, worum wir dich anrufen, nicht vernachlässigst; der du
für das ganze Menschengeschlecht Ursache des Lebens geworden bist; der du um unsertwillen gerichtet und ins Gefängnis
geworfen wirst, während du alle, die im Gefängnis sind, lösest;
der du Verführer genannt wirst[1], während du die dir Eigenen
von der Verführung erlösest, – ich bitte dich für diese, p. 165
welche (hier) stehen und an dich glauben. Denn sie begehren,
deine Gaben zu erlangen, indem sie frohe Hoffnung auf deine
Hilfe setzen und ihre Zuflucht zu deiner Majestät nehmen. Sie
halten ihre Ohren offen, von uns die Worte zu hören, die zu
ihnen gesagt werden. Möge dein Friede kommen und in ihnen
wohnen, und erneuere sie, indem du sie von ihren früheren
Taten reinigst, und sie mögen den alten Menschen samt seinen
Taten aus- und den neuen Menschen anziehen[2], der ihnen jetzt
von mir verkündigt wird! Und er legte die Hände auf sie und
segnete sie, indem er sprach: Die Gnade unsers Herrn Jesus sei
auf euch in Ewigkeit[3]! Und sie sprachen: Amen. Es bat ihn aber
das Weib und sprach: Apostel des Höchsten, gib mit das Siegel,
damit jener Feind sich nicht wieder zu mir wende! Da ließ er sie
nahe an sich herantreten, legte seine Hände auf sie und siegelte
sie auf den Namen des Vaters und des Sohnes und des Heiligen
Geistes. Aber auch viele andere wurden mit ihr gesiegelt. Der
Apostel befahl aber seinem Diener (Diakon), zur Seite einen
Tisch aufzustellen. Und sie stellten eine Bank hin, die sie dort
fanden. p. 166 Und er breitete ein linnenes Tuch darüber und
legte das Brot des Segens (das gesegnete Brot) darauf. Und der
Apostel trat hinzu und sprach: Jesus, der du uns gewürdigt hat,
an der Eucharistie deines heiligen Leibes und Blutes teilzuneh-
men, siehe, wir erkühnen uns, zu deiner Eucharistie zu treten

---

1) vgl. Mt. 27 63. – 2) vgl. Eph. 4 22. 24; Kol. 3 9. 10. – 3) vgl. Röm. 16 20

und deinen heiligen Namen anzurufen; komm und habe mit
uns Gemeinschaft! Und er begann zu sagen:

⟨Komm, Geschenk des Höchsten;⟩
Komm, vollkommene Barmherzigkeit;
Komm, Gemeinschaft mit dem Männlichen;
⟨Komm, heilige Geist(macht);⟩
Komm, Kennerin der Geheimnisse des Auserwählten;
Komm, die du an allen Kämpfen des edlen Kämpfers
    teilnimmst;
⟨Komm, Schatz der Herrlichkeit;⟩
⟨Komm, Liebling der Barmherzigkeit des Höchsten;⟩
Komm, Ruhe (Schweigen),
Die du die Großtaten der ganzen Größe offenbarst;
Komm, die du Verborgenes enthüllst
Und die Geheimnisse kund tust;
Komm, heilige Taube,
Die du die Zwillings-Jungen gebierst;
Komm, verborgene Mutter;
Komm, die du durch deine Taten offenbar bist;
Komm, Spenderin der Freude
Und der Ruhe für alle, die dir verbunden sind;
Komm und nimm mit uns teil an dieser Eucharistie,
Die wir in deinem Namen begehen,
Und an dem Liebesmahl,
Zu dem wir auf deinen Ruf versammelt sind.

Und als er dies gesagt hatte, schnitt er auf das Brot das Zeichen des Kreuzes ein, brach es und fing an auszuteilen. Und
zuerst gab er dem Weibe, indem er sprach: Gereiche dir dies
zur Vergebung von Sünden und ewigen Vergehungen! Und p.

167 nach ihr gab er auch den andern allen, die das Siegel empfangen hatten.

Sechste Tat.

Über den Jüngling, der das Mädchen
getötet hatte.

Ein Jüngling, der sich gleichfalls am Herrnmahl beteiligen
will, wird durch das Verdorren seiner Hände gezwungen, zu
bekennen, daß er das von ihm geliebte Mädchen getötet hat,
weil es unter dem Eindruck der Predigt des Thomas nicht seine
ehelich Genossin habe werden wollen. Der Apostel verwünscht
auf das Geständnis hin die fleischliche Begehrlichkeit und befahl nun, ihm in einer Schüssel Wasser zu bringen. Und als das
Wasser gebracht war, sprach er: Kommt, Wasser von den lebendigen Wassern, ewige, von den ewigen uns hergesandt; Ruhe,
die von der Ruhe her uns gesendet wurde; Kraft der Rettung,
die von jener Kraft kommt, die alles besiegt und ihrem eigenen
Willen unterordnet, – komm und wohne in diesen Wassern,
damit ihnen die Gabe des Heiligen Geistes vollkommen mitgeteilt werde! Und er sprach zu dem Jüngling: Geh, wasche deine
Hände in diesen Wassern! Und als er gewaschen hatte, p. 169
wurden sie hergestellt[1]. Und der Apostel sprach zu ihm: Glaubst
du an unsern Herrn Jesus Christus, daß er alles machen kann?
Er aber sprach: Wenn ich auch sehr schwach bin, so glaube ich
doch. Der Apostel begibt sich mit dem Wiederhergestellten in
die Herberge, wo die Bluttat verübt wurde, und läßt dort den
Jüngling die Jungfrau erwecken. Der Apostel aber spricht zu

---

1) vgl. 2. Kön. 5 10. 14.

ihr: Erzähle uns, wo du gewesen bist. Sie aber antwortete: Der, der du mit mir warst, dem ich auch übergeben wurde, willst hören? Und sie fing an zu erzählen: Ein Mensch empfing mich, von Ansehen häßlich, ganz schwarz; sein Kleid aber war sehr beschmutzt. Und er führte mich an einen Ort[1], an dem viele Klüfte waren, und viel übler Geruch und sehr häßliche Ausdünstung verbreitete sich von dort. Er veranlaßte mich aber, in jede Kluft hineinzublicken, und ich sah in der Kluft brennendes Feuer, und Feuerräder liefen hierhin und dorthin, und Seelen hingen auf jenen Rädern, aneinander anschlagend. Geschrei aber und sehr viel Jammern war daselbst, und kein Erlöser war da. Und jener Mann sprach zu mir: Diese Seelen sind dir stammverwandt p. 172 und wurden in den Tagen der Zählung zur Strafe und Vernichtung übergeben. Und dann (wenn die Züchtigung einer jeden beendet ist) werden andere statt ihrer hineingeführt, in gleicher Weise aber werden wiederum auch sie in eine andere (Kluft) geführt. Das sind die, welche das Zusammenleben des Mannes und Weibes verkehrt haben. Und indem ich beobachtete, sah ich (neugeborene) Kinder aufeinander gehäuft und miteinander ringen und einander feindlich zusetzen. Der aber hob an und sprach zu mir: Das sind die Kinder dieser, und sie wurden deshalb hierher gesetzt zum Zeugnis über sie. Er brachte mich aber zu einer andern Kluft, und als ich hineinschaute, sah ich Schlamm und Gewürm hervorquellen und Seelen sich dort wälzen und (hörte) großes Knirschen von dorther aus ihrer Mitte hervordringen. Und jener Mensch sprach zu mir: Das sind die Seelen von Frauen, welche ihre Männer (und von Männern, welche ihre Frauen) verlassen und mit andern Ehebruch getrieben haben und in diese Qual ge-

---

1) vgl. Offb. d. Petr.

bracht worden sind. Eine andere Kluft zeigte er mir, und als ich
in sie hineinschaute, sah ich Seelen, von denen die einen an der
Zunge hingen, die andern an den Haaren, andere an den Händen, andere an den Füßen mit nach unten hangendem Kopf
und (alle) von Rauch und Schwefel dampfend. Über diese gab
mir der Mann, der mich begleitete, folgende Auskunft: Diese
Seelen, welche an der Zunge hangen, sind verleumderische
und die falsche und häßliche Worte reden und sich (dessen)
nicht schämen. Die aber an den Haaren hangenden sind die
Schamlosen und die sich durchaus nicht scheuen p. 173 und
die barhäuptig in der Welt umhergehen. Die aber an den Händen hangenden sind die, welche das Fremde wegnahmen und
stahlen und den Ärmeren niemals etwas freiwillig gaben noch
die Bedrängten unterstützten und so handelten, weil sie alles
nehmen wollten und sich durchaus nicht um Recht und Ge-
setzgebung kümmerten. Die aber verkehrt an den Füßen hangenden sind die, welche leichtsinnig und bereitwillig auf bösen
Wegen und ungeordneten Bahnen laufen, Kranke nicht besuchen und die aus dem Leben Scheidenden nicht bestatten. Und
deshalb empfängt eine jede Seele, was sie getan hat. Wiederum
führte er mich fort und zeigte mir eine sehr dunkle Höhle, die
viel übeln Geruch aushauchte; viele Seelen aber bückten sich
von dorther, indem sie in irgendeinem Maße an der Luft teilha-
ben wollten. Ihre Wächter aber ließen sie sich nicht bücken.
Und mein Begleiter sprach zu mir: Dies ist das Gefängnis dieser
Seelen, die du gesehen hast. Denn wenn sie ihre Strafen für das,
was eine jede getan hat, voll empfangen haben, lösen andere sie
ab. Einige aber werden völlig verzehrt, einige zur Erleidung
noch anderer Strafen übergeben. Es sprachen nun zu dem
Manne, der mich übernommen hatte, die Wächter der in der
dunkeln Höhle befindlichen Seelen: Gib sie uns, damit wir sie

zu den andern führen, bis p. 174 die Zeit kommt, daß sie zur
Bestrafung übergeben wird. Der aber antwortete ihnen: Ich
gebe sie euch nicht, da ich mich vor dem fürchte, der sie mir
übergeben hat. Denn mir wurde nicht befohlen, sie hier zu-
rückzulassen; ich bringe sie mit mir hinauf, bis ich Befehl über
sie empfange. Und er nahm mich und führte mich an einen
andern Ort, an welchem Menschen waren, die bitter gequält
wurden. Der dir Ähnliche aber nahm mich und übergab mich
dir, indem er zu dir sagte: Übernimm diese, denn sie ist eins
von den Schafen, die sich verirrt haben. Und du nahmst mich,
und so stehe ich jetzt vor dir. Ich bitte dich nun und flehe dich
an, daß ich nicht an jene Straforte komme, die ich gesehen
habe! An die Höllenschilderung der Frau schließt Thomas eine
eindringliche Mahn- und Bußpredigt. Das ganze Volk nun
glaubte, und sie brachten dem lebendigen Gott und dem Messias Jesus gehorsame Seelen entgegen, indem sie sich die ge-
segneten Werke p. 176 des Höchsten und seinen heiligen Dienst
wohlgefallen ließen. Sie brachten aber Geld zur Bedienung der
Witwen. Denn er hatte sie in den Städten versammelt und ihnen allen schickte er durch seine Diener (Diakone) das Not-
wendige, sowohl Kleidung als auch besonders das zur Nahrung
Erforderliche. Er selbst aber hörte nicht auf, zu predigen und
zu ihnen zu reden und zu zeigen, daß dieser Jesus der Messias
sei, von dem die Schriften verkündet haben[1], daß er nach seinem Kommen gekreuzigt und nach drei Tagen von den Toten
erweckt werden würde. Er zeigte ihnen aber auch, indem er
erklärte und von den Propheten anhob[2], was über den Messias
gesagt war, daß er kommen und durch ihn alles zuvor über ihn
Verkündete zur Vollendung gebracht werden müßte. Und das

---

1) vgl. AG. 18 28. – 2) vgl. Lk. 24 27.

Gerücht von ihm verbreitete sich in alle Städte und Dörfer, und alle, welche Kranke hatten oder solche, die von unreinen Geistern belästigt wurden[1], brachten sie herbei, manche aber legten sie auch auf den Weg, auf welchem er durchkommen sollte[2], und alle heilte er durch die Kraft des Herrn. Da sprachen alle durch ihn Geheilten einmütig und mit einer Stimme: Dir sei Preis, Jesus, der du auf gleiche Weise allen Heilung gewährt hast durch deinen Knecht p. 177 und Apostel Thomas! Und gesund und in Freude bitten wir dich, daß wir Glieder deiner Herde werden und zu deinen Schafen gezählt werden. Nimm uns also an, Herr, und rechne uns unsre Vergehungen und die früheren Fehltritte nicht an, die wir begangen haben, als wir in Unwissenheit waren[3]! Der Apostel aber sprach: Preis sei dem Eingebornen vom Vater[4], Preis dem Erstgebornen von vielen Brüdern[5], Preis dir, dem Helfer und Heiland derer, die zu dir Zuflucht nehmen, Schlafloser und der die Schlafenden erweckt, Lebendiger und der die, welche im Tode liegen, lebendig macht, Gott Jesus Christus, des lebendigen Gottes Sohn, Erlöser und Helfer, Zuflucht und Ruhe aller, die in deiner Arbeit müde werden, der du aber denen Heilung gibst, die um deines Namens willen die Last und Hitze des Tags[6] ertragen: wir danken den uns von dir gegebenen Gnadengaben und der uns von dir geschenkten Hilfe und deiner Versorgung, die von dir her auf uns gekommen ist. Vollende nun dies an uns bis zum Ende, damit wir freudige Zuversicht zu dir haben. Blicke auf uns (und sieh), daß wir um deinetwillen unsre Häuser und unser väterliches Gut verlassen haben[7] und um deinetwillen gern und freiwillig Fremdlinge geworden sind. Blicke auf uns, Herr, (und

---

1) vgl. Lk. 6 18. – 2) vgl. AG. 5 15. – 3) vgl. AG. 3 17. – 4) vgl. Joh. 1 14. –
5) vgl. Röm. 8 29. – 6) vgl. Mt. 20 12. – 7) vgl. Mt. 19 27. 29.

sieh,) p. 178 daß wir den eigenen Besitz um deinetwillen aufgegeben haben, damit wir dich, den unentreißbaren Besitz, ge-
wännen. Blicke auf uns, Herr, daß wir unsere Verwandten verlassen haben, um mit deiner Verwandtschaft vereinigt zu
werden. Blicke auf uns, Herr, daß wir unsre Väter und Mütter
und Ernährer verlassen haben, um deinen Vater zu schauen
und mit seiner göttlichen Nahrung gesättigt zu werden. Blicke
auf uns, Herr, denn um deinetwillen haben wir unsre leiblichen
Ehefrauen und unsre irdischen Früchte verlassen, um an jener
bleibenden und wahrhaftigen Gemeinschaft teilzuhaben und
wahrhaftige Früchte hervorzubringen, deren Natur von oben
stammt, die niemand von uns nehmen kann, bei denen wir bleiben und sie bleiben bei uns.

Siebente Tat.

Über den Kriegsobersten.

Als der Apostel Judas Thomas in ganz Indien das Wort Gottes
verkündigte, kam ein Kriegsoberster des Königs Misdai (Mas-
dai) zu ihm und sprach zu ihm: Ich habe von dir gehört, daß
du von niemand Lohn nimmst, sondern alles, was du hast, den
Bedürftigen darreichst. Denn wenn du Lohn nähmest, hätte ich
dir eine hinreichende Summe Geldes gesandt, und ich selbst
wäre nicht hierher gekommen, denn der König führt nichts
ohne mich aus. Denn mein Besitz ist groß, und ich bin reich,
einer von den p. 179 Wohlhabenden in Indien. Ich habe aber
niemals irgendwem Unrecht zugefügt. Das Entgegengesetzte
aber ist mir widerfahren. Ich habe eine Frau und hatte von ihr
eine Tochter, und ich liebe sie (die Gattin) sehr, wie auch die
Natur verlangt, und habe mit einer andern Frau keinen Umgang

gehabt. Es traf sich aber, daß in unsrer Stadt eine Hochzeit
stattfand, und die Veranstalter der Hochzeit waren mir sehr befreundet. Sie kamen nun und baten mich (um meine Einwilli-
gung), indem sie meine Frau und ihre Tochter einluden. Da sie
mir sehr befreundet waren, konnte ich es nicht abschlagen. Ich
sandte sie nun, obgleich sie nicht gehen wollte, schickte aber
auch viele Sklaven mit ihnen. Sie gingen nun fort, mit vielem
Schmuck geschmückt, sie und ihre Tochter.

Am Abend – so erzählt der Kriegsoberste weiter – kamen
die Sklaven mit zerrissenen Kleidern zurück und berichteten,
wie die Mutter von einem Manne, die Tochter von einem Knaben angegriffen und dann zur Erde niedergefallen seien. Er
habe beide auf dem Markte liegen gefunden und nach Hause gebracht, wo sie endlich wieder zur Besinnung gekommen
wären. Während die Frau erzählt habe, was ihnen widerfahren
sei, wären Mutter und Tochter erneut von den Dämonen angegriffen worden, und seither seien sie überhaupt dauernd deren
Opfer. Nachdem der Apostel das vernommen, vergewissert er
sich des Glaubens des Obersten, läßt dann durch den Diakon
Xenophon die Gemeinde zusammenrufen und spricht: Meine
Kinder und Brüder, die an den Herrn glauben, bleibt in diesem
Glauben, indem ihr Jesus, der euch von mir gepredigt worden
ist, verkündigt und auf ihn eure Hoffnungen setzt! Und verlaßt
ihn nicht, so verläßt er euch auch nicht. Wenn ihr in diesem
die p. 183 Schlafenden niederdrückenden Schlafe liegt, ist er
schlaflos und bewacht. Und wenn ihr auf dem Meere fahrt und
in Gefahr seid und niemand helfen kann, wandelt er auf den
Wassern[1] und richtet durch seine Hilfe (euer Schiff) auf. Denn
ich gehe jetzt von euch, und es ist ungewiß, ob ich euch dem

---

1) vgl. Joh. 6 19 u. Par.

Körper nach wiedersehen werde. Gleicht nun nicht dem Volke
Israels, welches, als sein Hirt auf eine kurze Zeit von ihnen ging,
strauchelte[1]. Ich lasse bei euch aber den Diakon Xenophon an
meiner Statt zurück, denn auch er predigt Jesus, wie ich. Denn
weder ich bin etwas, noch er, sondern Jesus. Denn auch ich
bin ein Mensch, der mit einem Körper bekleidet ist, ein Menschensohn, wie einer von euch. Denn ich besitze auch keinen
Reichtum, wie er bei einigen gefunden wird, der auch die Be-
sitzenden von seiner gänzlichen Untauglichkeit überzeugt, da
er auf der Erde zurückgelassen wird, von der er gekommen ist.
Die Vergehungen aber, welche die Menschen um seinetwillen
auf sich laden, und den Sündenschmutz nehmen sie mit sich.
Selten aber werden Reiche in der Übung von Barmherzigkeit
gefunden. Die Barmherzigen aber p. 184 und die von Herzen
Demütigen – sie werden das Reich Gottes erben[2]. Auch die
Schönheit bleibt den Menschen nicht. Denn die, welche sich
darauf verlassen, werden, wenn das Alter eintritt, plötzlich be-
schämt werden. Alles nun hat seine Zeit: es wird zeitweise geliebt und zeitweise gehaßt[3]. Es gründe sich also die Hoffnung
auf Jesus Christus, den Sohn Gottes, der immer geliebt und
immer begehrt wird; und gedenkt unser, wie wir euer gedenken! Denn auch wir selbst sind, wenn wir nicht die Last der Gebote tragen, nicht würdig, Prediger dieses Namens zu sein, und
werden später dort Strafe leiden. Und nachdem er mit ihnen
gebetet hatte und lange Zeit im Gebet und in der Bitte geblieben war, befahl er sie dem Herrn und sprach: Herr, der du Herr
jeder Seele bist, die in einem Körper wohnt; Herr, Vater der
Seelen, die auf dich die Hoffnungen setzen und dein Erbarmen
erwarten, der du deine Menschen vom Irrtum erlösest und von

---

1) vgl. 2. Mos. 32. – 2) vgl. Mt. 5 7; 11 29. – 3) vgl. Pred. Sal. 3 1. 8.

der Knechtschaft und vom Verderben diejenigen befreist, die
dir untertan sind und zu dir Zuflucht nehmen, komm du zu der
Herde Xenophons, salbe sie mit heiligem Öl, heile sie von den
Wunden und bewahre p. 185 sie vor den raubenden Wölfen[1]!
Und er legte seine Hand auf sie und sprach: Der Friede des
Herrn komme auf euch und gehe auch mit uns!

Achte Tat.

Über die wilden Esel.

Der Apostel begleitet den Obersten nach dessen Stadt und er-
setzt unterwegs die ermüdeten Zugtiere durch vier Wildesel,
die dem ihnen von dem Obersten überbrachten Befehl des
Thomas ohne weiteres gehorchen und ihre Herde verlassen.
Als der Wagen vor der Tür des Kriegsobersten hält, sammelt
sich die Volksmenge. Der Apostel fing nun an zu sagen: Jesus
Christus, dessen Erkenntnis in diesem Lande verschmäht wird,
Jesus Christus, von dem man in dieser Stadt nichts gehört hat,
Jesus, der du alle p. 188 Apostel in jedem Lande und in jeder Stadt aufnimmst, und alle deine Würdigen werden durch
dich verherrlicht, Jesus, der du eine Gestalt angenommen hast
und wie ein Mensch geworden und uns allen erschienen bist,
um uns nicht von deiner Liebe zu trennen, Herr, du bist der,
der sich für uns gegeben und durch sein Blut uns als einen
teuern Besitz erkauft und erworben hat[2]. Was aber haben wir
dir, Herr, zu geben als Gegenzahlung für dein Leben[3], das du
für uns gegeben hast? Denn was wir haben, ist dein Geschenk.

---

1) vgl. Mt. 10 16; AG. 20 29. – 2) vgl. 1. Kor. 6 20. – 3) vgl. Mt. 16 26; 2. Clem.
1 3. 5.

⟨Auch verlangst du von uns nichts⟩ als dies, daß wir dich bitten
und (dadurch) das Leben haben. Hierauf schickt der Apostel
einen der Esel in den Hof und läßt durch ihn vor zahlreichen
Zeugen die Dämonen herausrufen. Die Frauen erscheinen und
fallen bei der Austreibung der bösen Geister durch Thomas
wie tot zu Boden. Der aus der Frau entwichene Dämon äußert
sich dem Gottesmann gegenüber über ihre beiderseitige Art
und Tätigkeit und sagt u. a.: Und wie du dich an deinem Gebet
und guten Werken und deinen geistlichen Hymnen erfreust, so
erfreue ich mich an Morden und Ehebrüchen und den auf den
Altären dargebrachten Weinopfern. Trotz des Widerspruches
der Dämonen, wobei die Worte fallen: Denn die Verfertiger der
Götterbilder (aus Holz und Stein) freuen sich ihrer (der in ihnen wohnenden Dämonen) mehr als du, und die Menge betet
sie an und tut ihren Willen, indem sie ihnen opfert und durch
Spenden aus Wein und Wasser Nahrung zuführt und Weihgeschenke darbringt, vernichtet Thomas sie. Der mit der Stimme
begabte Esel fordert den Apostel auf, ans Werk zu gehen, und
wendet sich an die Menge, die er zum Glauben an den Apostel
Jesu Christi und an Jesus den Messias auffordert, der geboren wurde, damit die Geborenen durch sein Leben das Leben
hätten, der auch ein Kind wurde und auferzogen ward, damit
die vollkommene Menschheit durch ihn zur Erscheinung käme.
Er lehrte seine eigenen Lehrer[1], denn er ist der Lehrer der
Wahrheit und der Weiseste der Weisen, der auch im Tempel die
Gabe darbrachte[2], um zu zeigen, daß alle Darbringung (durch
ihn) geheiligt werde. Dieser da ist sein Apostel, der Offenbarer
der Wahrheit. Dieser ist es, der den Willen dessen ausrichtet,
der ihn gesandt hat. Es werden aber Lügenapostel und Pro-

---

1) vgl. Kindheitserz. des Thomas. – 2) vgl. Mt. 17 27.

pheten der Gesetzlosigkeit kommen[1], deren Ende nach ihren
Taten sein wird, welche zwar predigen und Gesetz geben, daß
man vor der Gottlosigkeit fliehen solle, selbst aber zu aller Zeit
in Sünden befunden werden. Sie sind zwar mit Schafsfellen
bekleidet, inwendig aber sind sie reißende Wölfe[1]; die, welche, mit einem Weibe nicht zufrieden, viele Frauen verderben;
sie, welche sagen, daß sie Kinder verachten, und viele Kinder
zugrunderichten, p. 195 für welche sie Strafe erleiden; die mit
ihrem Besitz nicht zufrieden sind, sondern wollen, daß alles
Brauchbare ihnen allein diene, während sie doch von sich aussagen, daß sie seine (Christus') Jünger seien; und mit ihrem
Munde reden sie so, in ihrem Herzen aber denken sie anders;
den andern gebieten sie, sich vor den Schlechtigkeiten zu sichern, sie selbst aber vollbringen nichts Gutes; die für Mäßige
gehalten werden und den anderen gebieten, sich der Buhlerei,
des Diebstahls und der Habsucht zu enthalten, heimlich aber
alle diese Dinge selbst ausüben, während sie die andern lehren,
sie nicht auszuüben. Als der wilde Esel dies aussagte, blickten
alle auf ihn. Und als er schwieg, sprach der Apostel: Was ich
über deine Schönheit, Jesus, denken und was ich über dich aussagen soll, weiß ich nicht. Vielmehr aber, ich vermag es nicht.
Denn ich bin nicht imstande, Christus, es völlig auszusagen,
Ruhender und Einziger, der weise ist, der allein, was im Herzen ist, kennt und den Inhalt des Gedankens versteht; – dir sei
Preis, Barmherziger und Gelassener; dir sei Preis, weises Wort;
Preis sei deiner Barmherzigkeit, die über uns ausgegossen ist;
Preis sei deinem Mitleid, das über uns ausgebreitet ist; Preis sei
deiner Majestät, die sich um unsertwillen herabgelassen hat;
Preis sei deinem höchsten Reiche, das sich um unsertwillen er-

---

1) Mt. 7 15; vgl. 2. Petr. 2 1.

niedrigt hat; Preis sei deiner Stärke, die p. 196 um unsertwillen
schwach wurde; Preis sei deiner Gottheit, die um unsertwillen
in einem Menschenbilde erschien; Preis sei deiner Menschheit,
die um unsertwillen starb, um uns lebendig zu machen; Preis
sei deiner Auferstehung von den Toten, denn durch sie wird
unsern Seelen Auferstehung und Ruhe zuteil; Preis und Ruhm
sei deiner Auffahrt in den Himmel, denn durch sie hast du uns
den Weg zur Höhe gezeigt, nachdem du uns versprochen hattest, daß wir zu deiner Rechten sitzen und mit dir die zwölf
Stämme Israels richten sollten[1]. Du bist das himmlische Wort
des Vaters, du bist das verborgene Licht des Verstandes, du
bist der, welcher den Weg der Wahrheit zeigt, o Verfolger der
Finsternis und Vernichter des Irrtums! Als der Apostel dies gesagt hatte, trat er zu den Frauen hin und sprach: Mein Herr
und mein Gott, ich zweifle nicht an dir noch rufe ich dich im
Unglauben an, der du jederzeit unser Helfer und Beistand und
Wiederaufrichter bist, der du uns deine Kraft einhauchst, uns
ermutigst und deinen Knechten Freimut in Liebe gibst, ich bitte dich: mögen diese Frauen geheilt aufstehen und so werden,
wie sie waren, bevor sie von den Dämonen geschlagen wurden!
Als er dies aber gesagt hatte, wendeten sich die Frauen p. 197
und setzten sich.

Thomas entläßt die wilden Esel und begibt sich in das Haus
des Kriegsobersten.

---

1) Mt. 19 28; vgl. 20 23.

Neunte Tat.

Über das Weib des Charîs.

Es traf sich aber, daß ein Weib, (die Frau) von Charîs, dem nahen Verwandten des Königs, namens Mygdonia, kam, die neue Erscheinung des neuen Gottes, der gepredigt wurde, und den neuen Apostel zu schauen und zu sehen, der sich in ihrem Lande aufhielt. Sie wurde aber von ihren Sklaven getragen, aber wegen des vielen Volks und des engen Raums konnten sie sie nicht zu ihm hineinführen. Sie schickte aber zu ihrem Manne, er solle ihr mehr von ihren Dienern senden. Sie kamen nun und gingen vor ihr her, indem sie die Menschen drängten p. 198 und schlugen. Als aber der Apostel es sah, sprach er zu ihnen: Weshalb veranlaßt ihr die zur Umkehr, welche kommen, das Wort zu hören, und auch Bereitwilligkeit dazu haben? Ihr aber wollt bei mir sein, während ihr doch fern seid, – wie von dem Volke gesagt worden ist, das zum Herrn kam: Ihr habt Augen und seht nicht, und ihr habt Ohren und hört nicht[1]. Und er sprach zu den Volksmengen: Wer Ohren hat zu hören, der höre[2]! Und: Kommt her zu mir alle, die ihr mühselig und beladen seid, ich will euch erquicken[3]! Indem er aber auf ihre (Mygdonias) Träger hinblickte, sprach er zu ihnen: Diese Seligpreisung, die jenen zuteil geworden, ist jetzt euch selbst widerfahren, die ihr belastet seid. Ihr seid es, die unerträgliche Bürden[4] tragen, die ihr durch ihren (der Frau) Befehl vorwärts getrieben werdet. Und während ihr Menschen seid, legt man euch, wie unvernünftigen Tieren, Lasten auf, indem p. 199 eure Machthaber glauben, daß ihr nicht Menschen seid wie sie selbst. ⟨Und sie wissen nicht, daß alle Menschen vor Gott gleich

---

1) Mc. 8 18. – 2) Mt. 11 15. – 3) Mt. 11 28. – 4) vgl. Mt. 23 4.

sind,⟩ mögen sie nun Knechte oder Freie sein. ⟨Und gerecht ist
das Gericht Gottes, welches über alle Seelen auf Erden kommt,
und niemand entrinnt ihm,⟩ weder Knechte noch Freie, weder
Arme noch Reiche. Denn weder wird den Reichen der Besitz
etwas nützen noch wird die Armen ihre Armut vom Gericht
erretten. Denn wir haben kein Gebot empfangen, das wir nicht
erfüllen können, noch hat er uns schwer zu tragende Lasten
auferlegt, welche wir nicht tragen können. Weder hat er uns
einen solchen Bau auferlegt, wie ihn die Menschen bauen, noch
Steine zu behauen und Häuser herzurichten, wie eure Künstler
durch ihre Einsicht herstellen, sondern wir haben das Gebot
vom Herrn empfangen, daß wir das, was uns nicht gefällt, wenn
es uns von einem andern geschieht, keinem andern zufügen[1].
Enthaltet euch nun zuerst des Ehebruchs, denn dieser ist Veranlassung zu allem Bösen, ⟨und des Mords, wegen dessen der
Fluch über Kain gekommen ist[2],⟩ p. 200 sodann auch des Diebstahls, welcher Judas Ischarioth anlockte und dann zum Erhängen brachte[3], ⟨und der Völlerei, welche Esau um das Recht der
Erstgeburt gebracht hat[4], und der Habsucht,⟩ denn die sich
der Habsucht ergeben, sehen nicht, was von ihnen geschieht;
und der Prahlerei ⟨und der Verleumdung⟩ und aller häßlichen
Taten, besonders der fleischlichen, ⟨und des häßlichen Verkehrs
und Lagers der Unreinheit,⟩ deren Folge ewige Verdammnis ist.
Denn diese (die Unreinheit) ist der Ausgangspunkt alles Bösen.
In gleicher Weise aber führt sie auch die, so stolz einhergehen,
in Knechtschaft, indem sie sie in die Tiefe hinabzieht und ihren
Händen unterwirft, damit sie nicht sehen, was sie tun, weshalb
ihre Taten ihnen unbekannt sind. Ihr aber ⟨wandelt in Heilig-

---

1) vgl. Did. 1 2; Tob. 4 15; Mt. 7 12. – 2) vgl. 1. Mos. 4 11 f. – 3) vgl. Joh. 12 6;
Mt. 27 5; AG. 1 18. – 4) vgl. 1. Mos. 25 29-34.

keit, denn diese ist mehr als alles andere Gute vor Gott erwählt,⟩
und werdet dadurch Gotte wohlgefällig, ⟨und in Mäßigkeit,
denn diese zeigt den Verkehr mit Gott⟩ und gibt das ewige Leben und verachtet den Tod. Und (wandelt) in Freundlichkeit
(Sanftmut), denn diese besiegt die Feinde und erhält allein den
Siegeskranz. Und in Gütigkeit und p. 201 in Handreichung gegen die Armen und Ausfüllung des Mangels der Dürftigen, indem ihr (von eurem Gute) bringt und den Bedürftigen mitteilt.
Besonders aber wandelt in der Heiligkeit! Denn diese ist vor
Gott der Ausgangspunkt von allem Guten. ⟨Denn wer nicht geheiligt wird, kann nichts Edles tun.⟩ Und die Heiligkeit erschien
von Gott her, die Buhlerei vernichtend, den Feind bezwingend,
Gotte wohlgefällig. Sie ist ein unbesiegbarer Athlet, sie steht
bei Gott in Ansehen und wird von vielen verherrlicht. Sie ist
der Bote des Friedens, indem sie Frieden predigt. ⟨Die Mäßigkeit aber –⟩ wenn jemand sie erwirbt, so bleibt er ohne Sorge,
indem er dem Herrn gefällt und die Zeit der Erlösung erwartet.
Denn sie tut nichts, was am unrechten Orte ist, und gibt Leben
und Ruhe und Freude allen, die sie erwerben. Die Sanftmut
aber hat den Tod unterworfen, indem sie ihn unter ihre Gewalt
gebracht hat. Die Sanftmut p. 202 hat den Feind unterjocht. Die
Sanftmut ist ein gutes Joch[1]. Die Sanftmut fürchtet niemand
und leistet nicht Widerstand. Die Sanftmut ist Friede und Freude und Frohlocken der Ruhe. Bleibt also in der Heiligkeit und
nehmt die (aus der Mäßigkeit hervorgehende) Sorgenfreiheit
und kommt der Sanftmut nahe! Denn in diesen drei Hauptstük-
ken wird der Messias abgebildet, den ich euch predige. Die
Heiligkeit ist der Tempel des Messias, und wer in ihr lebt, gewinnt ihn zum Bewohner. ⟨Und die Mäßigkeit ist die Ruhe (Er-

---

1) vgl. Mt. 11 29.

quickung) Gottes.〉 Denn vierzig Tage und vierzig Nächte fastete er, ohne etwas zu genießen[1]. Und wer sie bewahrt, wird in
ihr wohnen wie auf einem Berge. Die Sanftmut aber ist sein
Ruhm, denn er sprach zu unserm Mitapostel Petrus: Wende
dein Schwert zurück und stecke es wieder in seine Scheide!
Denn wenn ich dies tun wollte, könnte ich nicht mehr als zwölf
Legionen Engel von meinem Vater mir zur Seite stellen[2]? Mygdonia fällt dem Apostel zu Füßen und erfleht seine Fürbitte,
daß sie der Taufe würdig werden möchte. Thomas antwortet
mit der Forderung, aller fürstlichen Pracht zu entsagen und den
ehelichen Verkehr zu meiden. Ihrer Besorgnis, sie möchte verlassen sein, wenn er ein anderes Land aufsuchen sollte, begegnet seine Versicherung, Jesus werde immer bei ihr sein. Nach
Hause zurückgekehrt, wird sie von Charîs aufgefordert, das
Mahl und sodann das Lager mit ihm zu teilen, lehnt jedoch
beides ab. Charîs muß alleine schlafen. Indem er aber vom
Schlafe erwachte, sprach er: Meine Herrin Mygdonia, höre den
Traum, den ich gesehen habe! Ich sah mich in der Nähe des
Königs Misdai zu Tisch liegen, und neben uns stand ein alles in
sich fassender (vollbesetzter) Tisch. Und ich sah einen Adler
vom Himmel herabkommen und von dem Platze vor mir und
dem Könige zwei Rebhühner rauben, welche er in sein Nest
trug. Und wieder näherte er sich uns, indem er über uns herumflog. Der König befahl aber, ihm einen Bogen zu bringen.
Der Adler raubte nun wiederum von dem Platze vor uns eine
Taube und eine Turteltaube. Der König aber warf nach ihm einen Pfeil, und er durchdrang ihn von einer Seite zur andern,
schadete ihm jedoch nichts. Und er erhob sich, ohne daß ihm
geschadet war, in sein Nest. Und aus dem Schlafe geweckt, bin

---

1) vgl. Mt. 4 2. – 2) vgl. Mt. 26 52 f.; Joh. 18 11.

ich in Furcht und sehr betrübt, weil ich das Rebhuhn gekostet
hatte und er mir nicht erlaubte, es noch zu meinem Munde zu
führen. Mygdonia aber sprach zu ihm: Dein Traum ist schön,
denn du ißt täglich Rebhühner, dieser Adler aber hatte bis jetzt
noch kein Rebhuhn gekostet. p. 206 Als es aber Morgen geworden war, ging Charîs und kleidete sich an, und er zog den linken Schuh an den rechten Fuß. Und innehaltend, sprach er zu
Mygdonia: Was bedeutet denn nun diese Sache? Denn siehe:
der Traum und dieses Tun! Mygdonia aber sprach zu ihm: Auch
dieses ist nicht schlecht, sondern scheint mir sehr schön: aus
einer schlechten Sache nämlich wird die bessere werden. Er
aber ging, nachdem er die Hände gewaschen hatte, zur Begrüßung des Königs Misdai fort. Mygdonia begibt sich zu Thomas
und bekennt sich zum Glauben. Der Apostel ergeht sich in Seligpreisungen der wahrhaft Gläubigen. Der zurückkommende
Charîs findet seine Frau nicht zu Hause, hört, wohin sie gegangen ist, und wartet bis zum Abend auf ihre Wiederkehr. Als sie
erschienen ist, weigert sie sich erneut, mit ihm zu essen und
bleibt auch seinem Liebesbedürfnis gegenüber ablehnend.
Charîs dringt in sie, jedoch ohne Erfolg. Auch ein gewaltsamer
Versuch schlägt fehl. Mygdonia flieht zu ihrer Amme, und
Charîs bringt die Nacht mit Klagen und Rachegedanken zu. Am
Morgen wendet er sich beschwerdeführend an den König. Die-
ser läßt den Kriegsobersten – hier erfahren wir seinen Namen:
Sifôr – kommen, den die Abgesandten mit Thomas und Mygdo-
nia und vielem Volke in seinem Hause treffen. Während er dem
Rufe des Königs Folge leistet, spricht der Apostel der Mygdonia
Mut zu.

Der König fragt Sifôr nach Thomas aus, und der Oberste
rühmt die letzten Wundertaten und die einfache Lebensweise
des Apostels. Nachdem die zur Verhaftung des Apostels ausge-

sandten Häscher angesichts der Volksmenge den Mut verloren hatten, geht Charîs selber und führt den Thomas vor den König. Verhört schweigt der Apostel und wird zu 128 Geißelhieben verurteilt, darauf ins Gefängnis abgeführt. Und als der Apostel in das Gefängnis fortging, sprach er in Freude und Frohlocken: Ich preise dich[1], Jesus, daß du mich nicht allein des Glaubens an dich würdig gemacht hast, sondern auch dessen, vieles um deinetwillen zu ertragen. Ich danke dir nun, Herr, daß du für mich gesorgt und mir die Geduld gegeben hast. Ich danke dir, Herr, daß ich um deinetwillen ein Zauberer und Magier genannt worden bin[2]. Möge ich also von der Seligpreisung der Geringen und der Ruhe der Müden und von den Seligpreisungen derer empfangen, welche die Menschen hassen und verfolgen und schmähen, indem sie Übles von ihnen reden[3]. Denn siehe, um deinetwillen werde ich gehaßt; siehe, um deinetwillen bin ich von der Menge gemieden, und um deinetwillen nennen sie mich einen solchen, der ich nicht bin. Alle Gefangenen aber sahen ihn beten und baten ihn, für sie zu beten. Als er aber gebetet und sich gesetzt hatte, begann er solches Lied zu sagen:

Als ich ein unmündiges Kind war
Und im Palast {im Reiche} meines Vaters
Mich am Reichtum und Überfluß
Meiner Ernährer erfreute, –
Vom Morgenlande, unsrer Heimat,
Gaben Reisezehrung meine Eltern und entsandten mich.
Vom Reichtum ihrer {unsrer} Schatzkammern
Stellten sie eine Last zusammen,

---

1) vgl. Mt. 5 12; 11 25. – 2) vgl. AG. 5 41. – 3) vgl. Mt. 5 11. – { } bezeichnet Abweichungen des Syrers.

Eine große und doch leichte,
Damit ich allein sie tragen könnte.
Gold ist die Last vom Lande der Elläer (Giläer)
Und Silber aus dem großen Gazak
p. 220 Und Chalcedonsteine aus Indien
Und Perlen vom Lande der Kuschäer.
Und sie rüsteten mich aus mit dem Diamanten,
⟨Der das Eisen zermalmt,⟩
Und zogen mir das edelsteinbesetzte, goldgewirkte
   Gewand aus,
Das sie in ihrer Liebe gemacht hatten,
Und den goldgelben Mantel,
Der meiner Größe entsprach.
Und sie trafen ein Übereinkommen mit mir
Und schrieben es in mein Herz, daß ich es nicht vergäße:
›Wenn du hinabgehst nach Ägypten
Und von dort die eine Perle holst,
Die dort ⟨inmitten des Meeres⟩ ist,
Das die verschlingende Schlange umgibt, –
Sollst du wieder anziehn das edelsteinbesetzte Gewand
Und den Mantel, dessen du dich erfreut hast,
Und sollst mit deinem Bruder, ⟨dem Nächsten von uns,⟩
Erbe in unserm Reich sein.‹
Ich kam von Osten ⟨und stieg hinab⟩
Auf schwierigem, gefahrvollem Wege,
Begleitet von zwei Führern {Rettern},
Denn ich war unerfahren, um auf ihm zu reisen.
Ich ging vorüber an der Grenze von Mesêne,
Der Herberge der Kaufleute des Ostens,
Kam in das Land der Babylonier
⟨Und trat ein in die Mauern von Sarbug⟩.

Als ich aber nach Ägypten gekommen war,

Da verließen mich die Führer, meine Weggenossen,

Ich aber ging auf kürzestem Wege auf die Schlange los,

Um ihre Höhle ließ ich mich nieder

Und wartete, daß sie einschlummerte und schliefe,

Damit ich heimlich meine Perle nähme.

Als ich aber allein war

Und in meinem Aussehen meinen Wohnungsgenossen
    fremdartig erschien,

Sah ich dort einen Stammgenossen von mir aus Osten,

Den Freien, einen Jüngling, anmutig und schön,

Einen Sohn der Vornehmen {einen Gesalbten}. Er kam,
    lebte mit mir p. 221 und ward mein Gefährte,

Und zum Freund und Genossen meines Handels machte
    ich ihn.

Ich warnte ihn aber vor den Ägyptern

Und vor der Gemeinschaft mit diesen Unreinen.

Ich zog aber ihre Kleidung an,

Damit ich ihnen nicht als ein Fremder erschiene,

Als einer, der von außen herkam,

Um die Perle wiederzuerlangen,

Und die Ägypter die Schlange gegen mich erweckten.

Aber aus irgendeinem Anlaß, welcher es auch sei,

Erfuhren sie, daß ich nicht aus ihrem Lande war,

Und mit List und Kunst traten sie gegen mich auf,

Und ich aß von ihren Speisen.

Da wußte ich nicht mehr, daß ich ein Königssohn sei,

Und diente ihrem Könige,

Vergaß aber auch die Perle,

Nach der meine Eltern mich gesandt hatten,

Und durch die Schwere ihrer Nahrung

Versank ich in tiefen Schlaf.

Aber als ich dies litt,

Merkten es meine Eltern und litten um mich.

Und verkündet ward eine Botschaft in unserm Reiche,

Daß alle zu unsern Toren kämen.

Und die Könige und Würdenträger Parthiens

Und alle Großen des Ostens

Setzten einen Beschluß durch meinetwegen,

Daß ich nicht in Ägypten bleiben solle.

Es schrieben mir auch die Machthaber,

Indem sie sich unterzeichneten, also:

›Von deinem Vater, dem König der Könige,

Und deiner Mutter, die den Osten beherrscht,

Und deinem Bruder, dem Zweiten nach uns,

Unserm Sohn in Ägypten Gruß!

Steh auf und erwache vom Schlafe

Und höre die Worte des Briefes

Und denke daran, daß du ein Königssohn bist.

⟨Siehe,⟩ ein Sklavenjoch hast du auf dich genommen!

p. 222 Denke an die Perle,

Um derentwillen du nach Ägypten gesandt wurdest,

Denke an dein goldgewirktes Gewand

⟨Und an den stolzen Mantel,

Den du anziehen und mit dem du dich schmücken sollst.⟩

Dein Name ward genannt im Buche des Lebens {der Tapfern}

Und ⟨du sollst mit⟩ deinem Bruder ⟨,unserm Stellvertreter,⟩

In unserm Königreiche sein.‹

⟨Mein Brief ist ein Brief,⟩

Den der König versiegelt hat

Wegen der bösen Babylonier

Und der tyrannischen Dämonen von Labyrinth {Sarbug}.

⟨Er flog wie der Adler,
Der König alles Geflügels,
Er flog und ließ sich bei mir nieder
Und wurde ganz Rede.⟩
Bei seiner Stimme aber und seinem vernehmlichen Tone
Fuhr ich auf vom Schlafe,
Nahm ihn auf und küßte ihn,
⟨Löste sein Siegel⟩ und las.
Sein Inhalt aber stimmte überein mit dem,
Was in mein Herz geschrieben war.
Und sogleich gedachte ich daran, daß ich ein Sohn von
　　Königen bin,
Und meine freie Abkunft verlangte nach ihrer Art,
Auch der Perle gedachte ich,
Nach der ich nach Ägypten gesandt war,
Und begann mit Sprüchen ⟨zu bezaubern⟩
Die furchtbare ⟨und verschlingende⟩ Schlange.
Ich schläferte sie ein ⟨und versenkte sie in Schlummer,⟩
Denn den Namen meines Vaters nannte ich über ihr
⟨Und den Namen unsers Zweiten
Und meiner Mutter, der Königin des Ostens.⟩
Und ich raubte die Perle
Und kehrte um, sie zu meinen Eltern zu tragen.
Und das Schmutzgewand zog ich aus
Und ließ es in ihrem Lande zurück.
Und sogleich richtete ich meinen Weg
Zum Lichte der Heimat im Osten.
Und auf dem Wege fand ich meinen Brief ⟨vor mir⟩,
Der mich aufgeweckt hatte.
Und wie er durch seine Stimme p. 223 mich Schlafenden
　　aufgerichtet hatte,

So führte er mich auch durch das von ihm ausgehende Licht.
Denn das königliche Schreiben aus serischem Gewebe
Leuchtete zuweilen vor meinen Augen.
⟨Und durch seine Stimme und seine Führung
Ermutigte es wieder meine Eile.⟩
Und indem die Liebe mich führte und zog,
Ging ich an Labyrinth {Sarbug} vorüber,
Ließ Babylon zu meiner Linken
Und kam nach dem großen Mesêne,
⟨Dem Hafen der Kaufleute,⟩
Am Ufer des Meeres gelegen.
⟨Und mein Prachtgewand, das ich angelegt hatte,
Und den Mantel, mit dem ich bekleidet gewesen war, –
Von den Höhen von Warkan (Hyrkanien) hatten meine
    Eltern sie dorthin gesandt
Durch ihre Schatzmeister,
Denen sie sie wegen ihrer Treue anvertrauten.⟩
Ich aber erinnerte mich nicht mehr seiner Pracht,
Denn als junger Knabe hatte ich es im Palaste des Vaters
    zurückgelassen.
Plötzlich aber sah ich das ⟨glänzende⟩ Gewand
Wie einem Spiegel von mir gleichen.
Ich erblickte es ganz in mir
Und erkannte und sah mich ganz durch es.
⟨Wir waren zwei, voneinander verschieden,⟩
Und doch wieder eins, in einer Gestalt.
Ja, auch die Schatzmeister sah ich als zwei,
Die das Gewand gebracht hatten,
Und doch hatten sie eine Gestalt:
Ein Königszeichen trugen sie beide.
Den Schatz und den Reichtum hatten sie in Händen

Und gaben zurück, was mir zukam,

Das herrliche Gewand,

Geziert in leuchtenden Farben

Durch Gold und edle Steine

Und Perlen in augenfälliger Farbe –

Sie waren oben befestigt,

⟨Und mit Diamanten waren alle seine Nähte zusammengefügt.⟩

Und das Bild des Königs der Könige

War ganz auf dem ganzen Gewande,

Und Saphirsteine waren oben passend angeheftet

   {wie Saphirsteine schillern seine Farben}.

p. 224 Wiederum aber sah ich,

Daß der Erkenntnis (Gnosis) Regungen vom Ganzen

   ausgingen,

Und es war bereit, zu reden.

Ich hörte aber, wie es ⟨mit denen,

Die es gebracht hatten,⟩ sprach:

›Ich stamme vom Tapfersten aller Menschen {ich bin der

   Tatkräftige},

Um deswillen ich beim Vater selbst auferzogen wurde

   {den sie vor meinem Vater auferzogen haben},

Und ich bemerkte selbst, wie meine Größe

Entsprechend seiner Energie wuchs.‹

Und mit seinen königlichen Bewegungen

Ergoß es sich ganz zu mir,

Aus ihrer (der Überbringer) Hand enteilte es,

Zu dem hinstrebend, der es aufnehmen sollte.

Und auch mich erfaßte die Sehnsucht,

Ihm entgegenzueilen und es aufzunehmen,

Und ich streckte mich aus und nahm es

Und schmückte mich mit der Schönheit seiner Farben,

Und in meinen Mantel, der den eines Königs übertraf,
Hüllte ich mich ganz ein.
Und als ich mich angezogen hatte, ward ich emporgehoben
Zum Tore der Begrüßung und der Verehrung
Und beugte mein Haupt und betete an
Den Glanz des Vaters, der ihn mir gesandt hatte,
Dessen Befehle ich ausgerichtet hatte.
Gleicherweise tat auch er, was er versprochen hatte.
Und in den Toren seines Palastes
Mischte ich mich unter seine Großen.
Er aber freute sich über mich und nahm mich auf,
⟨Und ich war mit ihm⟩ in seinem Palaste {Reiche}.
Alle seine Untertanen aber
Lobsingen ihm mit fröhlichem Zuruf.
Er aber verhieß mir, daß ich zum Tore
Des Königs ⟨der Könige⟩ mit ihm gehen solle,
Um mit meinen Opfern und der Perle
Zugleich mit ihm vor dem Könige zu erscheinen.

Charîs glaubt durch die Einkerkerung des Thomas aller Not
enthoben zu sein, sieht sich jedoch getäuscht, da er seine Frau
mit geschorenem Haar und zerrissenem Kleid antrifft und taub
gegenüber seinen Klagen und Bitten. Sie lehnt jede eheliche
Gemeinschaft als unvereinbar mit ihrem Glauben an Jesus ab
und macht sich, als ihr Gatte eingeschlafen ist, auf den Weg zum
Gefängnis. Dabei stößt sie auf Thomas, den sie aber des von ihm
ausstrahlenden Lichtes wegen für einen Fürsten hält, ein Irrtum,
der sie zur Flucht in ein entlegenes Versteck veranlaßt.

Zehnte Tat.

Wie Mygdonia die Taufe empfängt.

Der Apostel geht ihr nach, und seine Erscheinung läßt die Mygdonia vor Schrecken wie tot zur Erde fallen. Thomas zerstreut
ihre Furcht, und nun begehrt sie die Taufe. Sie begibt sich zu ihrer Amme und erteilt ihr den Auftrag, ein Brot und ein Mäßchen
Wasser, auch Öl herbeizuschaffen. Als aber Marcia diese Dinge
gebracht hatte, stellte sich Mygdonia mit enthülltem Haupt vor
den Apostel, und er nahm das Öl, goß es auf ihr Haupt und
sprach: Heiliges Öl, das uns zur Heiligung gegeben ist; verborgenes Geheimnis, in welchem uns das Kreuz gezeigt wurde; du
bist der Ausdehner der p. 231 gekrümmten Glieder; du bist der
Demütiger der harten Werke; du zeigst die verborgenen Schätze an; du bist der Sproß der Güte. Möge deine Kraft kommen
und sich auf deine Dienerin Mygdonia niederlassen, und heile
sie durch diese Ölsalbung! Als aber das Öl aufgegossen war, befahl er ihrer Amme, sie zu entkleiden und ihr ein leinenes Kleid
umzulegen. Es war aber dort eine Wasserquelle, und zu ihr ging
der Apostel hinauf und taufte Mygdonia auf den Namen des
Vaters und des Sohnes und des Heiligen Geistes. Als sie aber
getauft war und sich angekleidet hatte, brach er ein Brot, nahm
einen Becher mit Wasser, ließ sie teilnehmen an dem Leibe des
Messias und an dem Becher des Gottessohns und sprach: Du
hast dein Siegel empfangen und ewiges Leben erworben! Und
augenblicklich wurde von obenher eine Stimme gehört, welche
sprach: Ja, Amen! Als aber Marcia diese Stimme hörte, erschrak
sie und bat den Apostel, daß auch sie das Siegel empfinge. Und
der Apostel gab es ihr und sprach: Der Eifer des Herrn umge-
be dich wie die andern! Als aber der Apostel dies getan hatte,
kehrte er ins Gefängnis zurück und fand die Türen geöffnet

und die Wächter noch schlafend. Und Thomas sprach: Wer ist
wie du, Gott, der du deine zärtliche Liebe und deinen Eifer
von keinem p. 232 fernhältst? Wer ist dir gleich an Barmherzigkeit, der du deine Geschöpfe vom Bösen errettet hast? Leben,
das den Tod bezwungen, Ruhe, welche die Mühe beendet hat!
Preis sei dem Eingebornen vom Vater[1], Preis sei dem Barmherzigen, der aus der Barmherzigkeit gesandt worden ist! Als er
dies gesagt hatte, erwachten die Wächter und sahen alle Türen
geöffnet, die Gefangenen aber drinnen. Und sie sprachen bei
sich: Haben wir nicht die Türen gesichert? Wie sind sie jetzt
geöffnet, und die Gefangenen noch drinnen? Mit Tagesanbruch
nimmt Charîs seine Versuche, Mygdonia umzustimmen, wieder
auf, doch ohne jeden Erfolg. Als er das dem König meldet, läßt
dieser den Apostel aus dem Gefängnis holen. Er verwarnt ihn
und verspricht ihm die Freiheit, wenn er die Mygdonia bestimmen wollte, bei ihrem Gatten zu bleiben. Andernfalls soll er
sterben. Mit der Drohung des Königs verbindet Charîs seine
Bitten. Er nimmt Thomas mit nach Hause und dort treffen sie
Mygdonia samt ihrer Amme. Judas fordert sie auf, sich dem
Willen des Charîs zu unterwerfen. Doch auch jetzt bleibt sie
fest, und ihr Gemahl droht ihr mit Fesseln, um ihren Verkehr
mit dem Apostel zu unterbinden. Judas aber verließ Charîs'
Haus und ging in das Haus Sifôrs und wohnte dort mit ihm.
Sifôr aber sprach: Ich will für Judas ein Triclinium herrichten,
in welchem er lehren wird. p. 239 Und er tat so. Und Sifôr
sprach: Ich und mein[2] Weib und meine Tochter wollen ferner-
hin in Heiligkeit, in Reinheit und in einer Gesinnung wohnen.
Ich bitte dich, daß wir das Siegel von dir empfangen, damit
wir dem wahrhaftigen Gotte Diener und solche werden, die zu

---

1) vgl. Joh. 1 14. – 2) vgl. Jos. 24 15.

seinen Lämmern gehören. Judas aber spricht: Ich fürchte zu
sagen, was ich erwäge. Ich weiß etwas, und was ich weiß, bin
ich nicht imstande auszusagen. Und er begann über die Taufe
zu reden: Diese Taufe ist Vergebung der Sünden. Sie ist ein
ringsum ausgegossenes Licht. Sie gebiert den neuen Menschen,
⟨erneuert die Gedanken, vermischt Seele und Leib,⟩ richtet auf
dreifache Weise den neuen Menschen auf und ist Teilnahme
an der Sündenvergebung. Dir sei Preis, verborgene Kraft, die
durch die Taufe mit uns verbunden wird! Dir sei Preis, unsichtbare Kraft, die in der Taufe liegt! Dir sei Preis, Erneuerung,
durch welche die Täuflinge erneuert werden[1], die mit Neigung
(Liebe) dich ergreifen. Und als er dies gesagt hatte, goß er Öl
auf ihr Haupt und sprach: Dir sei Preis, Liebe des Erbarmens!
Dir sei Preis, p. 240 Name des Messias! Dir sei Preis, Kraft, die
du in Christus wohnst! Und er ließ eine Wanne bringen und
taufte sie auf den Namen des Vaters und des Sohnes und des
Heiligen Geistes. Als sie aber getauft waren und sich bekleidet
hatten, legte er Brot auf den Tisch und sprach segnend: Brot
des Lebens, dessen Esser unvergänglich bleiben sollen; Brot,
das hungernde Seelen mit seiner Seligkeit sättigt, – du bist es,
das gewürdigt worden ist, eine Gabe zu empfangen, damit du
uns Vergebung der Sünden würdest und die, welche dich essen, unsterblich würden; wir nennen über dir den Namen der
Mutter, des verborgenen Geheimnisses der verborgenen Herrschaften und Gewalten, wir nennen über dir den Namen Jesu.
Und er sprach: Möge kommen die Kraft des Segens und sich
auf das Brot niederlassen, damit alle Seelen, die daran teilnehmen, von ihren Sünden befreit werden! Und er brach das Brot
und gab es Sifôr und seiner Frau und Tochter.

---

1) vgl. Tit. 3 5.

Elfte Tat.

Über das Weib des Misdai.

Ein letztes Mittel zu versuchen, schickt der König seine Frau Tertia zu Mygdonia, um sie günstig zu beeinflussen. Doch erwächst ihr aus Mygdonias Antwort die innere Nötigung, sich selbst zu dem Apostel zu begeben. Als sie aber eingetreten war, sprach Judas zu ihr: Was bist du zu sehen gekommen[1])? Einen Fremden und Armen und Verachteten und Bettler, der weder Reichtum noch Besitz hat? Ein Besitztum aber habe ich, das p. 243 weder ein König noch Fürsten wegnehmen können, das weder zerstört wird noch aufhört, welches Jesus ist, der Erlöser der ganzen Menschheit, der Sohn des lebendigen Gottes, der allen Leben gegeben hat, die an ihn glauben und zu ihm ihre Zuflucht nehmen, und der an der Zahl seiner Diener erkannt wird. Tertia spricht zu ihm: Möge ich Teilhaberin an diesem Leben werden, welches, wie du versprichst, alle empfangen werden, die zur Herberge Gottes zusammenkommen! Und der Apostel sprach: Die Schatzkammer des heiligen Königs ist geöffnet, und die, welche würdig an den dort niedergelegten Gütern teilnehmen, ruhen aus, und indem sie ausruhen, herrschen sie[2]). Niemand aber kommt zu ihm, wenn er unrein und böse ist. Denn er kennt unser Inneres und die Tiefen der Gedanken, und niemand kann vor ihm verborgen bleiben. Auch du also wirst, wenn du wahrhaft an ihn glaubst, seiner Geheimnisse gewürdigt werden, und er selbst wird dich groß und reich und zur Erbin seines Reiches machen. Tertia kehrt umgewandelt zurück und rät auch dem König, zu Thomas zu gehen. Der wird dadurch schwer beunruhigt, hadert mit seinem Freunde Charîs

---

1) vgl. Mt. 11 7. – 2) vgl. Hebräerevang.

und läßt endlich, nachdem er persönlich seine Wut an ihm ge-
kühlt, den Apostel zur Gerichtsstätte schleppen.

Zwölfte Tat.

Über Vazan (Vîzan), Misdais Sohn.

Während er dort bewacht wird, kommt der Königssohn Vazan
ins Gespräch mit ihm. Der Apostel entwickelt die Grundzüge
seiner Lehre und macht Eindruck auf den Prinzen. Während
dieser darauf sinnt, wie er dem Gefangenen zur Flucht verhel-
fen könne, erscheint der König und beginnt das Verhör. Durch
die Antworten des Apostels geärgert, läßt er ihn auf glühende
Platten stellen, doch aus dem Boden quellendes Wasser über-
flutet sie. Dem König wird vor der Wassermasse angst und er
bittet um Rettung vor der Überschwemmung. Der Apostel aber
betete und sprach: Der du diese Natur gebunden und an einen
p. 248 Ort vereinigt hast und in verschiedene Länder aussen-
dest; der du sie aus der Unordnung zur Ordnung geführt hast;
der du große Taten und große Wunder durch die Hände deines
Knechtes Judas tust; der du mit meiner Seele Mitleid hast, damit ich allezeit dein Licht empfange; der du den Müden Lohn
gibst; der du meine Seele rettest und sie wieder zu ihrer eigenen Natur bringst, sich den Schadenden nicht anzuschließen;
der du immer Ursache des Lebens wirst, – besänftige du dies
Element, damit es sich nicht erhebe und zerstöre! Denn es sind
einige unter denen, die hier stehen, welche leben werden, da sie
an dich geglaubt haben[1]. Als er aber gebetet hatte, wurde in
kurzem das Wasser verzehrt, und der Platz wurde trocken. Und

---

1) vgl. Mc. 9 1 u. Par.

da Misdai dies sah, befahl er, ihn ins Gefängnis zu führen, ›bis ich Beschluß gefaßt habe, wie man mit ihm verfahren soll‹. Eine große Menge – darunter Vazan und Sifôr – folgt dem Apostel in den Kerker und hört ihn dort sprechen: Befreier meiner Seele aus der Knechtschaft der Menge, weil ich mich dargegeben habe, verkauft zu werden, siehe, ich freue mich und frohlocke[1], da ich weiß, daß die Zeiten erfüllt sind, daß ich eingehe und ⟨dich⟩ empfange. Siehe, ich werde von den irdischen Sorgen befreit. Siehe, ich vervollständige (bringe zum Abschluß) die Hoffnung und empfange Wahrheit. Siehe, ich werde von Traurigkeit befreit und ziehe nur Freude an. Siehe, ich werde frei von Sorge und Schmerz und wohne in Ruhe. Siehe, ich habe Zeiten und Zeitläufen gedient und bin über Zeiten und Zeitläufe erhoben worden. Siehe, ich empfange ⟨meinen Lohn⟩ vom Lohnzahler, welcher gibt, ohne zu rechnen, weil sein Reichtum für seine Gaben ausreicht. ⟨Siehe, ich entkleide mich und bekleide mich,⟩ und werde nicht wieder entkleidet werden. Siehe, ich schlafe und wache auf[2], und werde nicht wieder schlafen. Siehe, ich sterbe und lebe wieder auf, und werde nicht wieder den Tod kosten[3]. Siehe, mit Freude erwarten sie, daß ich komme und mit ihrer Freude vereint und als Blume in ihren Kranz gesetzt werde. Siehe, ich herrsche in dem Reiche, auf welches ich von hier aus gehofft habe. ⟨Siehe, es werden die Bösen zu Schanden, welche geglaubt haben, daß sie mich ihrer Macht unterwerfen würden.⟩ Siehe, es fallen die Ungehorsamen vor mir, weil ich ihnen entronnen bin. Siehe, es ist Friede geworden, welchem alle entgegen gehen. Als der Apostel dies sagte, hörten alle Anwesenden ihm zu, indem sie glaubten, daß er noch in dieser Stunde aus dem Leben scheiden werde. Und er

---

1) vgl. Mt. 5 12; Offb. 19 7. – 2) vgl. Ps. 3 6. – 3) vgl. Mc 9 1 u. Par.

sprach weiter: Glaubt an den Arzt alles Sichtbaren und Unsichtbaren und an den Erlöser der Seelen, welche seiner Hilfe bedürfen. Er ist ein Freier und stammt von Königen ab. Er ist der
Arzt seiner Geschöpfe. Er ist es, p. 250 der von seinen eigenen
Knechten geschmäht wird. Er ist der Vater der Höhe und Herr
und Richter der Natur. Der Höchste wurde er vom Größten her,
der eingeborne Sohn der Tiefe. Und er wurde Sohn der Jungfrau Maria genannt und hieß Sohn des Zimmermanns Joseph;
er, dessen Niedrigkeit wir mit unsern leiblichen Augen geschaut,
dessen Hoheit wir aber durch den Glauben erkannt haben, und
wir sahen sie in seinen Werken; dessen menschlichen Leib wir
auch mit Händen getastet, dessen (für die Zeit seines Erdenle-
bens) verändertes Aussehen wir mit unsern Augen gesehen haben[1], dessen himmlische Gestalt wir aber auf dem Berge nicht
sehen konnten[2]; er, welcher die Fürsten getäuscht und den Tod
bezwungen hat; er, der untrügliche Wahrheit ist und Schoß
⟨und⟩ Kopfsteuer für sich und seine Jünger gegeben hat[3]; er,
bei dessen Anblick der Gewalthaber (Fürst) in Furcht geriet
und die mit ihm verbundenen Mächte bestürzt wurden. Und
der Gewalthaber (Fürst) bezeugte (fragte), wer und woher er
wäre, er aber tat ihm die Wahrheit nicht kund, da er ja der
Wahrheit fremd ist[4]; er, welcher, obwohl er über die Welt und
die in ihr vorhandenen Vergnügungen, Schätze und Ergötzung
Macht hat, alle diese Dinge ⟨von sich fernhält⟩ und seine Untertanen antreibt, keinen Gebrauch davon zu machen. Und als er
diese Rede beendet hatte, stand er auf und betete so[5]: Vater
unser im Himmel, geheiligt werde dein Name; dein Reich komme; dein Wille geschehe, wie im Himmel, also auch auf Erden;

---

1) 1. Joh. 1 1; vgl. Lk. 24 39. – 2) vgl. Mt. 17 1-13. – 3) vgl. Mt. 17 24-27. – 4) vgl.
Joh. 8 44. – 5) vgl. Mt. 6 9-13.

⟨gib uns beständig das tägliche Brot;⟩ vergib uns unsre Schuld, wie auch wir unsern Schuldnern vergeben haben; führe uns nicht in Versuchung, sondern erlöse uns von dem Bösen. p. 251 Mein Herr und mein Gott[1], Hoffnung und Vertrauen und Lehrer ⟨und mein Ermutiger⟩, du hast mich gelehrt, so zu beten. Siehe, dies Gebet bete ich und deinen Befehl vollbringe ich. Sei du mit mir bis zum Ende! Du bist es, der von Kindheit an Leben in mich gepflanzt und mich vor dem Verderben bewahrt hat. Du bist es, der mich in die Armut der Welt geführt und zum wahrhaftigen Reichtum eingeladen hat. Du bist es, der sich mir kundgetan und mir gezeigt hat, daß ich dein bin; und vom Weibe hielt ich mich fern, damit das, was du verlangst, nicht in Befleckung gefunden werde. p. 252 Mein Mund vermag nicht, dir zu danken, und mein Verstand nicht, deinen Eifer für mich zu erwägen; der du mir, während ich reich werden und erwerben wollte, gezeigt hast, daß vielen auf Erden der Reichtum zur Strafe wird. Ich glaubte aber deiner Offenbarung und blieb in der Armut der Welt, bis du, der wahrhaftige Reichtum, erschienst und mich und die deiner Würdigen mit Reichtum anfülltest und von Dürftigkeit, Sorge und Habsucht befreitest. Siehe also, dein Werk habe ich vollbracht und deinen Befehl vollzogen und bin arm, bedürftig, fremd, Sklave, verachtet, gefangen, hungrig, durstig, nackt und müde geworden. Möge p. 253 mein Vertrauen nicht der Erfüllung verlustig gehen, und möge meine Hoffnung auf dich nicht zu Schanden werden! Meine Mühen mögen nicht vergeblich sein! Mögen nicht untergehen meine beharrlichen Gebete und Fasten, und mögen meine Taten an dir nicht geringer werden (im Werte sinken)! Möge der Teufel nicht den Weizensamen aus dem Lande rauben ⟨, und

---

1) Joh. 20 28.

möge nicht sein Unkraut auf ihm gefunden werden[1]; denn dein Land nimmt sein Unkraut nicht auf, es kann auch nicht in die Scheuer deines Landbebauers gelegt werden. (Und weiter sprach er:) Deinen Weinstock habe ich ins Land gepflanzt,⟩ möge er Schosse in die Tiefe treiben und seine Ranken mit dem Himmel verflechten! Mögen seine Früchte sich auf der Erde zeigen, und sich daran ergötzen, die deiner würdig sind und die du erworben hast! Dein Silber, das du mir gegeben hast, habe ich p. 254 auf den Tisch (der Wechsler) niedergelegt[2]; fordere es ein und gib es mir mit seinen Zinsen zurück, wie du versprochen hast! Mit deiner Mine habe ich zehn andere erhalten[3]; mögen sie mir (meinem Eigentum) hinzugefügt werden, wie du befohlen hast! Den Schuldnern habe ich die Mine nachgelassen[4], – möge sie nicht in meiner Hand gesucht werden, die ich erlassen habe! Zum Mahle eingeladen, kam ich sogleich, und mit dem Acker und dem Joche und dem Weibe habe ich mich nicht entschuldigt[5]. Möge ich nicht von ihm verwiesen werden, und möge ich nicht erst nach dringender Aufforderung von ihm essen[6]! Zur Hochzeit wurde ich eingeladen[7] und habe weiße Gewänder angezogen. Möge ich ihrer würdig sein und nicht, an Händen und Füßen gebunden, in die äußerste Finsternis hinausgehen müssen! Meine Lampe strahlt in ihrem Lichte[8]: möge ihr Herr sie bewahren (brennend erhalten), bis er das Hochzeitshaus verläßt und ich ihn empfange! Möge ich nicht sehen, daß sie infolge p. 255 Ölmangels qualmt! Meine Augen mögen dich empfangen, und mein Herz möge sich freuen, weil ich deinen Willen erfüllt und deine Befehle ausgeführt habe! Möge

---

1) vgl. Mt. 13 25. – 2) vgl. Mt. 25 27. – 3) vgl. Lk. 19 13 ff. – 4) vgl. Mt. 18 23 ff. – 5) vgl. Lk. 14 16 ff. – 6) vgl. Lk. 14 23 f. – 7) vgl. Mt. 22 1 ff. – 8) vgl. Mt. 25 1 ff.

ich dem tatkräftigen und gottesfürchtigen Knechte gleichen, der mit sorgfältigem Fleiß die Wachsamkeit nicht vernachlässigt[1]! Die ganze Nacht wachend habe ich mich abgemüht, das Haus vor Räubern zu bewahren, damit man nicht durchgrübe[2]. Meine Lenden sind mit Wahrheit gegürtet[3], und meine Schuhe sind fest an meine Füße gebunden[4]. Möge ich ihre Bänder nicht gelöst sehen! Meine Hand habe ich an die Schar meines Pfluges gelegt und habe mich nicht umgewendet[5], damit meine Furchen nicht krumm würden. Meine Felder sind weiß geworden und schon längst zur Ernte gekommen[6]. Möge ich meinen Lohn empfangen! Das Kleid, welches alt wird, habe ich p. 256 verbraucht, und die Arbeit, welche zur Ruhe bringt, habe ich vollendet. Ich habe meine erste, zweite und dritte Nachtwache abgehalten[7], – möge ich dein Antlitz empfangen und vor deinem heiligen Glanze anbeten! Ich habe meine Vorratshäuser zerstört und sie auf der Erde verwüstet; möge ich von deinem Schatze empfangen, der nicht abnimmt! Die in mir rinnende Quelle habe ich ausgetrocknet; möge ich an deiner lebendigen Quelle liegen und an ihr Ruhe finden! Den Gebundenen (Gefangenen), den du mir übergeben hast, habe ich getötet; den Gelösten, der in mir ist, befreie, und möge meine Seele nicht ihres Vertrauens verlustig gehen! Das Innere habe ich zum Äußern gemacht und das Äußere zum Innern[8]. Möge dein Wille in allen meinen Gliedern vollbracht werden! Rückwärts habe ich mich nicht gewendet, sondern habe mich ganz nach dem, was vor mir ist, gestreckt; möge ich nicht zu einem Wunder oder Zeichen werden! Den Toten habe ich nicht lebendig gemacht

---

1) vgl. Mt. 24 45 ff. – 2) vgl. Mt. 24 43. – 3) vgl. Eph. 6 14. – 4) vgl. Ep. 6 15; Jes. 5 27. – 5) vgl. Lk. 9 62. – 6) vgl. Joh. 4 35. – 7) vgl. Lk. 12 38. – 8) vgl. Ägypterevang.

und den Lebenden nicht getötet und den Bedürftigen habe ich
nicht angefüllt (befriedigt). Mögen wir p. 257 den Siegeskranz
empfangen, o du über beide Welten Mächtiger! Schande habe
ich auf der Erde empfangen, – verschaffe mir Belohnung im
Himmel! Die Mächte mögen mich nicht wahrnehmen, und die
Gewaltigen mögen nicht über mich Beschluß fassen; nicht mögen mich sehen die Steuererheber, und die Tributeinforderer
mögen mich nicht belästigen! Die Niedrigen sollen mich nicht
verspotten, noch die Bösen den Vorsichtigen und Demütigen;
und der Sklave und der Verachtete und der Große, welcher sich
stolz erhebt, sollen sich nicht erkühnen, vor mir zu stehen, wegen deiner siegreichen Kraft, Jesus, die mich umgibt. Denn sie
fliehen und verbergen sich vor ihr, weil sie sie nicht ansehen
können. Denn mit List und in der Stille fallen sie über die her,
so ihnen gehorchen. Ein (der) Teil (Anteil) der Kinder des Bösen schreit selbst und überführt (rügt) sie. p. 258 Und niemand
von ihnen bleibt verborgen, weil ihre Natur sich kenntlich
macht. Abgesondert sind die bösen Menschen; der Baum ihrer
Früchte ist Bitterkeit. Möge ich in Ruhe an ihrem Platz vorüber-
gehen und zu dir kommen! Freude und Friede mögen mich
stützen, und möge ich stehen vor deiner Herrlichkeit! Und der
Verleumder möge nicht auf mich blicken, sondern seine Augen
mögen geblendet werden durch dein Licht, in dem ich wohne,
und sein Lügenmund werde geschlossen, weil er nichts gegen
mich hat! Und er begann wieder zu denen, die bei ihm im Gefängnis waren, zu sagen: ⟨Glaubt, meine Kinder, an diesen Gott,
den ich predige; glaubt an Jesus Christus, den ich verkündige;
glaubt an den Lebendigmacher und Helfer seiner Knechte;⟩
glaubt an den Erlöser derer, die sich in seinem Dienst müde
gearbeitet haben! Denn meine Seele frohlockt schon, weil meine Zeit nahe ist, ihn zu empfangen. Denn da er schön ist, bringt

er mich dazu, immer über seine Schönheit zu reden, von welcher Art sie ist, obwohl ich nicht nach Würdigkeit darüber reden kann und vermag. Der du das Licht meiner Armut und der
Ergänzer meines Mangels und der Ernährer meiner Dürftigkeit
bist, – sei du mit mir, bis ich komme und dich in Ewigkeit empfange.

Dreizehnte Tat.

p. 259.

Wie Vazan mit den Übrigen die Taufe empfängt.

Vazan bekennt dem Apostel, schon immer in strenger Enthaltsamkeit gelebt zu haben, und erbittet für sich die Taufe, für seine kranke Frau Genesung. Während sie reden, kommen Tertia,
Mygdonia und Marcia, deren Amme, die sich vom Gefängniswärter den Eintritt erkauft haben. Jene waren inzwischen auch
eingeschlossen gewesen, hatten aber ihrer Meinung nach vom
Apostel, der sie selbst herausließ, die Weisung bekommen, ins
Gefängnis zu gehen, an dessen Tür er sie verlassen hätte. Als
der Apostel dies gehört hatte, sprach er: Preis sei dir, vielgestaltiger Jesus, dir sei Preis, der du wie unsre arme Menschheit
erscheinst! Dir sei Preis, der du uns ermutigst und stärkst und
Freude gibst und uns tröstest und uns in allen Gefahren bei-
stehst und unsre Schwachheit stärkst! Als er aber dies sagte, kam
der Gefängniswächter und sprach: Setzt die Lampen beiseite,
damit uns niemand beim Könige verklage! Und dann wandten
sie sich, als sie die Lampen ausgelöscht hatten, zum Schlafe.
Der Apostel aber redete mit dem Herrn: Nunmehr ist es für
dich, Jesus, Zeit zur Eile. Denn siehe, die Kinder der Finsternis
setzen uns in ihre Finsternis. So beleuchte nun du uns durch
das Licht deiner Natur! Und plötzlich war das ganze Gefängnis

hell wie der Tag. Während aber alle, die im Gefängnis waren, in tiefem Schlafe lagen, waren allein die an den Herrn Glaubenden wach. Der von Thomas zur Herbeischaffung nötiger Gegenstände abgesandte Vazan trifft seine Frau Mnêsar, von einem nur ihr sichtbaren Jüngling in ihrer Schwachheit geleitet. Während die Eheleute miteinander sprechen, kommt auch der Apostel mit den anderen Gewonnenen hinzu und wird von Mnêsar kniefällig begrüßt. In der Nacht hatte sie ihn geschaut, wie er ihr den Jüngling als Führer übergab, der aber nun verschwindet. Der Apostel versichert ihr, Jesus werde sie weiter führen. Alle treten nun in das Haus Vazans ein, trotz der Nacht von hellstem Lichte umstrahlt. Da begann Judas zu beten und so zu sprechen: Gefährte und Bundesgenosse, Hoffnung der Schwachen und Vertrauen der Armen, Zuflucht und Herberge der Müden, Stimme, die von der Höhe ausgegangen ist, Tröster, der p. 265 mitten ⟨unter uns⟩ wohnt, Herberge und Hafen derer, die durch finstere Länder reisen, Arzt, der unentgeltlich heilt, der du bei den Menschen für viele gekreuzigt wurdest, der du mit vieler Macht in den Hades (die Unterwelt) hinabgingst, dessen Anblick die Fürsten des Todes nicht ertrugen, und stiegst mit vielem Ruhme empor, versammeltest alle, die zu dir Zuflucht nehmen, und bereitetest den Weg, und in deinen Spuren gingen alle, die du erlöstest, und du führtest sie in deine Herde ein und vereinigtest sie mit deinen Schafen; Sohn der Barmherzigkeit, der aus Menschenliebe von dem oberen, dem vollkommenen Vaterlande uns gesandte Sohn; Herr unbefleckter Besitztümer; der du deinen Knechten dienst, damit sie leben; der du die Schöpfung mit deinem Reichtum angefüllt hast; Armer, der bedürftig war und vierzig Tage gehungert hat[1]; der

---

1) vgl. Mt. 4 2.

du dürstende Seelen mit deinen Gütern sättigst, – sei du mit Vazan, Misdais Sohn, und Tertia und Mnêsar und versammle sie in deine Hürde und p. 266 vereinige sie mit deiner Zahl; sei ihr Führer im Lande des Irrtums, sei ihr Arzt im Lande der Krankheit, sei ihre Ruhe im Lande der Müden, heilige sie im unreinen Lande, sei der Arzt ihrer Körper und Seelen, mache sie zu deinen heiligen Tempeln, und es wohne in ihnen dein heiliger Geist! Nachdem der Apostel so für sie gebetet hatte, sprach er zu Mygdonia: Entkleide deine Schwestern! Sie aber entkleidete sie, legte ihnen Schurze um und führte sie hinzu. Vazan aber war vorher hinzugegangen und jene nach ihm. Und Judas nahm Öl in einem silbernen Becher und sprach so dazu: Frucht, schöner als die andern Früchte, in welche durchaus keine andere gemischt werden kann; du überaus mitleidige; du, die du durch die Gewalt des Wortes glühst; Kraft des Holzes, durch welche die Menschen, wenn sie sie anziehen (sich mit ihr salben), ihre Gegner besiegen; die du die Sieger bekränzest; Merkzeichen und Freude der Müden; die du den Menschen die frohe Botschaft ihrer p. 267 Rettung gebracht hast; die du denen Licht zeigst, die in der Finsternis sind; die du den Blättern nach bitter, der Frucht nach süß bist; die du dem Aussehen nach rauh, dem Genuß nach aber zart bist; die du schwach scheinst, durch das Außerordentliche deiner Kraft aber die alles sehende Kraft trägst; Jesus, es komme deine sieghafte Kraft und lasse sich auf dieses Öl nieder, wie sie sich damals auf das ihm verwandte Holz (Kreuz) niederließ – und deine Kreuziger konnten ihr Wort nicht ertragen; möge nun auch die Gabe kommen, durch welche du deine Feinde anbliesest und dadurch bewirktest, daß sie zurückwichen und vorwärts hinfielen[1], und möge sie in

---

1) vgl. Joh. 18 6.

diesem Öle wohnen, über welchem wir deinen heiligen Namen nennen! Und als der Apostel dies gesagt hatte, goß er es zuerst auf das Haupt Vazans, darnach auf die Frauen, indem er sprach: In deinem Namen, Jesus Christus, gereiche es diesen Seelen zur Vergebung der Sünden und zur Abwendung des Feindes und zur Rettung ihrer Seelen! Und er befahl Mygdonia, sie (die Frauen) zu salben, er selbst aber salbte Vazan. Als er sie aber gesalbt hatte, ließ er sie ins Wasser hinabsteigen auf den Namen des Vaters und des Sohnes und des Heiligen Geistes. p. 268 Als sie aber aus dem Wasser hinaufgestiegen waren, nahm er Brot und Becher, segnete und sprach: Deinen heiligen Leib, der für uns gekreuzigt wurde, essen wir, und dein Blut, das für uns zur Erlösung vergossen wurde, trinken wir. Möge uns nun dein Leib Erlösung werden, und dein Blut zur Sündenvergebung dienen! Für die Galle aber, die du um unsertwillen getrunken hast, möge die Galle des Teufels rings um uns weggenommen werden, und für den Essig, den du für uns getrunken hast[1], werde unsre Schwachheit gestärkt; für den Speichel, den du unsertwegen empfangen hast[2], laß uns den Tau deiner Güte empfangen, und für das Rohr, mit dem sie dich um unsertwillen geschlagen haben[3], mögen wir das vollkommene Haus empfangen! Daß du aber um unsertwillen eine Dornenkrone empfangen hast[4], dafür mögen wir, die wir dich geliebt haben, uns mit einer unverwelklichen Krone umwinden! Und für die Leinwand, in welche du gewickelt wurdest[5], laß uns mit deiner unbesiegbaren Kraft umkleidet werden, für das neue Grab[6] aber und die Bestattung laß uns Erneuerung der Seele und des Leibes empfangen! Daß du aber auferstanden p. 269 und

---

1) vgl. Mt. 27 34. 48. – 2) vgl. Mt. 27 30. – 3) vgl. Mt. 27 29. – 4) vgl. Mt. 27 29. – 5) vgl. Mt. 27 59. – 6) vgl. Mt. 27 60.

wieder aufgelebt bist, dafür laß uns wieder aufleben und leben und vor dir in gerechtem Gericht stehen! Und er brach das Brot der Eucharistie, dankte und gab es[1] Vazan, Tertia, Mnêsar und der Frau und Tochter Sifôrs und sprach: Gereiche euch diese Eucharistie zur Rettung und Freude und zur Gesundheit eurer Seelen! Und sie sprachen: Amen. Und eine Stimme wurde gehört, welche sprach: Amen. Fürchtet euch nicht, sondern glaubt nur[2]!

[Martyrium des heiligen und berühmten Apostels Thomas.]

Nach Abschiedsworten an die Frauen, die dahin zurückkehren, wo der König und Charîs sie eingeschlossen hatten, begibt sich der Apostel wieder in den Kerker. Die Wächter, welche die Vorgänge der Nacht beobachtet haben, machen dem König Meldung darüber. Er jedoch glaubt ihnen nicht, weil er das Siegel unverletzt und Thomas im Gewahrsam findet. Nunmehr beginnen die Gerichtsverhandlungen und Thomas bekennt dabei: Mein Herr ist mein und dein Herr, da er der Herr Himmels und der Erde ist. Und Misdai sprach: Welches ist sein Name? Spricht Judas: Seinen wirklichen Namen kannst du zu dieser Zeit nicht hören, der Name aber, der ihm für eine Zeit beigelegt wurde, ist: Jesus der Messias. Der König antwortet mit der Todesdrohung, führt den Apostel vor die Stadt und übergibt ihn vier Soldaten, die je zu zweien an seiner Seite gehen, und ihrem Anführer, der ihn an der Hand hält. Thomas soll erstochen werden. Während des Ganges zum Richtplatz sagt er; O über deine verborgenen Geheimnisse, welche bis zu unserm Lebensende an uns vollen-

---

1) vgl. Mt. 26 26. – 2) vgl. Mc. 5 36 u. Par.

det werden! O Reichtum deiner Gnade, der du nicht zugibst, daß wir die körperlichen Leiden fühlen! Denn siehe, wie vier mich ergriffen haben, da ich ja aus den vier Elementen geworden bin! Und einer führt mich, da ich ja einem gehöre, zu dem ich hingehen werde. Jetzt aber erfahre ich, daß mein Herr, da er ja aus einem war, von einem durchbohrt wurde[1], ich aber, da ich aus vieren bestehe, von vieren durchbohrt werde.

Am Orte der Hinrichtung wendet er sich mahnend an seine Henker und hierauf an Vazan, der es ihm ermöglicht, von der Gegenwart der Soldaten befreit zu beten: Mein Herr und mein Gott[2], meine Hoffnung und mein Erlöser und mein Führer und Wegweiser in allen Ländern, sei du mit allen, die dir dienen, und führe mich heute, da ich zu dir komme! Niemand nehme meine Seele, die ich dir übergeben habe! Mögen die Zöllner mich nicht sehen, und die Tributeinforderer mich nicht falsch anklagen! Möge mich die Schlange nicht sehen, und die Drachenbrut mich nicht anzischen! Siehe, p. 282 Herr, ich habe dein Werk vollendet und deinen Befehl vollführt. Ich bin ein Sklave geworden, deshalb empfange ich heute die Freiheit. Du nun gib sie mir vollkommen! Dies aber sage ich nicht als ein Zweifelnder, sondern damit die (es) hören, welche hören sollen. Nach Beendigung des Gebetes wird er von den vier Soldaten durchbohrt und von den Brüdern unter Wehklagen mit großen Ehren bestattet. Sifôr aber und Vazan wollten nicht in die Stadt hinabgehen, sondern, nachdem sie sich den ganzen Tag dort aufgehalten hatten, verbrachten sie auch die Nacht da. Und es erschien ihnen Judas und sprach: Ich bin nicht hier[3]. Was sitzt ihr hier und bewacht mich? Denn ich bin hinaufgegangen und habe empfangen, was ich gehofft habe. Aber steht auf und

---

1) vgl. Joh. 19 34. – 2) vgl. Joh. 20 28. – 3) Mt. 28 6.

geht fort, und nach kurzer Zeit werdet ihr zu mir versammelt werden. Misdai aber und Charîs nötigten Tertia und Mygdonia sehr, überredeten sie aber nicht, ihre Meinung aufzugeben. Und Judas erschien ihnen und sprach: p. 284 Vergeßt nicht das Frühere! Denn Jesus, der Heilige und Lebendige, wird selbst euch helfen. Als aber Misdai und Charîs und ihre Umgebung sie nicht überredeten, ließen sie sie nach ihrem eigenen Willen leben. Alle dortigen Brüder aber hielten Versammlungen ab. Denn Judas hatte auf dem Berge, als er zum Sterben geführt wurde, Sifôr zum Presbyter, Vazan p. 285 aber zum Diakon gemacht. Der Herr aber half ihnen und mehrte durch sie den Glauben[1].

Es traf sich aber nach Verlauf langer Zeit, daß einer von den Söhnen des Königs Misdai von einem Dämon besessen wurde; da aber der Dämon sehr hart (widerstandsfähig) war, so war niemand imstande zu heilen. Misdai überlegte aber und sprach: Ich will hingehen und das Grab öffnen und eins von den Gebeinen des Apostels Gottes nehmen und an meinen Sohn hängen, und ich weiß, daß er geheilt werden wird. Und er ging fort, das auszuführen, was er im Sinne hatte. p. 286 Da erschien ihm Judas und sprach: Da du an den Lebenden nicht geglaubt hast, – wie willst du an den Toten glauben? Aber fürchte dich nicht! Jesus, der Messias, bezeigt sich wegen seiner großen Güte menschenfreundlich gegen dich. Misdai fand aber die Gebeine nicht. Denn einer der Brüder hatte sie heimlich weggenommen und trug sie in die Gegenden des Westens über. Da nahm er Staub von der Stelle, wo die Gebeine des Apostels gelegen hatten, hängte ihn p. 287 an seinen Sohn und sprach: Ich glaube jetzt an dich, Jesus, nachdem der mich verlassen hat,

---

1) vgl. Mc. 16 20.

der immer die Menschen verwirrt, damit sie dein Licht nicht sehen. Als aber der Sohn auf diese Weise gesund geworden war, nahm er (Misdai) an den Versammlungen der Brüder teil, indem er sich Sifôr unterwarf. Und er forderte die Brüder alle auf, für ihn zu beten, daß er von unserm Herrn Jesus Christus Erbarmen erlangen möchte.

(Ende der Taten des Apostels Thomas Judas, die er im Lande der Inder tat, indem er den Befehl seines Senders erfüllte, welchem Ehre sei in alle Ewigkeit! Amen.)

Ausgewählte neuere Literatur zu den
apokryphen Apostelakten

C. K. Barrett, Sayings of Jesus in the Acts of the Apostles, in: A cause de l'Évangile. Études sur les Synoptiques et les Actes, FS J. Dupont (Lectio divina 123), Paris 1985, S. 681–708.

M. Blumenthal, Formen und Motive in den apokryphen Apostelgeschichten (TU 48.1), Leipzig 1933.

J. Bolyki, »Never Repay Evil with Evil«: Ethical Interaction between the Joseph Story, the Novel Joseph and Aseneth, the New Testament and the Apocryphal Acts, in: F. García Martínez, G.P. Luttikhuizen, (Hg.), Jerusalem, Alexandria, Rome, FS A. Hilhorst (Supplements to the Journal for the Study of Judaism 82), Leiden 2003, S. 41–53.

F. Bovon u. a. (Hg.), Les Actes apocryphes des apôtres. Christianisme et monde païen, Genf 1981.

F. Bovon, La vie des apôtres. Traditions bibliques et narrations apocryphes, in: Révélations et écritures. Noveau Testament et littérature apocryphe chrétienne (Le Monde de la Bible 26), Genf 1993, S. 231–252.

F. Bovon u. a., Miracles, magie et guérison dans les Actes apocryphes des apôtres, Journal of Early Christian Studies 3 (1995), S. 245–259.

F. Bovon u. a. (Hg.), The Apocryphal Acts of the Apostles, Cambridge, Ma. 1999.

F. Bovon, Canonical and Apocryphal Acts of Apostles, in: Journal of Early Christian Studies 11 (2003), S. 165–194.

J. N. Bremmer, The Five Major Apocryphal Acts: Authors, Place, Time and Readership, in: Ders. (Hg.), The Apocryphal Acts of Thomas (Studies on the Apocryphal Acts of the Apostles 6), Leuven 2001, S. 149–170.

S. L. Davies, The Revolt of the Widows: The Social World of the Apocryphal Acts, Carbondale, Edwardsville 1980.

J. K. Elliott, The Apocryphal Acts, in: Expository Times 105 (1993/1994), S. 71–77.

T. Hägg, The Novel in Antiquity, Oxford 1983.

R. Gounelle, Actes Apocryphes des Apôtres et Actes des Apôtres Canoniques: État de la recherche et perspectives nouvelles (I), in: Revue d'Histoire et de Philosophie Religieuses 84 (2004), S. 3–30.

A. Hamann, »Sitz im Leben« des actes apocryphes du Nouveau Testament, in: Studia Patristica 8 (1966), S. 62–69.

L. Hertling, Literarisches zu den apokryphen Apostelakten, in: ZThK 49 (1925), S. 219–243.

R. Hock, u. a. (Hg.), New Perspectives on Ancient Fiction and the New Testament, Atlanta, Ga. 1998.

N. Holzberg, Der antike Roman (Artemis Einführungen 25), München, Zürich 1986.

J.-D. Kaestli, Les Actes apocryphes et la reconstitution del'histoire des femmes dans la christianisme ancien, in: Foi et Vie 88 (1989), S. 71–79.

H.-J. Klauck, Apokryphe Apostelakten, Stuttgart 2005.

A. F. J. Klijn, The Apocryphal Acts of the Apostles, in: Vigiliae Christianae 37 (1983), S. 193–199.

D. Konstan, Acts of Love: A Narrative Pattern in the Apocryphal Acts, in: Journal of Early Christian Studies 6 (1994), S. 15–36.

H. Ljungvik, H., Studien zur Sprache der apokryphen Apostelgeschichten (UUÅ 8), Uppsala 1926.

D. R. McDonald (Hg.), The Apocryphal Acts of the Apostles, Chico, Ca. 1986.

D. R. MacDonald, Is there a Privileged Reader? A Case from the Apocryphal Acts, in: Semeia 71 (1995), S. 29–43.

Chr. Markschies, »Neutestamentliche Apokryphen« - Bemerkungen zu Geschichte und Zukunft einer von Edgar Hennecke im Jahr 1904 begründeten Quellensammlung, in: Apocrypha 9 (1998), S. 97–132.

P. Nagel, Die apokryphen Apostelakten des 2. und 3. Jahrhunderts in der manichäischen Literatur, in: K.-W. Tröger (Hg.), Gnosis und Neues Testament, Gütersloh 1973, S. 149–182.

T. Onuki, Asketische Strömungen im antiken Christentum. Gnosis, Apokryphe Apostelakten und Frühes Mönchtum, in: Ders., Heil und Erlösung. Studien zum Neuen Testament und zur Gnosis (WUNT 165), Tübingen 2004, S. 271–330.

E. Plümacher, Apokryphe Apostelakten, in Paulys Real-Encyclopädie der classischen Alterthumswissenschaft, Suppl. XV (1978), Sp. 11–70.

W. Rebell, Neutestamentliche Apokryphen und Apostolische Väter, München 1992, S. 137–180.

W. Rordorf, Terra Incognita. Recent Research on Christian Apocryphal Literature, Especially on Some Acts of Apostles, in: Ders., Lex orandi – Lex credendi, Freiburg 1993, S. 432–448.

R. Söder, Die apokryphen Apostelgeschichten und die romanhafte Literatur der Antike (Würzburger Studien zur Altertumswissenschaft 3), Stuttgart 1932.

R. F. Stoops Jr., D. R. MacDonald (Hg.), The Apocryphal Acts of the Apostles in Intertextual Perspectives (Semeia 80), Atlanta, Ga. 1997.

K. Zelzer, P. L. Schmidt, Acta Apostolorum apocrypha, in: K. Sallmann (Hg.), Die Literatur des Umbruchs: Von der römischen zur christlichen Literatur 117–183 n. Chr. (Handbuch der lateinischen Literatur der Antike 4), München 1997, S. 391–405.